Beyond Budgeting

Jürgen H. Daum (Hg.)

Beyond Budgeting

Impulse zur grundlegenden
Neugestaltung der
Unternehmungsführung
und -steuerung

Martin Meidenbauer »

Die Deutsche Bibliothek verzeichnet diese Publikation in der Deutschen Nationalbibliografie; detaillierte bibliografische Daten sind im Internet über http://dnb.ddb.de abrufbar.

© 2005 Martin Meidenbauer
Verlagsbuchhandlung, München

Umschlag-Abbildung:
© Verlag

Alle Rechte vorbehalten. Dieses Werk einschließlich aller seiner Teile ist urheberrechtlich geschützt. Jede Verwertung außerhalb der Grenzen des Urhebergesetzes ohne schriftliche Zustimmung des Verlages ist unzulässig und strafbar. Das gilt insbesondere für Nachdruck, auch auszugsweise, Reproduktion, Vervielfältigung, Übersetzung, Mikroverfilmung sowie Digitalisierung oder Einspeicherung und Verarbeitung auf Tonträgern und in elektronischen Systemen aller Art.

Printed in Germany

Gedruckt auf
chlorfrei gebleichtem, säurefreiem und alterungsbeständigem Papier (ISO 9706)

ISBN 3-89975-533-2

Verlagsverzeichnis schickt gern:
Martin Meidenbauer Verlagsbuchhandlung
Erhardtstr. 8
D-80469 München

www.m-verlag.net

Vorwort und Einleitung

Meine erste Begegnung mit dem Beyond Budgeting Management Modell und dem Beyond Budgeting Round Table (BBRT) fand im Sommer 1998 statt. Damals hatte mich Peter Bunce, einer der drei Gründer des BBRT, in meiner damaligen Rolle als Projektleiter und Produkt-Manager bei SAP für das damals in Entwicklung befindliche Strategic Enterprise Management Produkt (SAP SEM) angesprochen. Ich fand den Beyond Budgeting-Ansatz spontan sehr interessant, hatte aber zu dieser Zeit noch keine Chance gesehen, mehr als einige wenige Innovatoren für das Thema zu begeistern. Die Zeit war damals einfach noch nicht reif. Mitten in der New Economy, verspürten die Unternehmen noch zu wenig Leidensdruck, ihre Planungs- und Steuerungssysteme einer grundlegenden Neuausrichtung zu unterziehen. Diese Situation hat sich inzwischen gründlich geändert.

Die Beyond Budgeting Bewegung hat vor etwas über drei Jahren auch die deutschsprachigen Länder erreicht und das Konzept wird seit dem in Fachkreisen intensiv diskutiert. Auch haben sich mittlerweile eine Reihe von Unternehmen in Deutschland, Österreich und der Schweiz bei der Neugestaltung ihrer Planungs- und Steuerungssysteme vom Beyond Budgeting Management Modell des britischen Beyond Budgeting Round Table (BBRT) inspirieren lassen.

Die erste Phase der Diskussion, die häufig von Zweifel und Ablehnung am zunächst oft unrealistisch erscheinenden Beyond Budgeting-Modell geprägt war, ist längst überwunden und einer ernsthaften Beschäftigung mit den inzwischen als interessant und wertvoll erachteten Ideen und Konzepten des Beyond Budgeting Ansatzes gewichen.

Zum Teil liegt das wohl daran, dass über die bei den Beyond Budgeting-Pionieren zur Anwendung gekommenen Führungs- und Steuerungskonzepte und deren konkreter Ausgestaltung in der Praxis inzwischen mehr bekannt geworden ist. Aber auch der Druck in den Unternehmen, die über Jahre und Jahrzehnte ungeordnet gewachsenen Führungs- und Steuerungssystemen einer grundlegenden Neuordnung zu unterziehen, ist gerade in diesem Zeitraum signifikant gewachsen. Gerade der letzte Punkt ist m.E. der wesentliche Grund, weshalb das Beyond Budgeting Modell zunehmend als willkommener Impuls- und Ideengeber angesehen wird, um „den Kopf frei zu bekommen für Neues", wie es immer wieder Manager, CFOs und Controller im persönlichen Gespräch ausdrücken.

Weshalb sehen viele Unternehmen gerade jetzt die Notwendigkeit und die Gelegenheit zur grundlegenden Neugestaltung ihrer Führungs- und Steuerungssysteme?

Meines Erachtens sind es vor allem zwei Entwicklungen und auch zwei Personengruppen in den Unternehmen, die hier als Katalysatoren des Wandels wirken:

1. Die Unternehmensleitungen, die CEOs, sind heute, nach der ausgeprägten Restrukturierungsphase der letzten Jahren und dem fast ausschließlichen Fokus auf Effizienzverbesserungen, daran interessiert, das Unternehmen auf Wachstum und Effektivitätsgewinne „umzuschalten", um die jetzt wieder vorhandenen Wachstumschancen besser nutzen zu können und die Wettbewerbsfähigkeit auch in dieser Hinsicht zu verbessern[1]. Das Ziel heißt: profitables Wachstum mit einer kontinuierlichen Verbesserung der Effizienz verbinden können.

2. Die CFOs sind heute, weit mehr als früher, bereit, gewachsene Strukturen, Prozesse und Verfahren im Bereich Finance & Control einer radikalen Neuausrichtung zu unterziehen, um die „Finance Function" des Unternehmens vollkommen neu auszurichten und auf die Herausforderungen aus dem Business in den nächsten Jahren vorzubereiten. Und dies umfasst eben auch die Neugestaltung der Planungs- und Steuerungssysteme. Das Ziel heißt hier: sowohl die Effizienz, aber auch die Effektivität der Planungs- und Steuerungsprozesse so zu verbessern, damit die CEO-Vision aktiv sowohl aus dem Business, als auch aus dem Bereich Finance&Control heraus unterstützt werden kann[2].

---

[1] Siehe dazu beispielsweise die Ergebnisse der Global CEO Study 2004 von IBM.
[2] Diese Aussage reflektiert meine Erfahrung aus dem SAP Finance Best Practice Network (ein von mir und meinen Kollegen der SAP Business Solutions Archtitect Group organisiertes Netzwerk für CFOs, Controller, Chief Accountants und Finance Operations Manager europäischer SAP-Kunden) und aus meiner Ratgeber-Praxis für CFOs zahlreicher Europäischer Unternehmen, die gegenwärtig größere Finance Transformation Projekte laufen haben.

**Die CEO-Vision:
eine Organisation und ein Führungssystem, das profitables Wachstum
mit einer kontinuierlichen Verbesserung der Effizienz verbindet**

Nach dem starken Fokus der letzten Jahre auf Effizienzverbesserungen, d.h. auf Kostenreduktion, wird von den Unternehmensleitungen heute wieder mehr auf die Effektivität und vor allem auf Wachstum geschaut – ohne jedoch das Effizienzziel aufzugeben. Um im immer wettbewerbsintensiveren Umfeld neue Kunden zu gewinnen und den „Share of Wallet" mit Bestandskunden zu vergrößern, bedarf es jedoch anderer Management-Ansätze als in der Restrukturierungsphase, wo es in erster Linie um das Loswerden überflüssiger Kostenpolster ging. Die große Herausforderung aus Sicht der CEOs heute ist, eine Organisation zu schaffen, die beide Ansätze miteinander verbinden kann: profitables Wachstum mit einer kontinuierlichen Verbesserung der Effizienz. Und hier besteht für viele Unternehmen Nachholbedarf.

In einer ihrer jüngeren Studien haben die Berater von Roland Berger Strategy Consultants gezeigt, dass von 1700 der größten Unternehmen Europas, Nordamerikas und Asiens nur ein Viertel zwischen 1991 und 2003 in der Lage war, sowohl Umsatz als auch Gewinn überdurchschnittlich zu steigern und dass das Erfolgsrezept dieser Unternehmen darin bestand, Wachstum mit laufender Restrukturierung verbinden zu können. Die Roland Berger Consultants kommen zu dem Schluss, dass es einer Kombination von Organisations- und Führungskonzepten bedarf, um dies möglich zu machen und dass das Planungs- und Steuerungssystem diesen folgen muss[3].

Denn Mitarbeiter müssen gleichzeitig zu ständigen Produktivitätsverbesserungen motiviert und für Wachstumsimpulse aktiviert werden. Dies erfordert nicht nur die richtige Wachstumsstrategie, sondern auch eine Organisation und eine Führung, die in der Lage ist, die weichen Erfolgsfaktoren zu stimulieren: Optimismus, Selbstvertrauen und Wachstums- und Profitabilitätswille. Dies wird vor allem durch dezentrale Elemente in der Organisation und Führung gefördert, die für Unternehmertum, Innovation, Kundenorientierung und Selbstverantwortung auch in großen Unternehmen Raum schaffen.

---

[3] Siehe dazu den Artikel von Dr. Burkhard Schweiger, Sprecher des Executive Committee von Roland Berger Strategy Consultants: Schweiger, B.: Erfolgreich wachsen durch Vertrauen, in: Frankfurter Allgemeine Zeitung, 4. Oktober 2004, S. 20

Dies erfordert aber auch gleichzeitig, die unternehmerischen, dezentralen Einheiten von administrativen Aufgaben zu entlasten, die gerade in Großunternehmen einen hohen Prozentsatz der vorhanden für das operative Geschäft und die Kunden vorgesehenen Mitarbeiter- und Management-Kapazitäten blockieren können. Hier bieten sich eher zentralistische Ansätze an: das Herauslösen der administrativen bzw. der Support-Funktionen aus den operativen Bereichen und deren Konsolidierung in ein Corporate (Shared) Service Center, das als professionell gemanagter „Dienstleistungsbetrieb" Skaleneffekte, Effizienzsteigerungen, aber auch Effektivitätsverbesserungen bei den Supportprozessen realisieren kann.

Erst durch die Kombination flexibler dezentraler als auch effektiver und effizienter zentralistischer Organisationselemente mit den entsprechenden Führungskonzepten wird es möglich, die vorhandenen Wachstums- und Produktivitäts-Potentiale zu heben. Um dies zu realisieren, genügt es jedoch nicht, das Organigramm neu zu entwerfen. Denn dies sind größere Change Management Projekte, die sich über mehrere Jahre erstrecken können und deren Ziel vor allem auch die Veränderung der Management- und Führungskultur und auch der Einstellungen der Mitarbeiter ist.

Gerade letzteres ist zu einem zentralen Thema für die CEOs geworden. Angesichts des globalen Wettbewerbs kann sich eigentlich kein Unternehmen mehr die „innere Kündigung" seiner Mitarbeiter oder interne Bürokratie in jeglicher Form leisten - was ja letztlich nichts anderes als Verschwendung von Ressourcen und Potentialen ist. Deutsche Top-Manager die von einer Asienreise zurückkehren, zeigen sich regelrecht begeistert über die Mentalität der Asiaten auf allen Unternehmensebenen: denn diese sind hochmotivitiert, extrem leistungswillig und ambitioniert. Es herrscht eine Aufbruchstimmung, mit der sich viel bewegen lässt. Und die CEOs fragen sich: wie kann eine solche Einstellung in meinem Unternehmen Realität werden, um im globalen Wettbewerb - auch mit den Asiaten - zu bestehen?

Die CFO Mission:
Die Neugestaltung der Planungs- und Steuerungssysteme zur Unterstützung der CEO-Vision

Spätestens hier stellt sich auch die Frage nach dem Steuerungssystem: Ist die traditionelle budgetbasierte Steuerung und die damit zusammenhängende Budgetbürokratie, die in vielen Unternehmen in der ein oder anderen Form immer noch anzutreffen ist, noch zukunftsfähig?

An dieser Stelle soll nun nicht die gesamte Kritik an der Budgetsteuerung und an festen, vielleicht zu detaillierten Jahresbudgets wiederholt werden, die sich sowieso meist viel zu sehr mit dem Jahresbudget selbst, also mit dem beschäftigt, wovon man sich lösen möchte, und zu wenig mit dem, wohin man eigentlich hin möchte. Vielmehr soll der Blick auf das gerichtet werden, was CEOs und Manager zur Unternehmensteuerung sagen und meinen, wenn sie über ihre oben beschriebenen Vorhaben und Strategien sprechen. Denn erfolgreiche Transformationsprojekte beginnen stehts mit einer klaren Vorstellung des Ziels.

Was wünschen sich also die CEOs und welche sind die von ihnen genannten Ziele für die Neugestaltung der Unternehmensplanungs- und Unternehmenssteuerungssysteme?

Transparenz: die Mitarbeiter und Manager im Unternehmen müssen selber sehen können, wo das Unternehmen und der eigene Bereich steht und sie müssen verstehen, was die Ziele sind und was das für sie selbst bedeutet.

Eine offensive Zielplanung mit anspruchsvollen Vorgaben: Die Ziele sollen top-down aus der Strategie abgeleitet und nicht einfach aus dem bestehenden Geschäft mit meist wenig ambitionierten und oft unklaren Zielvorstellungen per Extrapolation ermittelt werden. Die Zielplanung soll auch signalisieren, dass Leistung eingefordert wird und dass eine Leistungskultur gelebt werden soll.

Motivierende Anreiz-Systeme: Leistung soll fair beurteilt und belohnt werden. Dies erfordert Leistungstransparenz und den Mut seitens der Führungskräfte, außerordentliche Leistungen – seien es gute oder schlechte – auch als solche zu benennen und entsprechend zu honorieren oder zu sanktionieren.

Flexibilität in der Steuerung: Das Unternehmen soll nicht an einem einmal getroffenen Jahresplan bzw. Budget kleben bleiben, sondern in der Lage sein, agil und dynamisch auf Veränderungen der Rahmenbedingungen zu reagieren. Dies erfordert ein Steuerungssystem und eine Managementkultur, die es erlaubt, Prioritäten dynamisch entsprechend der sich im Markt entwickelnden Chancen und Risiken anzupassen und auch die Ressourcen zwischen Bereichen re-allokieren zu können – „at the rythm of the business", wie es zwei meiner amerikanische Kunden ausgedrückt haben.

Vereinfachung der Berichts- und Planungssysteme und die Verbesserung ihrer Effektivität: Managementberichte sollen sich auf das Wesentliche (aus

Sicht des Berichtsempfängers) konzentrieren und den Berichtsempfänger nicht mit endlosen Zahlenreihen oder Zahlenfriedhöfen bombardieren, die für die anstehenden Entscheidungen irrelevant sind. Und auch die Planung soll sich auf das Wesentliche konzentrieren: also eine strategiegetrieben, möglichst einfache und schnelle Top-Down Zielplanung am Anfang, damit jeder überhaupt weiß, wo es insgesamt hingehen soll, bevor mit der operativen Feinplanung begonnen wird. Die operative Feinplanung kann dann, wenn die Rahmenplanung klar ist und die Zielvereinbarungen verlässlich verabschiedet sind, auch vollständig an die operativen Bereiche delegiert werden. Die aufwändige Konsolidierung in ein detailliertes Gesamtbudget kann so entfallen.

Betrachtet man jedoch auf Basis dieser Anforderungen die Realität in vielen Unternehmen, stellt man fest, dass zwar in den letzten Jahren viele neue Instrumente und Verfahren hinzugefügt wurden, wie zum Beispiel die Balanced Scorecard, die einige oder gar alle dieser Anforderungen adressieren sollen, dass aber ein grundlegender Neuentwurf des gesamten Steuerungssystems bislang nicht statt fand.

Die Folge ist oft nicht eine Verbesserung der Situation, sondern das Gegenteil. Durch das bloße Addieren neuer Tools zur Basis des bestehenden Systems wurde eine hohe Komplexität geschaffen und gleichzeitig die Wirksamkeit der einzelnen Instrumente beschränkt, da diese meist nicht richtig zueinander passen. So ist auch der Wunsch vieler CEOs, CFOs und auch der Controller und Business-Manager zu verstehen, das Unternehmenssteuerungssystem grundlegend neu zu gestalten.

Das Beyond Budgeting Management Modell als Impuls- und Ideengeber für die Neugestaltung der Führungs- und Steuerungssysteme

Und hier kann das Beyond Budgeting Management Modell in der Tat sehr gut als Impuls- und Ideengeber fungieren. Meine Erfahrung aus Kundenprojekten ist, dass gerade am Anfang die genauere Betrachtung und Diskussion von Beyond Budgeting Fallbeispielen, die nach landläufiger Meinung aus dem Rahmen fallen, da sie ganz oder weitgehend ohne Budgets arbeiten, sehr wertvoll ist. Man bekommt damit nicht nur den Kopf für Neues frei, sondern man hinterfragt meist auch erstmalig kritisch, systematisch und aus einer gewissen Distanz die Verfahren und Konzepte, die im eigenen Unternehmen seit Jahren und Jahrzehnten angewandt wurden und versucht sich vor allem über deren Zweck (wieder) klar zu werden.

Dies war beispielsweise auch der Ansatz bei Borealis im Jahre 1995, als man beschlossen hatte, das für die volatile Petrochemie viel zu starre Budgetsystem durch geeignetere Instrumente für die interne Steuerung zu ersetzen[4]. Man hat sich zunächst gefragt, wofür das Budget eingesetzt wird: nämlich für die Zielvereinbarung und für das Performance-Management, zur Kostenplanung und für das Cost Management, für das Forecasting, für das Investment-Management, als Basis für das Anreizsystem etc.. Und man hat schnell festgestellt, dass diese Ziele teilweise im Widerspruch miteinander stehen.

So will man im Forecasting möglichst wirklichkeitsgetreu und genau sein. Bei der Zielvereinbarung ist aber Ambition gefragt – „Stretched-Targets" sind erwünscht, aber beim Cost Management möchte man natürlich mit möglichst niedrigen Werten herauskommen. Die Konsequenz für Borealis war, für jedes dieser Felder separate Instrumente und Prozesse zu schaffen. So hat man beispielsweise den Rolling Financial Forecast bewusst vom Performance Management getrennt, um die „Politisierung" und damit die Gefahr, manipulierte Forecasts zu erhalten, zu umgehen. Auch als die österreichische OMV 1998 als Miteigentümer bei Borealis eingestiegen ist und für die eigene Konzernsteuerung so etwas wie ein Budget verlangt hat, hat man eine pragmatische Lösung in Form des rollierenden Business Plans gefunden, der für die nächsten drei, und für die nächsten 10 Jahre einen Finanzplan liefert, den die OMV konsolidieren kann, der aber mit den anderen „Beyond Budgeting Tools" des Unternehmens eng integriert ist, um auch das Management dieser Finanzpläne im Rahmen der Beyond Budgeting Instrumente sicher zu stellen.

Borealis ist eines der bekannten Unternehmens-Beispiele für die Anwendung der Beyond Budgeting Steuerungs-Konzepte. Inzwischen sind viele andere Unternehmen diesem Beispiel gefolgt, überdenken das Konzept ihrer Planungs- und Steuerungssysteme und sind auf dem Weg, diese mit Blick auf die oben genannten CEO-Ziele zu verbessern.

Die typischen Aktionsfelder dabei sind:

- Herstellen eines strategie-orientiertes Top-Down Zielalignment und die Überarbeitung des Anreizsystems

---

[4] siehe dazu auch das Interview mit Thomas Boesen und die Diskussion mit Borealis, Nestlé und Unilever in Kapitel 3

- Entfeinerung der Planung, Entkoppelung von Planungen (z.B. der Konzern- und der Geschäftsbereichsplanung), Beschleunigung von Planungsprozessen, und Aufheben der Zeitraumbeschränkung in der Planung auf ein einziges Jahr (z.B. durch eine stärkere Betonung und Verbindlichkeit der Mittelfristplanung und vor allem mittelfristiger Ziele)
- Entwickeln der Fähigkeit zur effektiven dynamischen Anpassung auf Basis von Rolling Forecasts, sich entwickelnden Chancen und Risiken und Portfolio-Management-Konzepten
- Überdenken der Cost Management Praxis: macht es noch Sinn, Fix- bzw. Gemeinkosten durch komplexe Kostenüberwälzungshierarchien in den Griff bekommen zu wollen, die keiner mehr versteht? Kann man hier andere, bessere Lösungen finden? (z.B. ein trend- und benchmarkbasiertes Cost Management oder auch durch organisatorische Lösungen)
- Eine Verbesserung des Management-Reportings und der Übergang zu „Self-Controlling"-Konzepten auf Basis von Management Cockpits und Intranet-Portalen
- Einführung rollierender Strategie- und Performance-Management Prozesse, die eine zeitnahe Korrekturen der strategischen Programme und der Maßnahmen zur Performance-Optimierung gestatten
- Schaffen einer Performance- und Managementkultur, die dem neuen Leitbild im Unternehmen gerecht wird.

Entscheidend für den Erfolg ist dabei, ob es gelingt, bevor man über das „Wie" spricht, eine Diskussion über das „Was" herzustellen. Nicht nur weil klar sein muss, wo man eigentlich hin will, bevor man irgendwo mit dem Hammer oder Meisel ansetzt, sondern auch, weil Veränderung immer erst im Kopf, mit dem Denken beginnt, indem man sich von alten Denkmustern löst, um so Platz für neue, wirklich gute Ideen zu schaffen.

Beim Beyond Budgeting Konzept geht es deshalb meiner Meinung nach auch nicht in erster Linie um das Budget, wie der Name suggeriert. Lennart Francke, CFO von Svenska Handelsbanken in Stockholm, wo man bereits vor über 30 Jahren die Budgetsteuerung abgeschafft hat, sagte kürzlich bei einer von mir moderierten Podiumsdiskussion, dass das Ziel von Handelsbanken damals nicht die Abschaffung des Budgets war, sondern das Schaffen einer anderen, effektiveren Organisation. Das Abrücken von der Budgetsteuerung war lediglich eine Folge daraus.

Bei Beyond Budgeting geht es in erster Linie um eine andere Management-Denke, um ein alternatives Management-Modell - also um eine Alternative gegenüber dem nun fast 100 Jahre alten Financial-Control Modell, das heute immer noch, meist unbewusst, die Grundlage unserer Management und Führungs-Konzepte und Unternehmensteuerungssysteme darstellt. Aber es passt eben nicht mehr in die heutige Zeit, die Unternehmen mit ganz anderen Anforderungen, Risiken, aber auch anderen Chancen konfrontiert, als die amerikanischen Unternehmen zu Beginn des letzten Jahrhunderts, die damals die Grundlagen des Financial- und Budgetary Control Modells entwickelt haben.

Wir sollten den Mut haben, uns davon zu lösen, und – natürlich pragmatisch – neue Lösungen zu entwickeln, die zum Business-System und den Management-Anforderungen des konkreten Unternehmens besser passen als das vorhandene, historisch gewachsene Steuerungssystem.

Die *eine* Lösung gibt es dabei jedoch nicht. Das Beyond Budgeting Management Modell nennt einige Konzepte, wie zum Beispiel die Vereinbarung relativer statt absoluter Ziele, die als Anregung beim Design des eigenen neuen Steuerungssystems dienen können. Ob das dann so tatsächlich passt und die Zeit schon reif und die Belegschaft sowie die Manager dafür bereit sind, muss individuell entschieden werden. Jedes Unternehmen muss seinen „Appetit" und seine Möglichkeiten für ein Beyond Budgeting realistisch einschätzen, bevor man den eigenen Fahrplan definiert und mit der pragmatisch orientierten Umsetzung beginnt.

Beim ersten deutschsprachigen Beyond Budgeting Summit vom 8. bis 10. Juni 2005 in Frankfurt, den ich zusammen mit WSF Wirtschaftsseminare, dem FAZ-Institut und dem Beyond Budgeting Round Table organisieren konnte, werden diese Themen anhand zahlreicher Unternehmensfallbeispiele vorgestellt und diskutiert. Die folgenden Beiträge einer Reihe von Referenten beim Summit sollen einen Eindruck vom aktuellen Stand der Diskussion zum Thema Beyond Budgeting liefern und dem einen oder anderen Leser vielleicht einige Anregungen beim Re-Design des eigenen Unternehmensführungs- und Unternehmenssteuerungssystems geben.

Heidelberg, im April 2005

Jürgen H. Daum
E-Mail: jhd@juergendaum.de
Website: http://www.juergendaum.de

Weiter Informationen zum Thema Beyond Budgeting finden Sie unter:

http://www.bbrt.org/ (Website des Beyond Budgeting Round Table)
http://www.juergendaum.de/bb.htm (Beyond Budgeting Info Center des Autors)

Ich danke den

Mitautoren,

WSF Wirtschaftsseminare GmbH[1],

und der Business Solution Architects Group der SAP[2]

für die freundliche Unterstützung bei der Realisierung dieses Buches

Jürgen H. Daum

---

[1]**WSF Wirtschaftsseminare GmbH** steht seit 1991 für intensive Weiterbildung und Informationen in allen Bereichen der Wirtschaft. Mit ca. 250 Veranstaltungen im Jahr werden insbesondere Informations- und Weiterbildungsbedürfnisse im Management, Finanz- und Rechnungswesen, Controlling und im Steuerwesen adressiert. WSF ist auch der Organisator des ersten deutschen Beyond Budgeting Summit vom 8.-10. Juni 2005 in Frankfurt/Main. Das komplette Schulungsangebot finden Sie unter: http://www.wirtschaftsseminare.de.

[2]Die **Business Solution Architects Group (BSAG) der SAP** unterstützt seit 2003 den Chief Financial Officer und dessen „Finanzarchitekten" (Leiter Controlling, Chief Accountant, Finance Operations/Shares Services Manager) bei der Neuausrichtung der Finanzfunktion und der Neugestaltung der Prozesse im Bereich Finance&Control. Die BSAG organisiert den Erfahrungsaustausch für diese Zielgruppe im Rahmen eines europäischen Finance Best Practice Network (CFO Roundtable, Finance Best Practice Workshops) und bietet den Mitgliedern im Netzwerk zusätzlich kundenindividuelle Advisory Services. Weitere Informationen erhalten Sie auf Anfrage über den Herausgeber (E-Mail: jhd@juergendaum.de).

Inhaltsverzeichnis

Vorwort und Einleitung 5

1. Motivation für Beyond Budgeting 19

Péter Horváth
Hat die Budgetierung noch Zukunft? 21

Jürgen H. Daum
Beyond Budgeting: Ein Management- und Controlling-Modell
für nachhaltigen Unternehmenserfolg 31

Jürgen H. Daum / Jeremy Hope
The Origins of Beyond Budgeting and of the Beyond Budgeting
Round Table (BBRT) - An Interview with Jeremy Hope,
co-founder and research director of the BBRT 63

Dieter Brandes
„Kein Budget – keine Controller" 79

**2. Von der Budgetary Control zum Beyond Budgeting:
Motivation und Fallbeispiele der Pioniere** 89

Jürgen H. Daum
Von den Ursprüngen der Budgetary Control zum Beyond
Budgeting: Motivation, Fallbeispiele der Pioniere und
Zukunftsperspektiven 91

Jürgen H. Daum / Lennart Francke
Ohne Budgets Managen bei Svenska Handelsbanken – Ein
Interview mit Lennart Francke, CFO Svenska Handelsbanken 127

Jürgen H. Daum / Thomas Boesen
Beyond Budgeting bei Borealis: Interview mit Thomas Boesen,
Co-Architekt des Borealis Beyond Budgeting Steuerungssystems 139

3. Auf dem Weg zum Beyond Budgeting: Konzepte, Erfahrungen bei der Implementierung, und Zukunftsperspektiven   159

Jürgen H. Daum /Rainer Gunz/Jean-Daniel Luthi/Steve Morlidge
Wie Beyond Budgeting umsetzen? - Eine Diskussion zwischen Experten von Borealis, Nestlé, Unilever und SAP   161

Steve Morlidge
Life Beyond Budgets? An Implementation Story - Beyond Budgeting at Unilever   183

Jürgen H. Daum / Matthias Steinke
Vom Controlling zum Business Support - „Beyond Budgeting" bei Boots/BHI. Ein Interview mit Matthias Steinke, CFO bei BHI Deutschland   195

Jürgen H. Daum / Guy Bourdon
Strategy & Performance Management bei Siemens Belux und die Rolle des Management Cockpit War Rooms. - Ein Interview mit Guy Bourdon, Chief Consultant, Siemens Belux   203

Niels Pfläging
Ziele und Leistung im Steuerungsmodell Beyond Budgeting – eine Neudefinition   227

4. Beyond Budgeting – eine kritische (wissenschaftliche) Würdigung   243

Utz Schäffer / Michael Zyder
Beyond Budgeting – eine kritische Würdigung   245

Autorenverzeichnis   269

1. Motivation für Beyond Budgeting

Die Budgetsteuerung – gängiger Planungsstandard in den Europäischen Unternehmen seit nun über 40 Jahren, dessen Ursprünge in den USA nun fast 100 Jahre in die Vergangenheit zurück reichen – befindet sich in jüngster Zeit verstärkt in der Kritik. Ganz offensichtlich reichen die alten Planungs- und Steuerungskonzepte heute nicht mehr aus, um Unternehmen in einem globalen, hochdynamischen Wettbewerbsumfeld erfolgreich zu steuern.

Denn die traditionelle Budgetierung ist ein Steuerungssystem des hierarchischen, tayloristisch organisierten Unternehmens der Massenproduktion. Damit ist sie für die Unternehmung der Zukunft kein geeignetes Steuerungssystem mehr. Und damit stellt sich die Existenzfrage an die Budgetierung: Hat die Budgetierung noch Zukunft? Diese Frage ist das Thema des folgenden Beitrags von Péter Horváth.

Das Beyond Budgeting Management Modell setzt mit dem Beyond Budgeting Konzepten für das Performance Management, also für die erfolgsorientierte Unternehmenssteuerung, eine Alternative gegen die klassische Budgetsteuerung und will die Restriktionen der traditionellen budgetbasierten Steuerung und Führung überwinden. Es ist auf Basis zahlreichen Fallstudien des britischen Beyond Budgeting Round Table (BBRT) entstanden, der die Vorgehensweise einer Reihe von Unternehmen untersucht hat, die ohne fixe Budgets erfolgreich gemanagt werden. Ziel des Beyond Budgeting Management Modells ist, die Anpassungsfähigkeit und die Produktivität von Unternehmen zu steigern. Dazu müssen vom Controlling einmal die richtigen Steuerungsinstrumente und Prozesse konzipiert und implementiert, vom Management aber auch eine passende Performance Management und Führungs-Kultur gefördert werden, indem Selbstverantwortung und marktorientiertes Handeln auf allen Ebenen im Unternehmen unterstützt wird.

Im Beitrag von Jürgen H. Daum und im Interview mit Jeremy Hope, einem der Mitgründer des BBRT, wird das Konzept und dessen Entstehungsgeschichte erläutert.

Hat die Budgetierung noch Zukunft?[1]

Péter Horváth[2]

Differenzierung tut Not

Budgets und Budgetierung werden gegenwärtig von Managern und Beratern – zum Teil undifferenziert – verteufelt. An kräftigen Worten fehlt es nicht. Immer wieder wird Jack Welch zitiert: „The budget is the bane of corporate America." (Welch, Interview in Fortune Magazine, May 29, 1995). Der schwedische Banker Jan Wallander hat ein erfolgreiches Buch publiziert (Wallander 1995), das Budgetierung als ein "unnecessary evil" verdammt. Jeremy Hope und Robin Fraser, die beiden Protagonisten der „beyond-budgeting"-Bewegung, sehen in Budgetzahlen „Figures of hate" (Hope/Fraser 2001).

Auf der anderen Seite steht die Auffassung der von Vertretern der Wissenschaft, die die Budgetierung „zu den wichtigsten Instrumenten dezentraler Steuerung von Organisationen" zählen (vgl. z.B. Pfaff 2002, Sp. 231). „Zur Lösung von Koordinationsproblemen spielt die Budgetierung sowohl aus theoretischer als auch aus praktischer Sicht eine große Rolle." (Ewert/Wagenhofer, 2003, S. 510.)

Es ist nicht verwunderlich, dass sich angesichts der dramatischen Töne aus der Praxis die Existenzfrage an die Budgetierung stellt: Hat die Budgetierung noch Zukunft?

Um nun nicht den Fehler der Undifferenziertheit bei der Beantwortung der im Titel gestellten Frage zu begehen, sollen deshalb zunächst zwei Vorfragen beantwortet werden.

Was ist ein Budget?

In der deutschsprachigen Literatur hat sich ein planungsbasierter Budgetbegriff durchgesetzt. „Ein Budget ist für uns ein formalzielorientierter, in wertmäßigen Größen formulierter Plan, der einer Entscheidungseinheit für

---

[1] Der vorliegende Beitrag ist in leicht modifizierter Form unter dem gleichen Titel erschienen in: Zeitschrift für Controlling & Management, Sonderheft 1 / 2003, S.

[2] Prof. Dr. Péter Horváth ist Vorsitzender des Aufsichtsrats der Horváth AG, CFO des International Performance Research Institute (IPRI) und war bis März 2005 Inhaber des Lehrstuhls Controlling der Universität Stuttgart.

eine bestimmte Zeitperiode mit einem bestimmten Verbindlichkeitsgrad vorgegeben wird. Budgets gibt es somit auf allen Planungsstufen und bei allen Planungsfristigkeiten." (vgl. Horváth – bereits – 1986, S. 262, ähnlich Dambrowski 1986, S. 19 und heute Pfaff 2003, S. 232.)
Unter Budgetierung wollen wir den gesamten Budgetierungsprozess verstehen, d.h. insbesondere Aufstellung, Verabschiedung, Kontrolle sowie Abweichungsanalyse (Horváth 1986, S. 263, ähnlich Dambrowski 1986, S. 20 und Pfaff 2003, S. 232).

Diese Begrifflichkeiten lassen schon die Vielfalt der Gestaltungsmöglichkeiten in der Praxis erahnen. Die **Kritik** betrifft die heute in der Praxis vorherrschende Ausprägung der Budgetierung. Hier handelt es sich um eine stark auf „command and control" ausgerichtete, stark bürokratische und detaillierte Jahresplanung sowie Kontrollen für alle Organisationseinheiten einer Unternehmung (zur Ausgestaltung vgl. Dambrowski 1986).

Wozu die Budgetierung?

Fasst man Budgetierung als formalzielorientierte Planung auf, so ergeben sich die Funktionen der Budgetierung zunächst aus den Funktionen der Planung generell. Den Gesamtzusammenhang stellt die „klassische" Graphik von Töpfer (S. 97) dar (vgl. Abb. 1).

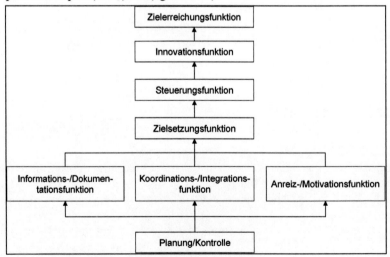

Abb. 1: Die Funktionen der Planung (vgl. Töpfer S. 97)

Die Budgetierung nimmt im Rahmen aller Teilfunktionen der Planung die koordinative Ausrichtung auf die wertmäßigen Organisationsziele wahr. Hierin besteht ihre besondere Aufgabenstellung. Die hierzu verwendeten wertmäßigen Größen des Rechnungswesens ermöglichen Zielfestlegungen, Performance-Messungen und Koordinationsrechnung im Hinblick auf das wertmäßige Unternehmensziel. In der englischsprachigen Literatur wird so stark auf die Ergebnisplanung bei der Budgetierung abgestellt, dass meist von „Profit Planning" die Rede ist, wenn Budgetierung gemeint ist (vgl. Welsch et al. 1988). Bei der Budgetierung werden drei spezifische Funktionsaspekte aus dem Schema von Töpfer hervorgehoben (vgl. insbes. Pfaff 2003, Sp. 233 f.):

- Motivationsfunktion: Die Budgetierung hat das Management unter Heranziehung von Anreizen auf die wertmäßigen Unternehmensziele auszurichten.

- Koordinationsfunktion: Die Vorgabe und Einhaltung von wertmäßigen Budgetzielen auf der Basis einer koordinierten Gesamtplanung soll zu einem mit der Unternehmenszielsetzung abgestimmten Veralten führen.

- Orientierungsfunktion: Alle Mitarbeiter sollen die wertmäßigen Informationen erhalten, die über die Gesamtziele und den Erwartungen des Managements an die dezentralen Einheiten informieren.

Ewert und Wagenhofer (2003, S. 366 f.) betonen allerdings in diesem Zusammenhang die mögliche Diskrepanz zwischen Wunsch und Wirklichkeit und weisen auf die dysfunktionalen Wirkungen opportunistischen Verhaltens hin.

Kritik an der Budgetierungspraxis

Die Praxiskritik an der Budgetierung hat sich an allen bisher vorgetragenen Aspekten der Budgetierung – die ja interdependent sind – entzündet. Sie ist häufig recht undifferenziert. Am besten lässt sich diese Art von Kritik anhand der Aussagen der „beyond-budgeting"-Protagonisten (Hope/Fraser 1999, vgl. Abb. 2) demonstrieren.

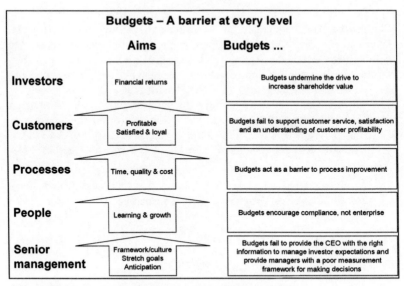

Abb. 2: Kritik an der Budgetierung (Hope/Fraser 1999)

Zu den mittels Budgets nicht realisierten Informationswünschen kommen – wie in der Abbildung 2 dargestellt – die Probleme, die vor allem mit der starren bürokratisch-aufwändigen Handhabung der Budgetierung zusammenhängen.

Man könnte viele Einzelbeispiele nennen, die aus dem Unbehagen und aus der Frustration in der Praxis stammen. (Dabei sind sowohl „Prinzipale" als auch „Agenten" betroffen.) Solche Beispiele reichen m.E. aber nicht aus, um die Eingangsfrage zu beantworten. Vielleicht ließen sich die Folgen opportunistischen Verhaltens doch reparieren?

Ich meine, dass das Thema tiefgreifender ist: Es geht um die grundsätzlichen Grenzen der Steuerung mit Budgets.

Brauchen wir in der Zukunft noch die Budgetierung?
Auf die Frage kann nur eine differenzierende Antwort gegeben werden. Sie muss funktional formuliert werden. Weder die Pauschalkritik mancher Praktiker noch die unkritische Beschreibung des Budgetierungssystems in manchen Lehrbüchern hilft da weiter.

Dynamik und Diskontinuität der Umwelt						
Koordinationsansätze der Praxis		Better Budgeting	Beyond Budgeting		Balanced Scorecard	
Koordinationssysteme / Merkmale	Zentralistische Führungssysteme	Traditionelle Budgetierungssysteme	Zielvorgabesysteme	Zielsysteme / Bereichserfolgssysteme		Verrechnung und Lenkungspreissysteme
Organisation Delegationsgrad	zentralisiert	Budgetfestlegung zentral, operative Maßnahmen delegiert	Durchführung dezentral, Partizipation durch Zielvereinbarung		Starke Delegation, z.T. Partizipation bei zentralen Entscheidungen	Starke Delegation, Partizipation bei zentralen Entscheidungen
Planung Verteilung der Planungsaufgaben	zentralisiert	zentral: strategisch und taktisch	dezentralisiert		zentral: strategisch	zentral: strategisch Verrechnungspreise
		dezentral: operativ			dezentral: operativ	dezentral: (operative) Mengenentscheidungen
Hierarchiedynamik	Top-down	z.T. Top-down z.T. Bottom-up z.T. Gegenstromverfahren	Top-down z.T. Gegenstromverfahren		Gegenstromverfahren	Gegenstromverfahren
Kontrollen Kontrollformen	Ergebniskontrollen	Ergebniskontrollen	Ergebniskontrollen, Eigenkontrollen		Ergebnis- und Verhaltenskontrollen	Ergebnis- und Verhaltenskontrollen
Führung Führungsstil	eher autoritär	weniger autoritär	eher kooperativ		kooperativ	kooperativ
Unternehmensrechnung	einheitliche Unternehmensrechnung	Ausgebaute- und Kosten-Leistungsrechnung sowie Finanzrechnung	Kennzahlensystem		Bereichserfolgsrechnungen	Bereichserfolgsrechnungen, segmentierte Unternehmensrechnung

Abb. 3: Koordinationssysteme zwischen Hierarchie und Markt (nach Küpper 2001, S. 313 und 395)

Die Funktion der ergebniszielorientierten Koordination kann durch verschiedene umfassende Koordinationssysteme bewirkt werden. In der Literatur (vgl. insbesondere Küpper 2001, S. 131 ff; Ewert/Wagenhofer 2003, S. 454 ff.) werden sie zwischen Hierarchie und Markt eingeordnet.

Die Budgetierung als Koordinationssystem befindet sich auf einem Kontinuum zwischen der zentralistischen Führung und Verrechnungs- bzw. Lenkungspreissystemen. Dieses Kontinuum lässt sich am besten durch die Veränderungen bezüglich fünf Merkmalen beschreiben:

- Delegationsgrad
- Hierarchiedynamik

- Kontrollformen
- Führungsstil
- Differenzierung der Unternehmensrechnung

Ein zentralistisches Führungssystem zeichnet sich durch ein hohes Maß der Zentralisierung, autoritären Führungsstil, detaillierte Ergebniskontrollen und eine undifferenzierte Unternehmensrechnung aus. Die Koordination erfolgt durch die Zentralisation der Entscheidungs- und Weisungskompetenzen.

Das System der Budgetierung ist in diesem Kontinuum durch eine Vergrößerung des Handlungsrahmens für die einzelnen Bereiche gekennzeichnet. Der Detaillierungs- und Delegationsgrad der Budgets, ihre Flexibilität und Kontrollformen können beträchtlich von starr bis stark flexibel variieren. Insgesamt ist der Spielraum untergeordneter Einheiten durch Ressourcenrestriktionen und Leistungsvorgaben mehr oder weniger begrenzt.

Ein weiterer Schritt zur Erweiterung der Spielräume untergeordneter Einheiten besteht in der vertikalen und horizontalen Koordination mittels gesamtzielbezogener Kennzahlen. Die Verbindung zur Strategie der Unternehmung kann hierbei explizit hergestellt werden. Im Zielbildungsprozess kann durchaus ein kooperatives Vorgehen („Zielvereinbarungen") dominieren. Die Kontrollen variieren zwischen Ergebnis- und Verhaltensorientierung.

Verrechnungs- und Lenkungspreissysteme bieten den größten Handlungsspielraum für untergeordnete Einheiten. Marktmechanismen dominieren. Als Kontrollmechanismen spielen Verhaltenskontrollen eine maßgebliche Rolle. Die Komplexität der Koordination ist hoch.

Die Wahl eines Koordinationssystems hängt von den jeweiligen Situationsbedingungen einer Unternehmung ab. Wissenschaftlich ist dieses Wahlproblem nicht gelöst. Die Modelle des Transaktionskostenansatzes, die hierfür entwickelt worden sind, sind von der praktischen Anwendung weit entfernt (vgl. hierzu Hofmann 2001). Insofern können hier nur tendenzielle Aussagen gemacht werden, die aber für sich eine gewisse Plausibilität beanspruchen.

Unternehmen entwickeln sich angesichts der zunehmenden Dynamik und Diskontinuität der Umwelt, verbunden mit schärferen geschwindigkeitsdominierten Wettbewerbsbedingungen zu Gebilden, deren Grenzen zur Unternehmensumwelt zunehmend verschwimmen (vgl. hierzu Picot/Reichwald/Wigand 2001). Strategieflexibilität, d.h. die schnelle Anpassung an neue Herausforderungen ist existenznotwendig. Gleichzeitig wächst die unternehmensinterne Komplexität. Die notwendige Komplexitätsreduktion erfolgt durch Auslagerung der nicht zur Kernkompetenz gehörenden Prozesse sowie durch radikale Vereinfachung der verbleibenden Abläufe („Lean Management" und „Reengineering" sind die Praxisansätze hierzu).

Peter Drucker (2002) prognostiziert:

„The corporation of the next society will be very different from today. Traditional corporations today are organized along product or service lines and held together by ownership. The multinationals of 2025 are likely to be held together and controlled by strategy. Alliances, joint ventures, minority stakes, know-how agreements and contracts will increasingly be the building blocks of a confederation. This kind of organization will need a new kind of top management. One of the most important jobs ahead for top management will be to balance the conflicting demands on business being made by the need for both short-term and long-term results, and by the corporation's various constituencies: customers, shareholder, knowledge employees and communities." (FAZ, 9. November 2002, S. 61)

Die harsche Kritik an der Budgetierungspraxis ist nun verständlich. Die klassischen bürokratischen Systeme der Budgetierung sind nun bald 100 Jahre alt: „By 1925 virtually all management accounting practices used today had been developed...At that point the pace of innovation seemed to stop." (Johnson/Kaplan 1987, S. 12) Sie sind Produkte des Zeitalters des Taylorismus und bedeuteten damals einen großen Fortschritt gegenüber der zentralistischen Führungssysteme.

Wir erleben gegenwärtig den nächsten Wachstumsschub in der Unternehmenskoordination. Drei wichtige Ansätze, die allesamt nicht als Beratermoden abqualifiziert werden dürfen, müssen hervorgehoben werden:

- „Better Budgeting": systematische Beschleunigung, Vereinfachung und Flexibilisierung der traditionellen Budgetierung.
- „Beyond Budgeting": Realisierung der Budgetierungsfunktionen durch einen Set an Instrumenten, das die Dysfunktionalitäten der traditionellen Budgets vermeidet.
- „Balanced Scorecard": Steuerung durch aus der Strategie abgeleiteten Zielgrößen.

Sie erweitern den Handlungsspielraum dezentraler Einheiten in Richtung Steuerung durch Ziele.

Zurück zu unserer Ausgangsfrage: Hat die Budgetierung noch Zukunft? Klare Antwort: Die traditionelle Budgetierung, wie sie vor bald 100 Jahren entwickelt worden ist, hat keine Zukunft mehr. Dazu haben sich die situativen Bedingungen grundlegend verändert. Je nach Unternehmenssituation wird sich die Vereinfachung, Beschleunigung und Flexibilisierung der Budgetierung („Better Budgeting") als Koordinationsansatz weiterhin behaupten.

Der Verzicht auf traditionelle Budgets („Beyond Budgeting") wird als Koordinationsansatz in der Zukunft vermehrt realisiert, wobei dies nur in dem Maße als erfolgversprechend beurteilt werden kann, als entsprechende funktionsadäquate Koordinationsinstrumente wie z.B. die Prozesskostenrechnung, Target Costing und die Balanced Scorecard zur Verfügung stehen.

Sicher wird die Balanced Scorecard als Management- und Steuerungssystem eine zentrale Rolle spielen.

Es ist wichtig zu betonen, dass die realen Koordinationssysteme der Praxis immer eine Mischung aus den vier Basissystemen darstellen und hierbei natürlich die Entwicklung meist durch schrittweise Schwerpunktverlagerung stattfindet. Es lässt sich sicher nicht als allgemein gültiges Rezept der „revolutionäre" Ansatz mancher Beyond-Budgeting-Adepten empfehlen. Gerade in größeren Unternehmen – die nicht auf der grünen Wiese neu aufgestellt werden – lässt sich mit dem going-concern-Prinzip eher ein evolutorisches Vorgehen verbinden. D.h. aus den verschiedenen Ansätzen ist ein individueller evolutorischer Prozess zu konzipieren. Angesichts der unaufhaltsamen Weiterentwicklung des Koordinationssystems entsteht für den Controller ein Dilemma (vgl. Picot/Reichwald/Wigand 2001, S. 543 f.): Einerseits verlangt die Entwicklung den Verzicht auf eine detaillierte Verhaltenssteuerung durch traditionelle Budgets und die Vergrößerung dezentraler Handlungsspielräume; andererseits entstehen hierbei Spielräume für opportunistisches Verhalten, die mit reinen Ergebniskontrollen nicht zu beseitigen sind. Hier sind verhaltensorientierte Führungsansätze (Motivation, organisationales Lernen, gemeinsame Normenentwicklung etc.) zum Ausgleich erforderlich.

Unsere Argumentation darf nicht allein konzeptionell vorgetragen werden. Es gibt zwei „legacy systems", die die Geschwindigkeit der Konzeptumsetzung bestimmen:

- Veränderungsbereitschaft der beteiligten Manager und Controller. Zugegeben, es ist nicht leicht, sich von tradierten Vorstellungen der Steuerung zu lösen. Hier ist Training und Coaching erforderlich. Dies ist ein hervorragendes Feld für Change Management.
- Verfügbarkeit adäquater IT-Systeme. Leider basieren die meisten IT-Systeme der Praxis auf traditionelle Controllinginstrumente. Ihre Weiterentwicklung bzw. Ersatz ist eine Schlüsselbedingung für die neuen Ansätze.

Die Praxis zeigt aber, dass zahlreiche Unternehmen – getrieben von der Umfeldsituation – die Notwendigkeit erkannt haben, diesen Hindernissen Herr zu werden und ihr Koordinations- und Steuerungssystem weiterzuentwickeln (vgl. dazu Horváth & Partners 2004).

Literaturhinweise

Dambrowski, J.: Budgetierungssysteme in der deutschen Unternehmenspraxis, Darmstadt 1986.

Drucker, P. F.: The next society, in: FAZ, 9. Nov. 2002, S. 61.

Ewert, R./Wagenhofer, A.: Interne Unternehmensrechnung, 5. Auflage, Berlin etc. 2003.

Hofmann, Chr.: Anreizorientierte Controllingsysteme. Habilitationsschrift, München 2001.

Hope, J./Fraser, R.: Figures of Hate, in: Financial Management (2001) February, S. 22-25.

Hope, J./Fraser, R.: Beyond Budgeting – White Paper, Beyond Budgeting round Table, Poole, Dorset 1999.

Hope, J./Fraser, R.: Beyond Budgeting, Boston Mass. 2003 (Deutsche Übersetzung: Stuttgart 2003).

Horváth, P.: Controlling, 9. Aufl., München 2003 (vgl. Auch 2. Aufl. 1986).

Horváth & Partner (Hrsg.): Beyond Budgeting umsetzen, Stuttgart 2004.

Johnson, Th. H./Kaplan, R.S.: Relevance lost – The Rise and Fall of Management Accounting, Boston Mass. 1987.

Kaplan, R.S./Norton, D.: The Balanced Scorecard, Boston Mass. 1996 (Deutsch: 1997).

Küpper, U.: Controlling-Konzeption, Aufgaben und Instrumente, 3. Aufl., Stuttgart 2001.

Pfaff, D.: Budgetierung, in: Küpper, H.-U./Wagenhofer, S. (Hrsg.): Handwörterbuch Unternehmensrechnung und Controlling, 4. Aufl., Stuttgart 2002, Sp. 231-241.

Picot, A./Reichwald, R./Wigand, T.: Die grenzenlose Unternehmung, 4. Aufl., Wiesbaden 2001.

Toepfer, A.: Planungs- und Kontrollsysteme industrieller Unternehmungen, Berlin 1976.

Wallander, J.: Budgeten – ett onödigt ont, 2. Aufl. Stockholm 1995.

Welch, J.: Interview, in: Fortune Magazine, May 29 1995.

Welsch, G.A./Hilton, R.W./Gordon, P.N.: Budgeting-Profit Planning and Control, 5. Aufl. Englewood Cliffs N.J. 1988.

Beyond Budgeting: Ein Management- und Controlling-Modell für nachhaltigen Unternehmenserfolg[1]

Jürgen H. Daum[2]

Beyond Budgeting – gemeinhin übersetzt mit "jenseits der Budgetierung" oder auch radikaler mit "steuern ohne Budgets" – steht für ein Steuerungsmodell, das für viele Controller und Manager wesentliche Grundlagen ihres Controlling-Systems in Frage stellt und somit auf den ersten Blick oft als unrealistisch und überzogen eingeschätzt wird. Das mag auch daran liegen, dass das in Skandinavien und Großbritannien entstandene Modell in den deutschsprachigen Ländern noch wenig und meist nur vom „Hören-Sagen" bekannt ist. Mit dem vorliegenden Artikel soll aufgezeigt werden,

- weshalb es sich lohnt, sich mit Beyond Budgeting zu beschäftigen,
- wie das Modell konzipiert ist und in der Praxis funktionieren soll und
- was beim Umsetzen von Beyond-Budgeting-Konzepten zu beachten ist.

Zudem soll gezeigt werden, dass Beyond Budgeting mehr ist als ein neues Planungs- und Steuerungskonzept und in der Konsequenz durchaus auf eine Veränderung der Rolle des Controllers zielt. Dennoch muss es nicht unbedingt gleich mit „Beyond Controlling" gleichgesetzt werden, wie das kürzlich bei einem dem Autor bekannten Controller irrtümlicherweise angekommen war.

Weshalb Beyond Budgeting?

Ausgangspunkt für Beyond Budgeting ist die Kritik am starren und bürokratischen Budget- und budgetbasierten Steuerungsprozess. Die Einführung neuer Steuerungsinstrumente wie die Balanced Scorecard und Wertsteige-

---

[1] Der Beitrag wurde unter diesem Titel erstmals veröffentlicht in: Der Controlling Berater, Dezember 2002, Heft 7, S. 397-430.

[2] Jürgen H. Daum ist Management Adviser, Finance & Unternehmenssteuerungs-Experte und Chief Solution Architect der Business Solutions Architects Group EMEA bei der SAP, Walldorf. Für die CFOs und Controller zahlreicher europäischer Unternehmen fungiert er als Ideen- und Impulsgeber bei der Neuausrichtung der Finanzorganisation und der Unternehmenssteuerung. Er veröffentlicht regelmäßig Beiträge in Fachzeitschriften, spricht auf Konferenzen im In- und Ausland und ist Autor von „Intangible Assets oder die Kunst, Mehrwert zu schaffen" (dt.: Galileo-Press 2002, engl.: John Wiley & Sons, 2003). Vor seiner Zeit bei SAP war er kaufmännischer Leiter eines mittelständischen Unternehmens. E-Mail: jhd@juergendaum.de, Website: http://www.juergendaum.de/.

rungsmanagement hat den Rahmen für ein an Strategie und Kapitalmarkt ausgerichtetes flexibleres Performance Management geschaffen. Was noch fehlt, ist eine Flexibilisierung der operativen Planung und Maßnahmensteuerung, damit die Strategiesteuerung auch im Tagesgeschäft greifen kann und nicht an der Barriere der traditionellen Budgetsteuerung scheitert. Der Planungs- und Steuerungsprozess muss vereinfacht und flexibler werden. Gleichzeitig soll der Aufwand reduziert werden. Ebenso erforderlich ist ein „Empowerment" von Managern und Mitarbeitern, das dem Unternehmen alle (Mitarbeiter-)Kräfte und Potenziale dienstbar macht, um schneller auf neue Chancen und Risiken im Marktumfeld reagieren zu können. Das Beyond-Budgeting-Modell will genau diese Lücke schließen, geht aber über eine reine Controlling-Sicht hinaus.

Ziel des Beyond-Budgeting-Konzepts ist es also, die Anpassungsfähigkeit von Unternehmen zu steigern und das gesamte Potenzial der Mitarbeiter, der Unternehmensprozesse und des Intellektuellen Kapitals zu nutzen. Dazu müssen vom Controlling einmal die richtigen Steuerungsinstrumente und Prozesse konzipiert und implementiert werden. Das Management muss aber auch eine passende Managementkultur und entsprechende Führungssysteme fördern, indem Selbstverantwortung und marktorientiertes Handeln auf allen Ebenen im Unternehmen unterstützt wird. Beyond Budgeting knüpft genau an den Unzulänglichkeiten des budgetbasierten Steuerungssystems an und versucht, eine Alternative zu bieten. Es öffnet sowohl der strategischen Unternehmensführung als auch der operativen Steuerung im Tagesgeschäft neue Möglichkeiten durch Flexibilisierung der Ressourcenallokation und Freisetzung des vollen Potenzials von Ressourcen und Intangible Assets.

Wachsendes Interesse der Manager

Das Problem, das Manager heute mit dem Budget haben, entstand nicht über Nacht. Es hat sich vielmehr allmählich über die letzten Jahre und Jahrzehnte entwickelt, und es hatte lange gebraucht, selbst in Fachkreisen zum Diskussionsthema zu werden. Das mag vielleicht daran liegen, dass man sich bisher keine Alternative vorstellen konnte und die Unternehmen, die alternative Konzepte verfolgten, diese entweder als eine Art Betriebsgeheimnis wahrten oder als Exoten schlichtweg nicht in der Wirtschaftsöffentlichkeit wahrgenommen wurden. Möglicherweise konnten sie sich nicht in betriebswirtschaftlichen Fachkreisen äußern, ohne als unseriös zu erscheinen. Dies hat sich nun in jüngster Zeit in den deutschsprachigen

Ländern relativ schnell geändert. „Einfacher managen" unter Vermeidung von Komplexität und die Beschleunigung von Entscheidungsprozessen ist nicht nur „in", sondern notwendig, damit Unternehmen und deren Führungskräfte sich zeitnah auf die immer schnelleren Marktänderungen einstellen und nachhaltige Erfolge unter stärkerem Wettbewerbsdruck und unter gewachsenen Erwartungen von Aktionären und anderen Stakeholdern erzielen können. Damit gerät die Budgetplanung als eine der entscheidenden Barrieren, die Veränderungsinitiativen von Unternehmen und deren Top-Management behindern, ins Visier.

Dazu kommt, dass die budgetbasierten Steuerungssysteme oft geradezu verhindern, dass ein Unternehmen das volle Potenzial seiner Mitarbeiter und Manager nutzen kann, um im Wettbewerb erfolgreich zu sein und Wert für Kunden zu schaffen. Eine oft zitierte Aussage von Jack Welsh, dem ehemaligen CEO von General Electric, bringt das stellvertretend für viele Manager auf den Punkt: „Das Budget ist das Verderben der amerikanischen Wirtschaft. Es wäre besser, es hätte nie existiert. [...] Die Budgetplanung ist eine Übung in Minimalisierung. Sie versuchen dabei immer nur, das Minimum zu erreichen, da jeder darum verhandelt, den niedrigsten Zielwert zu erhalten."[3]

Stattdessen sollten Manager und Mitarbeiter sich ambitionierte marktorientierte Ziele setzen und diese mit Begeisterung zum Wohle ihrer Kunden und Aktionäre verfolgen.

In vielen Unternehmen hat sich die Budgetplanung und die budgetbasierte Steuerung zu einem sehr aufwändigen bürokratischen Prozess entwickelt, der die schnelle Anpassungsfähigkeit des Unternehmens behindert sowie inkrementelles Denken der Manager und rein politisches Agieren fördert. Es führt auch noch zu höheren Kosten, da eigentlich unnötige Reserven in die Budgets eingebaut werden. Im Endeffekt wird dadurch unternehmerisches selbstverantwortliches Handeln verhindert - also genau das, was Unternehmen im heutigen Umfeld dringend von ihren Managern und Mitarbeitern benötigen, um erfolgreich zu sein und zu bleiben.

Starre Hierarchien, ein typisches Merkmal der tayloristischen industriellen Organisation, haben ausgedient, da eine solche Organisation für das heutige dynamische Umfeld zu schwerfällig ist. Zudem weiß der Vorgesetzte von der Tätigkeit der heutigen Wissensarbeiter selbst nur wenig und kann oft gar nicht mehr beurteilen, was in welcher Situation zu tun ist. Möglichst selbstständiges, sich selbst optimierendes Handeln der kundennah agieren-

---

[3] Aus einem Interview mit Jack Welsh in Fortune Magazine, 29. Mai 1995.

den Mitarbeiter und Unternehmenseinheiten ist angesagt. Wenn Unternehmen und ihre Manager immer erfolgloser Prognosen über die künftige Markt- und Geschäftsentwicklung anstellen können, wird die schnelle Anpassungsfähigkeit der Organisation zum Erfolgsfaktor, der sicherstellt, dass Unternehmensziele in Form von Markt- und Ergebniszielen trotzdem erreicht werden können. Die starre Budgetplanung und -steuerung, die auf dem Modell zentraler Steuerung und Kontrolle basiert, wird dabei zum Hindernis und droht deshalb für Geschäftsführer und Vorstände zum Misserfolgsfaktor zu werden.

Aber auch Controller sind mit der traditionellen Budgetierung unzufrieden. Typische Aussagen, auf die der Autor oft trifft, sind:

- „Ein Riesenaufwand – keiner interessiert sich wirklich dafür";
- „Ewig neue Planungsschleifen durch fehlende Top-down-Vorgaben"; oder
- „Unsere Budgets sind bereits nach eins bis zwei Monaten nach der Fertigstellung von der Realität überholt" – weshalb eigentlich der Aufwand?".

Und dieser ist beträchtlich. Nach einer Studie der amerikanischen Benchmark-Spezialisten von Hacket Benchmark werden von Unternehmen pro 1 Mrd. Dollar Umsatz etwa 25.000 Mitarbeitertage für Planung und Performance Measurement aufgewendet. KPMG schätzt, dass der Budgetierungsprozess 20 bis 30 % der Zeit von Senior Executives und Financial Managern beansprucht. Horváth & Partner schätzt, dass bis zu 50 % der Controller-Kapazitäten für Planung und Budgetierung verbraucht werden. Es stellt sich also auch die Frage nach der Kosten-Nutzen-Relation des Budgetierungsaufwandes.

Die Problematik der Budgetplanung aus der Makroperspektive

Die Budgetplanung hat lange gut funktioniert. Was hat sich verändert und dazu geführt, dass die klassische Budgetplanung und -steuerung zum Auslaufmodell wird? Die Gründe sind wohl in zwei wesentlichen Entwicklungen zu suchen: Veränderung der Produktivfaktoren von Unternehmen und die veränderte Rolle, die Unternehmen in der Gesellschaft und im Verhältnis zu ihren Stakeholdern zukommt[4].

---

[4] Näheres dazu im Buch des Autors: Jürgen H. Daum, Intangible Assets oder die Kunst, Mehrwert zu schaffen, Bonn 2002, S. 17-149.

Neue Werttreiber Intangible Assets

Über die letzten Jahrzehnte hat sich die Wertschöpfungsbasis von Unternehmen aber auch von Volkswirtschaften kontinuierlich weg von den traditionellen Produktivfaktoren Finanzkapital und Arbeit hin zu einer Dominanz immateriellen Produktivfaktoren entwickelt. Zu diesen immateriellen Produktivfaktoren, den Intangible Assets, gehören u.a.

- das Wissen und die Fähigkeiten von Mitarbeitern und Managern,
- Innovationskraft und -kompetenz des Unternehmens,
- gute und dauerhafte Geschäftsbeziehungen zu Kunden und Geschäftspartnern,
- die Qualität der Geschäftsprozesse,
- Bekanntheitsgrad des Unternehmens.

Auch in traditionellen Branchen der Fertigungsindustrie hat sich der Anteil an Wissenskapital und damit an Intangible Assets, die in die Entwicklung und den Designprozess neuer Produkte einfließen bzw. die die Grundlage für moderne, wettbewerbsfähige Fertigungs- und Supply Chain Prozesse dienen, signifikant erhöht. Gleiches gilt für die gerade für Fertigungsunternehmen wichtiger werdenden Kundenbeziehungsmanagement- und Serviceprozesse, die oft entscheidend zum Unternehmensergebnis beitragen.

Gleichzeitig sind eine Reihe neuer Branchen entstanden, die fast ausschließlich auf Wissen und Intellektuellem Kapital basieren, wie etwa die Software-, Medien- oder Pharmabranche. In der Konsequenz bedeutet dies, dass im Gegensatz zur Blütezeit des Industrialismus die entwickelten Volkswirtschaften heute zum größten Teil ihren Wohlstand dem Wissenskapital zu verdanken haben, das sich in den Köpfen ihrer Bevölkerung bzw. in ihren Unternehmen, Forschungs- und Bildungseinrichtungen angesammelt hat, und weniger dem vorhandenen Sachkapital, etwa Fabrikanlagen. Dies zeigt sich auch an der Bewertung von Unternehmen. So hat sich seit Anfang der Achtzigerjahre des letzten Jahrhunderts der Anteil der Intangible Assets von durchschnittlich ca. 40 % am Marktwert eines Unternehmens auf über 80 % erhöht.

Vor allem Investitionen in Innovation und in den Aufbau von einzigartigen und dauerhaften Beziehungen zu Kunden, Mitarbeitern und Geschäftspartnern und in damit verbundene Intangible Assets dominieren zunehmend die Wirtschaftstätigkeit in den entwickelten Ländern. Die Qualität der vorhandenen Management- und Controlling-Instrumente hat damit bisher nicht

Schritt gehalten. Die vorhandenen Werkzeuge stammen noch aus der industriellen Ära, die durch andere Bedingungen und „Economics" geprägt war. Die dominierende Rolle der Intangible Assets wird in der heutigen wissens- und serviceorientierte Wirtschaft weiter zunehmen. Sie erhöht damit nicht nur die Dynamik auf der Makroebene, sondern stellt Unternehmen auch intern vor neue Herausforderungen: Die Unternehmensaktivitäten werden deutlich komplexer und auch die interne Dynamik nimmt zu. Heutzutage müssen Unternehmen nicht mehr in einem Verkäufer-, sondern in einem Käufermarkt im Wettbewerb bestehen. Um erfolgreich zu sein und zu bleiben, müssen sie deshalb

- immer wieder und in immer kürzeren Zeitabständen mit neuen Produkten auf den Markt kommen (also systematisch und kontinuierlich Produktentwicklungsaktivitäten verfolgen),
- systematisch langfristig tragfähige und profitable Beziehungen zu Kunden und Geschäftspartnern aufbauen (also nicht nur verkaufen, sondern auch die zugrundeliegende Ressource, nämlich die Kundenbeziehung, aktiv managen),
- das Humankapital der Firma laufend weiterentwickeln und die guten Mitarbeiter auch halten können, und nicht zuletzt
- die mehr fordernden Investoren immer wieder mit guten finanziellen Ergebnissen zufrieden stellen.

Sie müssen heute also sehr unterschiedliche Dinge gleichzeitig tun:
- die richtigen Produkte entwickeln (langfristig orientiert),
- gute Beziehungen zu Kunden, Mitarbeitern und Geschäftspartnern aufbauen (mittelfristig) und
- profitabel operieren (kurzfristig).

Das erhöht die „Trade-offs" im Geschäftssystem und führt zu erhöhtem laufenden internen Abstimmbedarf. Gleichzeitig nimmt die Veränderungsdynamik im Umfeld zu und zwingt Unternehmen ihre Aktivitäten in kürzeren Intervallen mit externen Entwicklungen abzugleichen. Die traditionellen Unternehmenssteuerungsinstrumente Budgetierung und monatlicher Soll-Ist-Vergleich erweisen sich dafür als zu starr und haben deshalb als ausschließliche Basis des Managementsystem längst ausgedient (s. Abb. 1).

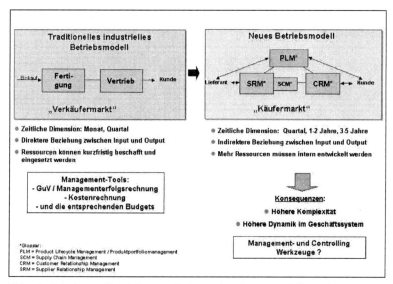

Abb. 1: Moderne Betriebs- und Wertschöpfungsmodelle erfordern auch neue Management- und Controlling-Werkzeuge

Die Stakeholder gewinnen mehr Einfluss

Die Unternehmens-Stakeholder, also Investoren, Mitarbeiter, Geschäftspartner, öffentliche Einrichtungen, die Öffentlichkeit an sich sowie natürlich die Kunden formulieren Erwartungen gegenüber dem Unternehmen und erwarten eine Reaktion. Andernfalls drohen dem Unternehmen Sanktionen, die seinen Geschäftserfolg deutlich gefährden können. Unternehmertum, sowohl in der klassischen Form des Eigentümer-Unternehmers als auch in der heute üblichen Form angestellter Manager, ist also keine reine Insider-Veranstaltung mehr. Die Stakeholder reden mit und haben auch oft die Macht, ihre Vorstellungen und ihren Willen durchzusetzen. Dem steht die Budgetplanung als rein interne Veranstaltung gegenüber, bei dem das Management die Eckwerte definiert und eine Ausrichtung an Stakeholdern allenfalls über die Vermittlung des Managements einmal im Jahr stattfindet. Dies wird zunehmend als ein zu ineffizienter Prozess angesehen. Stakeholder wollen stattdessen mehr direkt mitreden und möglichst zeitnah in wichtige Entscheidungsprozesse des Unternehmens eingebunden sein. In diesem Zusammenhang spricht man auch von einem Stakeholder-

Relationship-Management-Prozess[5], der mit den Performance-Management-Prozessen des Unternehmens integriert sein soll. Derartiges sieht die klassische budgetbasierte Steuerung nicht vor, dies einzurichten wird aber zunehmend für fast jedes Unternehmen zum Erfolgsfaktor.

Eine der wichtigsten Konsequenzen dieser Entwicklung ist, dass Unternehmen nach den Kriterien und Größen intern gesteuert werden müssen, nach denen sie auch extern von ihren Stakeholdern beurteilt und bewertet werden. Da Performance so auch aus externer Sicht mehrdimensional wird, genügt auch aus dieser Perspektive die rein finanzielle Sicht in der Performance-Steuerung nicht mehr, wie sie sich in den Jahresbudgets widerspiegelt. Zudem muss sich die Unternehmenssteuerung von einem Inside-Out-Ansatz, bei dem rein interne Gesichtspunkte eine Rolle spielen (klassische budgetbasierte Steuerung), zu einem Outside-In-Ansatz wandeln, in welchem systematisch Stakeholder-Ziele und Erwartungen berücksichtigt werden (stakeholder-orientiertes Performance Management).

Die Konsequenzen aus der Unternehmensperspektive – der Ausgangspunkt für das Beyond-Budgeting-Modell

Die beschriebenen makroökonomischen Entwicklungen kommen auf der Unternehmensebene vor allem in Form von Problemen mit dem Steuerungs- und Managementsystem an. Diese Probleme mit der traditionellen budgetbasierten Steuerung lassen sich mit Blick auf die globaleren Entwicklungen erklären und zusammenfassen. Mit den folgenden Ausführungen wird damit auch der Ausgangspunkt für das Beyond-Budgeting-Modell dargelegt.

Höhere Marktdynamik und fordernde Investoren: Das Umfeld für Unternehmen ist deutlich dynamischer geworden. Genaue Prognosen über Marktentwicklungen werden schwieriger wenn nicht ganz unmöglich. Gleichzeitig stellen gerade Investoren und Aktionäre immer höhere Ansprüche an Unternehmen.

Die Anpassungs- und schnelle Reaktionsfähigkeit wird somit zum Erfolgsfaktor, sowohl aus strategischer als auch aus operativer Sicht. Erst so wird es möglich, dass Unternehmen ihre Ziele und damit die Erwartungen der Investoren auch bei veränderten Marktbedingungen doch noch erreichen – nämlich besser als der Wettbewerb abzuschneiden. Dazu müssen sie

---

[5] *Daum, J.H: SEM-SRM Stakeholder Relationship Management*, in: Küting, K., Weber, C.P.: Wertorientierte Konzernführung, Stuttgart 2000, S.467-516.

die Komplexität ihrer Managementprozesse reduzieren. Operativen Managern und Mitarbeitern, die nah am Kunden und Markt agieren, muss mehr Freiraum für Entscheidungen eingeräumt werden, damit sie sofort und entschlossen handeln können. Gleichzeitig bedarf es eines Rahmens klarer Prinzipien, Werte, Strategien und Ziele, damit das möglich wird. Dezentralisierung von markt- und kundenbezogenen Entscheidungen erfordert aber auch ein dynamisches Ressourcenmanagement, um auf plötzlich bietende Chancen oder auftretende Risiken dezentral schnell reagieren zu können, auch wenn die erforderlichen Ressourcen nicht im ursprünglichen Jahresbudget vorhanden sind. Strategisches Management muss als kontinuierlicher offener und adaptiver Prozess gestaltet werden, der das Unternehmen in die Lage versetzt, auf Risiken und Chancen bereits zu reagieren, wenn diese sichtbar werden, statt innerhalb fixer, veralteter Pläne „gefangen" zu sein. Erfolg soll auf allen Ebenen nicht mehr an der Budgeteinhaltung und am Erreichen der zum Jahresbeginn fixierten Ziele, sondern relativ zum Wettbewerb auf Basis der tatsächlichen Performance gemessen werden.

Heute sind Wissenskapital und andere Intangible Assets zum wesentlichen Produktivfaktor geworden und stellen die Basis für nachhaltige Wettbewerbsvorteile dar. Deshalb müssen Unternehmen ihrem Humankapital, nämlich den Wissensträgern und den Talenten, die ihr Wissen in Kundenwert und Wettbewerbsvorteile für das Unternehmen umsetzen können, mehr Aufmerksamkeit schenken. **Talentierte Mitarbeiter und Manager sind deshalb Mangelware. Für die besten Mitarbeiter und Manager attraktiv zu sein wird zum Erfolgsfaktor.** Dazu müssen Unternehmen Freiräume und ein Arbeitsumfeld bieten, das durch Selbstbestimmung und Selbstorganisation geprägt ist – talentierte Wissensarbeiter arbeiten ungern in hierarchischen Strukturen und wären als reine Befehlsempfänger in der Regel auch nicht produktiv. Stattdessen wird ein Führungsstil benötigt, der herausfordert und Mitarbeiter und Manager sich ambitionierte Ziele setzen lässt. Dazu werden auch Incentive-Systeme benötigt, die sich am Teamerfolg gegenüber dem Wettbewerb bzw. der jeweiligen Peer-Group orientieren, weniger am Erreichen verhandelter Budgetziele. Das motiviert mehr und bringt auch für das Unternehmen bessere Ergebnisse.

Wissen und Wissenskapital unterliegen heute oft nur kurzen Halbwertszeiten, **was Unternehmen zu laufender Innovation zwingt.** Um im Wettbewerb erfolgreich zu bleiben und die vorhandenen Intangible Assets zu bewahren, müssen Unternehmen kontinuierlich neue Produkte und Lösungen, aber auch neue Strategien entwickeln und die Verfahren der Kundeninteraktion laufend verbessern. Dazu muss intern Wissen geteilt werden. Dazu bedarf es einer Teamatmosphäre im Unternehmen, was die Budgetkultur oft verhindert, da diese den Abteilungsegoismus fördert. Für herausragende Innovationsleistungen wird die Initiative und das teamorientierte Engagement aller Mitarbeiter und Manager auf allen Ebenen benötigt. Auch aus dieser Perspektive **macht deshalb Dezentralisierung und „Empowerment" von Mitarbeitern und Managern Sinn und zahlt sich für Unternehmen aus.** Operative Manager sollten in der Lage sein, weitgehend selbst zu entscheiden und nicht bei jeder anstehenden Entscheidung den Vorgesetzen befragen müssen. Entscheidungen sollten dort getroffen werden, wo die Kompetenz für den zu entscheidenden Sachverhalt am höchsten ist. Zentrale Stäbe und Zentralmanager sind oft zu weit weg vom Geschehen und können die Konsequenzen ihrer Entscheidungen vor Ort nicht mehr übersehen. Am traditionellen Budgetplanungsprozess wird oft kritisiert, dass er Zentralismus und Bürokratie fördert und damit Innovation verhindert. Genau das meint der amerikanische Strategie-Guru Gary Hamel, wenn er schreibt: „Die letzte Bastion zentraler Planung des sowjetischen Typs kann man in Fortune 500 Unternehmen finden – man nennt es Ressourcen-Allokation. [...] Unkonventionelle Ideen müssen dabei erst den beschwerlichen Weg die Unternehmenspyramide hinauf schaffen. Wenn eine Idee es geschafft hat, den Spießrutenlauf an skeptischen Vize-Präsidenten vorbei zu überleben, entscheidet schließlich ein CEO oder Chairman weit weg vom Geschehen, ob investiert wird oder nicht. Sie wollen etwas Neues, etwas das die Grenzen des Bestehenden sprengt, etwas das den Status Quo herausfordert? Viel Glück."[6]

Viele erfolgreiche Unternehmer und Unternehmen demonstrieren immer wieder, dass es neben Innovation, Kunden- und Mitarbeiterorientierung auch der Kosten- und Ressourceneffizienz bedarf, um dauerhaft erfolgreich zu sein. Unternehmen müssen also auch auf ihre „**Operational Excellence**" achten, um nicht an zu hohen Kosten zugrunde zu gehen. Oft wird gerade dies als der Sinn der Budgetplanung genannt: das Budget soll dafür sorgen, dass die Kosten nicht ausufern. In der Praxis geschieht in Wirklichkeit das Gegenteil. Die Budget-Mentalität vieler Manager führt dazu, dass man sich bei der Budgetierung aus rein internen politischen Gründen Kostenreserven ins Budget einplant, die dann auch zu Ausgaben führen müssen, da das Budget ja sonst im nächsten Jahr niedriger ausfällt. Dies führt zum Züchten einer Scheinwelt im Unternehmen, in der Resourcen nicht aufgrund von aus Marktsicht notwendigen Aktivitäten abgerufen bzw. ein-

---

[6] Hamel, G.: Bringing Silicon Valley Inside, in: Harvard Business Review, Ausgabe September-Oktober 1999, Watertown/ Massachusetts 1999, S. 76.

geplant werden. Das Unternehmen koppelt sich so quasi vom Markt ab und produziert darüber hinaus beträchtlich zusätzliche und völlig unnötige Kosten und Ausgaben. So wurde mir beispielsweise kürzlich berichtet, dass die Stadtverwaltung einer bekannten österreichischen Stadt für das Haushaltsjahr 2001 die Budgetregeln geändert hat. Danach verfallen die Budgets nicht mehr am Jahresende, wie das vorher üblich war. Konsequenz: 30 % Einsparung bei den Gesamtkosten der Stadt, da die Budgetverantwortlichen nicht mehr aus rein budgettaktischen Gründen am Jahresende völlig unnötige Ausgaben veranlassen. Darüber hinaus animiert die traditionelle Budget-Mentalität Manager nicht dazu, Fixkosten zu hinterfragen um dauerhafte Kosteneinsparungen zu erzielen. Man übernimmt die entsprechenden Kostenpositionen oft einfach aus dem Vorjahresbudget, ohne dass die zugrundeliegenden Prozesse und deren Kosteneinsparpotenzial betrachtet wird. Das finanzorientierte Budget führt auch hier zu einer mentalen Abkopplung von der Realität. Stattdessen sollten Manager und ihre Unternehmen dafür sorgen, laufend die Verbindungen zwischen der Arbeit von Mitarbeitern und den Kundenbedürfnissen in ihren eigenen Köpfen aber auch in denen der Mitarbeiter herzustellen und Produkte, Prozesse, Projekte und Strukturen immer wieder mit der Unternehmensstrategie in Einklang zu bringen. Deshalb sollten operative Manager dann auf Ressourcen zugreifen können, wenn diese wirklich benötigt werden. Dies verhindert politisches Taktieren und aufgeblähte Budgets.

Der Kunde muss im Mittelpunkt der Unternehmensstrategie und der operativen Aktivitäten stehen. Kunden müssen aber auch profitabel sein. Der Erfolgsfaktor ist der Aufbau langfristiger und profitabler Kundenbeziehungen. Auch dabei steht das Budget oft im Weg, denn es ist zu kurzfristig orientiert und zu sehr nach innen gerichtet. Manager, die aufgrund eines aktuellen Anlasses in bestehende oder neue Kundenbeziehungen investieren müssen, dies aber zum Zeitpunkt der Budgeterstellung noch nicht wussten, finden sich in dem Dilemma wieder, zwischen dem langfristigen Unternehmenserfolg (und Kundenorientierung) und dem Erreichen der eigenen Budgetziele wählen zu müssen. Meist fällt dabei die Wahl auf letzteres. Der Fokus liegt dann auf dem Funktionieren der internen Abläufe und auf der Budgeteinhaltung sowie auf kurzfristigem Umsatz, nicht auf dem Kundennutzen und der langfristigen Kundenbeziehung, die dauerhaft den Erfolg des Unternehmens sichern könnten.

Budetplanung und -steuerung gefährden so die Nachhaltigkeit des Unternehmenserfolgs, da der Fokus zu sehr auf kurzfristiger Performance und nicht auf dem Schaffen von langfristigem Wert liegt. Letzteres kann nur erreicht werden, wenn es einem Unternehmen gelingt, Mitarbeiter und Manager dazu zu animieren, sich ambitionierte Ziele zu setzen, indem sie Risiken übernehmen und sich Dinge vornehmen, die sie bisher nicht für möglich gehalten haben. Deshalb ist es ein wesentliches Prinzip von Beyond Budgeting, die Leistungsbeurteilung nicht auf der Basis des Erreichens der selbst gesetzten oder verhandelten Ziele durchzuführen, sondern auf der Basis der relativen tatsächlich erreichten Performance gegenüber dem Wettbewerb bzw. der relevanten Peer-Group. **Erst so wird nicht politisches Handeln, sondern Transparenz und sportlicher interner und externer Wettbewerb gefördert** – etwas was Investoren und die Öffentlichkeit ja auch zunehmend von Unternehmen insgesamt erwarten. Solange das aber nicht intern und im Kleinen geschieht, wird es auch nicht für ein Unternehmen als Ganzes erfolgen können. Skandale wie etwa im Fall Enron, wird man ohne ein anderes Vorgehen und eine andere Managementkultur auch zukünftig intern nicht verhindern können. In einer Umfrage unter 402 klassisch gesteuerten amerikanischen Unternehmen gaben fast alle Manager an, dass sie Tricks benutzen müssten, um die Budgetvorgaben der Konzernleitung einzuhalten. Dazu gehören z.B. Kunstgriffe, wie der, eine eigentlich dringend notwendige Produkteinführung vom Ende des laufenden Geschäftsjahres ins erste Quartal des nächsten zu schieben, um das Marketingbudget nicht zu überschreiten[7].

Die klassische Budgetierung ist damit mehr als nur die Verschwendung von Ressourcen. Wenn auch theoretisch nicht gewollt, ist die budgetbasierte Steuerung in der Unternehmensrealität auf Misstrauen gebaut, erzieht Manager zur Unselbstständigkeit und hält sie in einer markt- und kundenfernen Scheinwelt gefangen, statt diese zu Vertrauen, offener Kommunikation und Eigeninitiative zu animieren. Das Budget-Modell steht damit in einem fundamentalen Konflikt mit den Erfolgsfaktoren heutiger Unternehmen. Genau hier setzt das Beyond-Budgeting-Modell an und versucht ein alternatives Führungs- und Steuerungssystem zu entwerfen.

Das Beyond-Budgeting-Modell

Ist Managen ohne festes Budget überhaupt möglich? Swenska Handelsbanken, eine schwedische Bank mit Niederlassungen in ganz Nordeuropa und in Großbritannien hat gezeigt, dass es geht. Seit 1970 gibt es dort keine Budgets mehr, keine absoluten Ziele und keine fixen Pläne. Trotzdem ist

---

[7] Schaudwet C.: Ende der Planwirtschaft, in: Wirtschaftswoche, Nr. 34, 15.08.2002, S.65-67

die Bank eine der erfolgreichsten Banken Europas und hat alle skandinavischen Mitbewerber hinsichtlich jeder wesentlichen Performancemessgröße wie Return on Equity, Cost/Income und Kundenzufriedenheit geschlagen – und zwar konsistent über 30 Jahre. Auch Boots, ein englischer Retailer, kommt ohne feste Budgets aus. Gesteuert wird vielmehr auf der Basis von ad hoc erstellen neuen Forecasts, die durch jede lokale neue Chance oder Bedrohung ausgelöst werden. Ein teambasierter Ansatz im Managementprozess hilft dabei, die notwendige Flexibilität für Anpassungsmaßnahmen nicht nur theoretisch, sondern auch praktisch sicherzustellen. Dies führt dazu, dass die Gesamtziele der Gruppe dank der größeren Transparenz und durch die erreichte Flexibilität in der Unternehmenssteuerung wesentlich leichter erreicht werden, da Reserven „herausgerückt", lokale Überraschungen vermieden und gegenseitiges Lernen gefördert wird. Weitere Beispiele von Unternehmen, die weitgehend ohne feste Budgets managen sind z.B. Ikea und Borealis und in Deutschland der Discounter Aldi. Das Beyond-Budgeting-Modell, das vom „Beyond Budgeting Round Table" (BBRT) des „Consortium for Advanced Manufacturing-International" (CAM-I) in London definiert wurde, versucht, die Prinzipien, die den Führungs- und Performance-Management-Prozessen dieser Unternehmen zu Grunde liegen, systematisch darzustellen und zu erklären.

Entstehen des Beyond-Budgeting-Modells

Die Väter des Beyond-Budgeting-Modells sind Jeremy Hope, Buchautor und Ex-Manager, Robin Fraser, Managementberater, und Peter Bunce, der zuvor das europäische Büro des amerikanischen CAM-I in London geleitet hatte. Sie hatten sich 1997 zum „Beyond Budgeting"-Forschungsprojekt zusammengeschlossen und gründeten im Januar 1998 den Beyond Budgeting Round Table (BBRTJ) in London. Der BBRT ist eine mitgliederfinanzierte Organisation zur Erforschung und Weiterentwicklung der Unternehmenssteuerung „Beyond Budgeting". Seit 1998 haben mehr als 50 Organisationen, größtenteils Unternehmen, am BBRT teilgenommen und an der Erarbeitung und Ausgestaltung der Beyond-Budgeting-Prinzipien mitgewirkt.

Die Ziele des BBRT sind:

- Die Untersuchung von Unternehmen, die ohne Budgets managen und das Erstellen entsprechender Case Studies.

- Die Extraktion und die Beschreibung der den Führungs- und Steuerungssystemen zugrunde liegenden Prinzipien.
- Die Identifizierung und Beschreibung der „Lessons Learned" dieser Pioniere und die kontinuierliche Weiterentwicklung des Beyond-Budgeting-Modells.
- Mitgliedsunternehmen zum Umsetzen von Beyond Budgeting zu animieren und diesen im Rahmen des BBRT ein Diskussions- und Beratungsforum von Mitstreitern und interessierten Unternehmen zu bieten.

Neben Swenska Handelsbanken, Ikea und Borealis hat der BBRT inzwischen 16 weitere Unternehmen analysiert, die ganz oder nahezu ohne Budgets operieren. Das Ergebnis sind die 12 Beyond-Budgeting-Prinzipien, die nicht nur die Performance-Management- und Controlling-Prozesse beschreiben, sondern auch die Management- oder Führungsprinzipien. Dies ist in einem Leitfaden zusammengefasst, der allerdings nur den Mitgliedsunternehmen des BBRT zur Verfügung steht („The Guide")[8]. Die Mission des BBRTist, Unternehmen beim Übergang vom „Industrial Age" zum „Information Age" bei der Entwicklung und der Einführung der erforderlichen Führungs- und Steuerungssysteme zu unterstützen (s. Abb. 2).

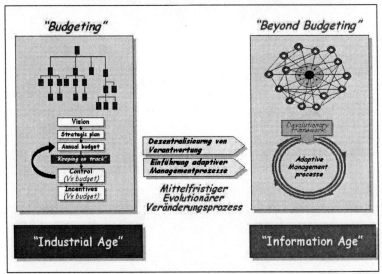

Abb. 2: Die Mission des CAM-I Beyond Budgeting Round Table

---

[8] Siehe http://www.bbrt.org

Das Beyond Budgeting Framework

Das gegenwärtige stark am Rechnungswesen orientierte budgetbasierte Management- und Unternehmenssteuerungssystem spiegelt nach Ansicht von Hope und Fraser das traditionelle Modell von Führung und Organisation wider[9]. Zwischen Performance-Managementsystem und dem Führungsmodell gibt es demnach einen engen Zusammenhang. Wenn Unternehmen beginnen, ihre Führungsmodelle an neue Realitäten anzupassen, müssen die entsprechenden Steuerungssysteme folgen. Hier setzen Unternehmen beispielsweise mit dem Balanced-Scorecard-Konzept an, um den notwendigen neuen strategischen Fokus in der gesamten Organisation zu erzeugen und die entsprechenden Change-Management-Projekte systematisch voranzutreiben. Diese Initiativen drohen jedoch oft im Tagesgeschäft zu scheitern, weil dort noch das starre Budget mit all den oben beschriebenen negativen Konsequenzen auf der Verhaltensebene regiert. Die Urheber des Beyond-Budgeting-Modells sehen also einen klaren logischen Zusammenhang zwischen den veränderten Umfeldbedingungen und den neuen Erfolgsfaktoren, sowie den daraus folgenden Prinzipien sowohl für das Führungs- als auch für das Performance-Management-System eines Unternehmens (s. Abb. 3).

Das Ergebnis sind die 12 Beyond-Budgeting-Prinzipien, die nicht nur die Performance-Management und Controlling-Prozesse beschreiben, die ein Managementkonzept „Beyond Budgeting" unterstützen, sondern auch die Management- oder Führungsprinzipien:

Die Management- und Führungsprinzipien:

1. Governance: Schaffen eines „Performance-Management-Klimas", das Erfolg am Wettbewerb misst.

2. Challenge & Values: Motivation durch Herausforderungen und Übertragung von Verantwortung innerhalb eines Rahmens klar definierter Unternehmenswerte.

3. Accountability: Delegation von Leistungsverantwortung an operative Manager, die Entscheidungen selbst treffen können.

4. Empowerment: Operative Manager erhalten auch die Mittel, selbständig zu agieren (Zugriff auf Ressourcen).

---

[9] Hope, J; Fraser, R.: Beyond Budgeting... Breaking through the barrier to 'the third wave', in: Management Accounting, Dezember 1997, S.20.

5. Organisation: Auf Basis kundenorientiert agierender Teams, die für zufriedenen und profitable Kunden verantwortlich sind.

6. Transparency: Schaffen einer einzigen „Wahrheit" in der Organisation durch offene und transparente Informationssysteme.

Die Steuerungs- und Performance Management Prinzipien:

7. Ziele: Der Zielsetzungsprozess basiert auf der Vereinbarung von möglichst ambitionierten Zielen, die sich an externen Benchmarks orientieren.

8. Vergütung: Der Motivations- und Vergütungsprozess basiert auf dem Teamerfolg relativ zum Wettbewerb.

9. Strategie: Die Strategie- und Maßnahmenplanung wird an operative Manager delegiert und erfolgt kontinuierlich.

10. Ressourcen: Der Ressourcennutzungsprozess basiert auf dem direkten lokalen Zugang zu Ressourcen (innerhalb vereinbarter Parameter).

11. Koordination: Der Koordinationsprozess koordiniert die Nutzung von Ressourcen auf Basis interner Märkte.

12. Measurement: Der Mess- und Steuerungsprozess stellt schnelle und offene Performance-Informationen für „Multilevel Control" bereit und orientiert sich an der relativen Performance im Vergleich zur jeweiligen Peer-Group.

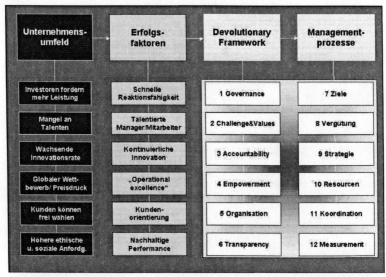

Abb. 3: Das Beyond Budgeting Framework

Die zwei wesentlichen Elemente des Beyond-Budgeting-Modells sind also

1. neue Management- und Führungsprinzipien, die auf der Dezentralisierung von Entscheidungen basieren und die dem Unternehmen alle (Mitarbeiter-)Kräfte für Innovation und zum Aufbau nachhaltiger Wettbewerbsvorteile dienstbar machen sollen. Der BBRT bezeichnet das auch als „Devolution".

2. Adaptive Managementprozesse, die nicht wie die Budgetierung auf fixen Zielen und Ressourcenplänen basieren, sondern ein marktorientiertes Agieren und ein laufendes Anpassen an neue Kundenanforderungen bzw. an neue Marktbedingungen ermöglichen.

Veränderungen beim Steuerungssystem fallen in der Regel leichter und sind einfacher umzusetzen. Deshalb soll mit der näheren Erläuterung des Beyond-Budgeting-Modells im Bereich des Steuerungssystem begonnen werden.

Das Beyond-Budgeting-Steuerungssystem

Die Zielsetzung des Beyond-Budgeting-Modells im Bereich der Steuerung und des Performance Managements liegt einmal in der stärkeren **Orientierung des gesamten Unternehmens am Markt und an den Kunden** und in der **Flexiblisierung der Steuerung** selbst. Beides wird auch gleichzeitig als ein Hauptmangel des traditionellen budgetbasierten Steuerungssystems dargestellt:

In der Regel existiert im Rahmen des traditionellen Steuerungssystems im Unternehmen ein mittel- bis langfristiger strategischer Plan, der sich oft in detaillierten Marktanteils-, Preis-, Umsatz-, Kosten- und Ergebniszielen ausdrückt, und damit viel zu sehr in den operativen Bereich hineinreicht. Besser wäre die Vorgabe von wenigen aggregierten Zielgrößen, wobei man den operativen Managern dann überlässt, durch welche Maßnahmen und unter welchem Ressourceneinsatz die Ergebnis- oder Shareholder-Value-Ziele zu erreichen sind. Zudem hat das traditionelle Vorgehen den Nachteil, dass die strategischen Ziele, die im Rahmen der Budgetplanung auf Jahresziele heruntergebrochen wurden, über das Geschäftsjahr fixiert sind, die Welt sich aber zwischenzeitlich ändern kann. In der Software- und Technologiebranche etwa sind selbst strategische Pläne oft nach einem halben, manchmal gar nach einem Vierteljahr bereits überholt. Dies gilt zunehmend auch für traditionelle Branchen.

Die Starrheit des strategischen Planes in Verbindung mit dem zu hohen Detaillierungsgrad auf finanzieller Ebene führt dazu, dass bei Veränderungen etwa im Marktumfeld des Unternehmens nicht schnell genug oder überhaupt nicht reagiert werden kann, da man als operativer Manager in den Vorgaben des Jahresbudgets praktisch „gefangen" ist. In der Konsequenz folgt daraus, dass auch die strategischen Ziele des Unternehmens nicht erreicht werden. Plakativ ausgedrückt und auf den militärischen Bereich übertragen, führt die Vorgabe, einen bestimmten Hügel einzunehmen (strategisches Ziel) dazu, dass das operative Management handlungsunfähig ist, sobald sich das entsprechende Ziel, etwas ein feindliche Armee, an einen anderen Standort bewegt hat. Denn ins operative Budget sind aus dem so genannten strategischen Plan bereits so viele detaillierte Vorgaben hinsichtlich der Maßnahmenpläne eingeflossen, dass bei einer Veränderung der Bedingungen dann operativ gar nicht mehr mit einer Maßnahmenanpassung reagiert werden kann.

Übersetzt in die Unternehmenswelt bedeutet dies, dass detaillierte Budgets, die von der operativen Ebene bis zur Konzernspitze durchgerechnet und „kontrolliert" werden, zu Unmündigkeit und Unselbständigkeit führen. Weshalb soll sich denn eigentlich eine Konzernzentrale für die genauen Reisekosten einer Vertriebseinheit interessieren, wenn es Aufgabe der Manager vor Ort sein soll, den Ressourceneinsatz so zu steuern, dass für das Unternehmen ein größtmöglicher kurz- und langfristiger Nutzen (in Form von guten Kundenbeziehungen, Kundenaufträgen und Deckungsbeiträgen) entsteht, selbstverständlich unter Vermeidung unnötiger Kosten? Zentrale Kontrolle animiert in der Regel lokale Manager und Mitarbeiter nach Möglichkeiten zu suchen, diese zu umgehen, statt selbstständig und unternehmerisch zu denken und zu handeln. Erreicht wird also oft gerade das Gegenteil dessen, was durch die zentrale Budgetsteuerung gewollt ist: Verantwortungslosigkeit und ausfernde Kosten.

Nur lokale Autonomie und die dadurch geförderte unternehmerische Selbstständigkeit kann zu einem „Sense and Response"-Modell des Unternehmens führen. Dabei ist das Unternehmen in der Lage, ohne zentrale Steuerung (und damit schnell und effizient), quasi automatisch auf Veränderungen im Umfeld, d.h. auf neue Chancen als auch auf neu auftretende Risiken zu reagieren. Dazu bedarf es einmal einer kontinuierlichen Anpassung der Strategie bei Bedarf, d.h. auch unterjährig, wenn dies erforderlich sein sollte. Daneben sind operative Aktivitäten, Maßnahmen und Ressourcenallokation kontinuierlich anzupassen, um kurzfristig auf Veränderungen im Marktumfeld reagieren zu können und auch unter ursprünglich nicht vorhersehbaren Bedingungen die übergeordneten Ziele doch noch zu erreichen. Zwischen der Ebene des Strategiemanagements und der Ebene der operativen Steuerung, aber auch zwischen den operativ handelnden Einheiten im Unternehmen untereinander, ist dazu ein laufender Dialog und Abgleich erforderlich, um die „Trade-offs" im Geschäftssystem bewusst zu managen und das Gesamtergebnis zu optimieren (s. Abb. 4).

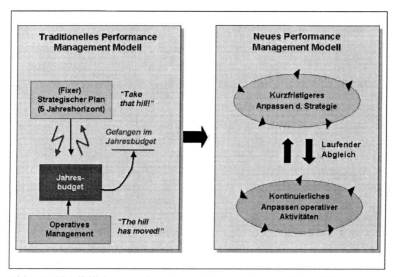

Abb. 4: Flexibilisierung der strategischen und operativen Steuerung auf Basis eines „sense and response" Modells führen zu einer leichteren Zielerreichung und damit zu einem höheren Unternehmenserfolg

Ein Fallbeispiel für ein Unternehmen, das ein Beyond-Budgeting-Steuerungssystem eingeführt hat, ist die englische Boots-Gruppe[10]. In England findet man die Boots-Stores quasi an jeder Straßenecke, wo sich die englische Hausfrau in der Regel einmal die Woche mit Drogerie- aber auch Apothekenartikel eindeckt. Bei Boots kennt man keine festen Budgets

---

[10] siehe dazu auch das Interview mit Matthias Steinke, CFO BHI Deutschland, im folgenden Kapitel dieses Buches

und keine fixen Pläne. Stattdessen findet die Steuerung auf der Basis eines laufenden Re-Forecastings statt[11].

Boots Healthcare International, eine Sparte der Boots Gruppe, die sich mit der Produktion und dem Vertrieb von nichtrezeptpflichtigen Medikamenten sowie von Hautpflegemitteln beschäftigt, hat einen so genannten „Performance Contract" mit der Boots Gruppe auf der Basis weniger Schlüsselkennzahlen (Key Performance Indicators, KPIs) wie Sales, Profit, Cashflow, Economic Profit und Value (auf Basis einer Discounted Cash-flow-Berechnung) für die nächsten 5 Jahre. Die Ziele werden jährlich aktualisiert. BHI hat sich damit zum Erreichen weniger finanzieller Zielgrößen verpflichtet, ist aber, was die entsprechenden Spartenstrategie und die operativen Maßnahmen betrifft, weitgehend autark.

Die operative Steuerung findet dezentral auf regionaler Ebene statt. Dabei arbeiten die so genannten strategischen Profit Center (SPCs) der gesamten Region – das sind die Vermarktungseinheiten auf Landesebene – teamorientiert zusammen, um das Gesamtziel zu erreichen. In der Region Nord, die Länder wie Deutschland, die Niederlande aber auch Polen umfasst, wird zu Beginn des Geschäftsjahres ein Budget erstellt, was bei BHI nichts anderes als ein erster (vorläufiger) operativer Plan darstellt. Sobald die darin niedergelegten Annahmen überholt sind, also sobald sich eine neue Chance oder Bedrohung lokal auf SPC-Ebene ergibt, schiebt dies einen neuen Forecast für die Gesamtregion an. Alle SPC-Leiter erhalten die neuen Forecastzahlen und denken über Korrektur- und Anpassungsmaßnahmen nach. Der so genannte Trade-off-Prozess beginnt. Wenn etwa die erwartete Grippewelle in Polen ausbleibt und damit der geplante Absatz von Halsschmerztabletten und damit der entsprechende Umsatz gefährdet ist, wird über die gesamte Region hinweg darüber nachgedacht, über welche Ausgleichsoptionen das Unternehmen verfügt. Soll in den Niederlanden über eine zusätzliche Fernsehwerbung der Verkauf eines neuen Produktes schneller angekurbelt werden, als ursprünglich geplant, oder soll in Deutschland durch einen so genannten Trade-Load, bei dem der Handel zur Abnahme höherer Stückzahlen animiert wird, Umsatz aus der nächsten Periode vorgezogen werden? Wie auch entschieden wird, die Pläne werden entsprechend angepasst und im Falle des „Trade-Loads" wird dem deutschen Profit-Center-Leiter der vorgezogenen Umsatz in der nächsten Peri-

---

[11] Die folgenden Ausführungen basieren auf einem Vortrag von Matthias Steinke, Ltr. Rechnungswesen BHI Boots Healthcare International und Hermal Kurt Herman GmbH, Reinbek bei Hamburg, beim Seminar „Beyond Budgeting" von Management Circle, am 31.07.2002 in Köln, das der Autor geleitet hatte.

ode gutgeschrieben (was dann möglicherweise wiederum zu einem Tradeoff-Prozess führt).

Die Zielerreichung wird also laufend hinterfragt, es erfolgen kontinuierlich Anpassungsmaßnahmen über die Region hinweg. Dazu finden regelmäßig Managementmeetings statt, wo auf Basis der aktuellen Zahlen Chancen und Risiken diskutiert und über neue Maßnahmen und Maßnahmenanpassungen entscheiden werden. Aus dem beschriebenen Verfahren geht deutlich hervor, dass das Steuerungssystem bei Boots mit einem hohen Kommunikationsbedarf verbunden ist. Damit die Kommunikation effizient erfolgen kann, ist eine entsprechende Transparenz erforderlich. Alle SPCs müssen deshalb nicht nur die Monats-, sondern bei Bedarf auch Tages- und Wochenzahlen offen legen.

Das Ergebnis lässt sich jedoch sehen: Nach Ansicht von BHI sind durch die hohe Flexibilität bei der Unternehmenssteuerung die Gesamtziele der Gruppe einfacher zu erreichen, da

- ständig die Transparenz über die Gesamtregion gegeben ist,
- Reserven im Gegensatz zur traditionellen Budgetmentalität „herausgerückt" werden, wenn diese an anderer Stelle produktiver eingesetzt werden können und
- lokale „Überraschungen" nicht auftreten, die die Zielerreichung der Gruppe insgesamt gefährden können.

Das Beyond-Budgeting-Führungssystem

Die Zielsetzung des Beyond-Budgeting-Modells im Bereich des Managements und der Führung liegt einmal in der Betonung von **Dezentralisierung und lokaler Autonomie** und in einer **Managementkultur, die Vertrauen, Offenheit und sportlichen internen und externen Wettbewerb fördert**. Wie bereits ausgeführt, wird beides auch als die Hauptmängel des traditionellen budgetbasierten Steuerungssystems dargestellt.

Die traditionellen hierarchischen Unternehmensstrukturen konzentrieren zu sehr Wissen an der Spitze, entmündigen Mitarbeiter und operative Manager und führen so zu einer Suboptimierung des ganzen Systems. Die wichtigsten Produktivfaktoren heutiger Unternehmen, das Wissenskapital und deren Träger, werden ignoriert, da diese durch das Raster des traditionellen finanzorientierten Managementsystems fallen und dort nicht erfasst werden. Unternehmen leben aber vom Engagement und der Initiative ihrer

Mitarbeiter und Manager. Sollte es gelingen, lokale Autonomie und Handeln mit einer quasi automatischen Optimierung des Gesamtsystems so zu verbinden, ohne dass das lokale Handeln die Konsistenz des Gesamtgebildes der Organisation gefährdet, sondern dessen Gesamtproduktivität laufend erhöht, hat ein Unternehmen die Formel für dauerhaften und nachhaltigen Unternehmenserfolg gefunden, ohne dass zentral laufend darüber gewacht werden muss. Stellvertretend dafür mag das der Schwarmtheorie zugrunde liegende Organisationsmodell dienen. Auch hier gilt, wie bei Unternehmen, dass das Ganze in der Regel mehr ist als die Summe seiner Teile. Ein soziales Gebilde ist danach eine strukturierte Ansammlung von mehr oder minder intelligenten Wesen, das Aktivitäten der Einzelwesen auf lokaler Ebene nutzt, um das gesamten System laufend zu optimieren und kollektives Wissenskapital zu schaffen.

Die Schwarmtheorie bedient sich folgendes Vergleichs: Man stelle sich einen Ameisenhaufens als Organisation vor, die ihr Wissen über die kürzeste Strecke zu einer Futterstelle laufend optimieren soll: Zwei Ameisen – A und B – laufen zur gleichen Zeit in Richtung der potenziellen Futterstelle los. Beide hinterlassen bei jedem ihrer Schritte eine Duftmarke. Diese Duftmarken gelten als Anhaltspunkt für sie selbst und für die ihnen nachfolgenden Ameisen. Sobald beide Ameisen die Futterstelle entdeckt haben, kehren sie mit Hilfe ihrer eigenen Duftmarken zurück. Da die Strecke zur Futterstelle A kürzer ist als die zur Futterstelle B, hat diese Strecke frischere Duftmarken. Die nächste Ameise riecht an der Strecke A und an der Strecke B und entscheidet sich aufgrund des stärkeren Duftes dafür, die Strecke A zu wählen. Mit jedem weiteren Gang über die Strecke A potenziert sich die Duftstärke, und nach kürzester Zeit „weiß" die Gruppe der Ameisen, welche Strecke am kürzesten ist. Keine der Ameisen hat dabei eine globale Übersicht über das zu lösende Problem. Die einzelne Ameise hat keine Ahnung, wie gut es dem gesamten Schwarm geht. Sie handelt lokal, aber die Auswirkungen sind global (s. Abb. 5). Interessant dabei ist, dass jede Ameise nur zwei Regeln befolgt. Regel eins: Wenn du losläufst, hinterlasse einen Duftstoff. Regel zwei: Dort, wo der Duft am frischesten bzw. am stärksten ist, läufst du hin. Schwärme funktionieren, indem sie nach ganz einfachen Regeln zu Strukturen kommen. Man stattet jedes Individuum mit mehreren einfachen Regeln aus, die diese dann optimieren. Dieses Phänomen gibt es überall, in der Physik etwa nennt man es Thermodynamik.

Genau wie ein Ameisenvolk hat das Unternehmen die Fähigkeit, sich selbst zu organisieren. Die Frage dabei ist: Lassen sich im Unternehmen Regeln definieren, deren Einhaltung dazu führt, dass das Ganze mehr ist als die Summe seiner Einzelteile? Die Verfechter eines Beyond-Budgeting-Führungssystems bejahen diese Frage und streichen heraus, dass es neben der lokalen Autonomie klare Verhaltensregeln, Prinzipien und Ziele geben muss, die festlegen, was man als Unternehmen tut und nicht tut, welches Verhalten erlaubt bzw. nicht erlaubt ist.

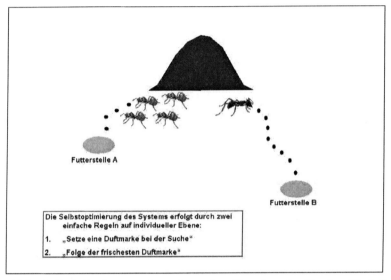

Abb. 5: Lokale Autonomie und wenige Grundregeln für das Verhalten können zur laufenden Selbstoptimierung des Gesamtsystems führen – Beispiel des Systems Ameisenhaufen

Ein Fallbeispiel für ein Unternehmen, das neben einem Beyond-Budgeting-Steuerungssystem, auch das Beyond-Budgeting-Führungssystem eingeführt hat, ist die schwedische Bank Swenska Handelsbanken[12]. Handelsbanken ist eine klassische Retail- oder Universalbank. Obwohl die Bank in Schweden zu Hause ist, ist sie inzwischen auch in Großbritannien und in anderen europäischen Ländern vertreten. Handelsbanken ist die zweitgrößte Bank in Schweden und gilt als die kosteneffizienteste Bank Europas. Sie hat ihre

---

[12] Siehe dazu das Interview mit Lennart Francke, CFO Svenska Handelsbanken, im folgenden Kapitel dieses Buches.

skandinavischen Mitbewerber nachhaltig über die letzten 30 Jahre hinsichtlich jeder wesentlichen Performancegröße, sei es die Eigenkapitalrendite, der Total Shareholder Return, die Earnings per Share, die Cost-Income-Ratio oder die Kundenzufriedenheit, geschlagen. Und Handelsbanken steuert und managt seit nun 30 Jahren ohne Budgets, ohne absolute Ziele, ohne ein zentrales Marketing, ohne individuelle Incentives und fast ohne Hierarchie. Wie ist das möglich?

Das Geheimnis liegt laut Handelsbanken in der Managementkultur und im Führungssystem des Unternehmens. Der Wettbewerbsvorteil der Bank entsteht eher daraus, *wie* im Unternehmen gehandelt wird und weniger *was* getan oder nicht getan wird. Das Unternehmen folgt einem extremen Dezentralisierungskonzept, bei dem Mitarbeitern und lokalen Managern möglichst weitgehende Autonomie eingeräumt wird. Mehr als 50 % der Mitarbeiter sind zur selbständigen Kreditvergabe autorisiert. Die Geschäftsverantwortung ist in hohem Maße dezentralisiert in die Filialen, die als Profit Center geführt werden. Die Ziele für die Profit Center werden relativ, nämlich als relative Ziele zum Markt definiert. Die Performancemessung erfolgt über ein laufendes Benchmarking mit den Wettbewerbern. Profit Center Leiter haben freien Zugriff (innerhalb bestimmter vereinbarter Performance Parameter auf Basis der Cost/Income Ratio) auf Ressourcen, und zwar ad-hoc, wenn diese benötigt werden. Die Filialmanager entscheiden autonom über angebotenen Produkte, Kunden, und Preise. Interne Servicebereiche müssen ihre Leistung zu Marktbedingungen an die operativen Einheiten „verkaufen", es gibt keine „politische" Preisfindung.

Der Fokus bei Swenska Handelsbanken liegt also darauf, den Markt bzw. den Wettbewerb zu schlagen und die dafür erforderliche Initiative seitens der Mitarbeiter zu mobilisieren, sowie die notwendige Flexibilität herzustellen - nicht darauf, ein in der Vergangenheit vereinbartes Budget einzuhalten. Natürlich gibt es bei Swenska Handelsbanken auch ein Zentral-Controlling. Dessen Aufgabe ist es aber nur, das Portfolio der Filialen hinsichtlich einiger weniger Performance Indikatoren zu überwachen. Falls eine Filiale aus dem Rahmen läuft, wird die Filiale informiert und es wird Unterstützung bei der Analyse und Maßnahmenplanung angeboten. Die Entscheidung über die Maßnahmen verbleibt aber bei der Filiale. Swenska Handelsbanken hat damit das traditionelle hierarchische Unternehmensmodell auf den Kopf gestellt. Im Fokus sind die kundennah agierenden Filialen, nicht die Zentraleinheiten (s. Abb. 6). Die Bank verfügt damit über eine sehr schlanke Zentralorganisation und kann sehr kosteneffizient arbeiten.

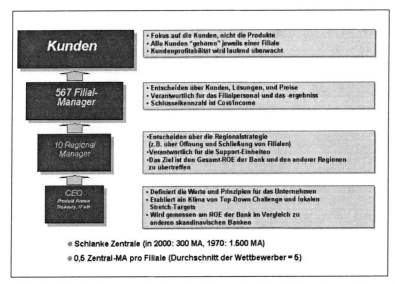

Abb. 6: Die Aufbauorganisation bei Swenska Handelsbanken – die traditionelle Unternehmenshierarchie wird auf den Kopf gestellt

Die Basis des Führungssystems bei Handelsbanken bilden für alle klar formulierte Ziele und Handlungsprinzipien, die den Rahmen für die lokale Autonomie der Mitarbeiter und Filialmanager bilden. Dies umfasst Prinzipien wie

- der Gewinn der Bank stammt von Kunden und nicht von Produkten (dies zielt gegen eine zentrale produktorientierte Marketingabteilung),
- die Bank setzt auf „Empowerment" und selbstverantwortliches Handeln der Mitarbeiter,
- überflüssige Kosten werden von jedem Mitarbeiter und laufend eliminiert,
- Führungsnachwuchs wird vorzugsweise von innen rekrutiert.

Das Steuerungssystem basiert auf einem dialogbasierten Managementprozess. Monatlich findet ein Meeting der 25 Manager statt, die zum engeren Führungskreis der Bank gehören. Diese Nachmittagmeetings, die mit einem gemeinsamen Abendessen enden, finden ohne feste Agenda statt. Den anwesenden Managern wird ein Blatt mit den Ergebniszahlen (nur Istwerte!) der wichtigsten Profitcenter ausgehändigt, die dann gemeinsam diskutiert werden. Ziel der Veranstaltung ist es, einen möglichst umfassender Informations- und Wissensaustausch zur Istsituation und zu den möglichen Korrekturmaßnahmen herzustellen. Anschließend schreibt der CEO an sämtliche Manager der Bank, also auch an alle Filialmanager, einen Brief, in dem er die diskutierten Punkte darlegt und seine eigene Meinung dazu äußert. Die Filialmanager diskutieren diesen Brief dann mit ihren Mitarbeitern, um zu überlegen, wie man lokal mit diesen Informationen umgeht bzw. helfen kann, im Bereich der eigenen Filiale die diskutierten Maßnahmen umzusetzen.

Die Erfolgsmessung basiert auf einem einfachen „Multilevel Control" Kennzahlsystem. Es werden als Gesamterfolgsgrößen die Eigenkapitalrendite, die Cost-Income-Ratio und das Ergebnis pro Mitarbeiter gemessen. Zusätzlich werden für jede Filiale weitere operative Kennzahlen ermittelt, wie die Kundenaquistionsrate, Kundenabwanderungsrate, erteilte Rabatte, Kundenprofitabilität etc . Alle Manager erhalten diese Informationen gleichzeitig und alle KPI's sind für die gesamte Bank, also für alle Filialen, Regionen und für die Gesamtbank von jedem Manager einsehbar. Erfolg wird immer nur relativ im Verhältnis zum Wettbewerb bzw. im Verhältnis zu anderen Filialen ermittelt. Boni werden nicht individuell, sondern auf Basis der Gruppenperformance ermittelt und bezahlt. Sämtliche Mitarbeiter sind über eine separate Fondgesellschaft an der Bank beteiligt. In diese wird jedes Jahr, in dem die Eigenkapitalrendite von Handelsbanken die durchschnittliche Eigenkapitalrendite der Wettbewerber übertrifft, die Hälfte des Überschusses über den Wettbewerber-Benchmark an die Fondgesellschaft ausgeschüttet.

Swenska Handelsbanken ist es also gelungen, weitgehende dezentrale Autonomie mit wenigen Führungs- und Steuerungsinstrumenten zu verbinden, die für die notwendige Konsistenz innerhalb der Organisation sorgen. Das sind im Wesentlichen die vereinbarten Werte und Handlungsprinzipien, die für alle Mitarbeiter und Manager gelten, die durchgehende Transparenz bei den Performance-Kennzahlen und der Managementprozess in Form eines Managementdialogs, der sich kontinuierlich durch die gesamte Organisation zieht.

Die Vorarbeit für die Erfolgsgeschichte bei Handelsbanken leistete der frühere Vorstandsvorsitzende Jan Wallander. Als er bei seinem Einstieg 1970 sah, wie es um die Bank bestellt war, wurde er zum Revolutionär. Die Bank schrieb damals rote Zahlen und hatte Ärger mit der Bankenaufsicht und litt an einem zentralistischen, alles verzögernden Verwaltungsapparat.

Diesem „budget-bürokratischen Komplex", wie Wallander ihn nannte, sagte er den Kampf an und hat das budgetbasierte Management- und Steuerungssystem sowie das Zentralmarketing abgeschafft und die Managementscheidungen weitgehend in die neuen Filial-Profit-Center dezentralisiert. Ein so radikaler Turnaround ist wohl nicht ohne eine fundamentale Krise zu schaffen. Trotzdem wurde ihm dies durch erbitterte Blockadeversuche der alten Manager noch zusätzlich erschwert. Nach knapp zwei Jahren aber war es geschafft. Zweifel an der Kontrollierbarkeit der scheinbar unübersichtlichen Vielzahl der Filialen verstummten rasch, da das Management sehr genau weiß, wie es um die Filialen steht: die Zahlen stehen für alle Filialen zeitnah zur Verfügung.

Wie setzt man Beyond Budgeting um?

Die Bandbreite der beschriebenen Beispiele von Boots und Handelsbanken zeigen deutlich, dass es das Beyond-Budgeting-Konzept, das 1:1 auf das eigene Unternehmen angewendet werden kann, nicht gibt. Vielmehr muss man bei einer Analyse der eigenen Stärken und Erfolgsfaktoren ansetzen. Der Erfolgsfaktor von Boots, als Akteur in der konsumentenorientierten Retailbranche, liegt bei der marktnahen flexiblen Steuerung der Marketing- und Verkaufsaktivitäten. Swenska Handelsbanken ist als Dienstleister vor allem auf ein möglichst schnellen und selbstständiges Eingehen der Mitarbeiter auf die konkreten Kundenwünsche angewiesen. Dazu wird die erforderliche Unternehmens- und Führungskultur benötigt. Somit wird es bei der Umsetzung von Beyond Budgeting unternehmensspezifische Schwerpunkte und Vorgehensweisen geben.

Viele der beschriebenen Elemente des Modells reichen allerdings weit über den Bereich des Controllers hinaus. Ein umfassender Ansatz bei der Einführung des Beyond-Budgeting-Konzepts ist ohne das Commitment des gesamten Managementteams nicht machbar. Häufig sind zudem Personal- und Change Management Experten gefordert, aktiv zu werden.

Interessant an allen Beyond Budgeting Case Studies ist allerdings, dass es die größten Gemeinsamkeiten im Bereich der Controlling-Prozesse gibt. Hier geht es durchgängig um eine Flexibilisierung der Planungs- und Steuerungsprozesse und vor allem auch um eine Vereinfachung des Reportings – weniger ist mehr. Zentrale Ansatzpunkte beim Umsetzen von Beyond Budgeting für Controller sind also das Herstellen der notwendigen Transparenz über ein geeignetes Kennzahlreporting und durch ein laufendes bzw. ereignisgetriebenes Forecasting, im Gegensatz zum bislang üblichen periodischen Ansatz. Außerdem muss sich der Controller darauf einstellen, in vielleicht bisher ungewohnter Weise und mit hohem Einsatz Kommunikationsprozesse zwischen Managern, also so genannte Managementdialoge zu unterstützen. Dazu muss das Reporting auf wenige outputorientierte Kennzahlen (2-3: im Fall Handelsbanken ist das ROI, Cost/Income und Profit/Mitarbeiter) und auf nur einige Performance-Steuerungsgrößen reduziert werden, die auf die erfolgskritischen Faktoren fokussieren (5-7: Im Fall Handelsbanken sind das die Kundenakquisitions-, die Kundenabwanderungsrate, die Kundenprofitabilität etc.). Das Forecasting muss die zugrundeliegenden Chancen und Risiken offen legen und somit mehr auf die zugrundeliegenden Einflussfaktoren hinter den Zahlen fokussieren, als auf die finanzielle Performance selbst. Abbildung 7 zeigt ein Forecasting-Modell, das dem Autor bereits vor Jahren in einem der vom BBRT genannten Unternehmen begegnet ist.

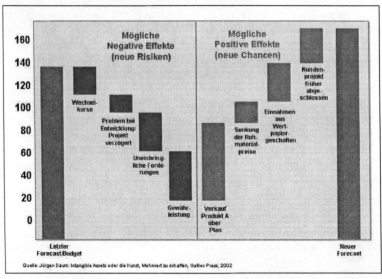

Abb. 7: Im Rahmen des Forecastings sollen die zugrundeliegenden Chancen und Risiken möglichst vollständig transparent werden, um angemessenes und konsistentes Managementhandeln zu ermöglichen

Controller-Service und Beyond Budgeting: Wohin geht die Reise?

Controller, denen typischerweise die Rolle des „Hüters des Budgets" zukommt, laufen bei der zunehmenden Kritik der Manager am Budgetprozess Gefahr, selbst ins Kreuzfeuer der Kritik zu geraten. So schreibt etwa Dieter Brandes, ehemaliger ALDI-Geschäftsführer und ehemaliges Mitglied des ALDI-Verwaltungsrats[13]: „Der hohe Zeit- und Kostenaufwand für die Planung ist nicht zu rechtfertigen. Das ist Verschwendung. Die Maßnahmen eines ganzen Jahres können nicht in wenigen Wochen in allen Details voraus bedacht werden. Das ist tägliche Aufgabe [der Manager – Anmerkung des Autors] und nicht Aufgabe eines Kraftaktes im Herbst. [...] Auf Planungsabteilungen und deren Kosten kann vollständig verzichtet werden."[14] Und der entscheidende Satz: „Die Steuerung, also das Controlling, ist Aufgabe eines jeden Managers für seinen Bereich. Aldi hatte nie eine Controlling-Abteilung [und übrigens auch keine Budgetplanung – Anmerkung des Autors]. [...] Das fähige Management braucht kein Controller als „Managementservice"."[15] Die letzte Aussage, hier zitiert in einer Publikation für Controller, mag provokativ klingen. Der Autor, selbst ein ehemaliger Controller und langjähriges Mitglied im Controller Verein, ist aber davon überzeugt, dass die sich gegenwärtig abzeichnenden Trends im Management und Controlling ernst zu nehmen sind. Wenn Beyond Budgeting Schule macht, wird konsequenterweise auch die Rolle des Controllers einer Re- bzw. Neudefinition bedürfen. Controller sollten hier selbst aktiv werden und die anstehende Diskussion initiieren. So sollten Controller der oft geäußerten Kritik an ihnen, sie seien nur Zahlenmenschen und die Zahlen spielten zunehmend eine untergeordnete Rolle, denn es geht ja um das Managementwissen dahinter, mit konstruktiven Vorschlägen begegnen.

Gute Managemententscheidungen setzen ein gutes Wissen über das Geschäft voraus. Kennzahlen allein reichen dafür aber nicht aus. Denn Wissen entsteht erst auf Basis von Information und von Kommunikation, also auf Basis eines effektiven Dialogs im Management-Team und zwischen dem Top-Management und operativen Managern. Dies erfordert neben dem Kennzahlsystem, das eine wichtige gemeinsame Informationsbasis schafft, eine strukturierte Performance-Management-Kommunikation zwischen verschiedenen Managern und deren unterschiedlichen Sichten und Perspektiven. Diese ist so zu organisieren, dass sie zu optimalen Gesamtentscheidungen führt und nicht in unproduktiven Dauerkonflikten endet, die

---

[13] siehe auch den Beitrag von Dieter Brandes in Kapitel 4 dieses Buches
[14] Dieter Brandes, Einfach Managen, Frankfurt/Wien 2002, Seite 153.
[15] Dieter Brandes, Einfach Managen, S. 155-156.

oft zwischen den Bereichen im Unternehmen, z.B. zwischen dem F+E-Bereich und dem Vertrieb, bestehen. Das Beyond-Budgeting-Fallbeispiel Boots zeigt deutlich, dass Verfahren, die für ein konstruktives teambasiertes Umgehen mit solchen „Trade-offs" im Unternehmen sorgen, enorme Produktivitätsreserven heben können und es dem Unternehmen erleichtern auch bei einem dynamischen Marktumfeld, die Unternehmensziele einfacher zu erreichen.

Sich um die Einführung solcher Verfahren zu kümmern, ist eindeutig das Aufgabenfeld des Controllers. Wer sonst sollte es tun und können? Allerdings betritt er oder sie hier oft Neuland, da es nicht nur um die gewohnten „Zahlen", sondern um eine ganze Reihe von Soft Factors und um eine geeignete Form der Zusammenarbeit im Managementteam geht.

Auch sollte man einmal darüber nachdenken, ob den heutigen komplexeren Geschäftssystemen von Unternehmen nicht ein anderer Organisationsansatz für die Controlling-Abteilung angemessener ist. Vielleicht sollte das Controller-Team interdisziplinär zusammengesetzt sein und aus Marketiers, Betriebswirtschaftlern, Personalfachleuten, Ingenieuren etc. (je nach Art des Geschäft) bestehen. Sie sollten gemeinsam in der Lage sein, alle wesentlichen Aspekte und Hintergründe des Business-Systems des Unternehmens zu durchschauen, um Managern zu helfen, laufend nach Optimierungspotentialen im gesamten Geschäftssystems zu suchen und dieses zu heben. Ein interdisziplinärer Ansatz hätte zudem den Vorteil, dass die Mitglieder des Controller-Teams nicht mehr als Fremdkörper und reine Zahlenmenschen in den entsprechenden Fachabteilungen und operativen Unternehmenseinheiten wahrgenommen werden.

Literaturhinweise

Brandes, D.: Einfach Managen, Frankfurt/Wien 2002.

Daum, J.H.: Intangible Assets oder die Kunst, Mehrwert zu schaffen, Bonn 2002.

Daum, J.H.: Beyond Budgeting: Neues Controllingystem für's 21. Jahrhundert?, in: Controlling&Finance, Juli 2002, S. 1-3.

Daum, J.H.: Starre Zielvorgaben haben ausgedient, in: sapinfo.net, 15.07.2002 (http://www.sapinfo.net/public/de/category.php4/Category-12613c61affe7a5bc/page/2/article/Article-20113d2db544ea096/de).

Daum, J.H.: Performance Management Beyond Budgeting: Why you should consider it, How it works, and Who should contritbute to make it happen, in: The *new* New Economy Analyst Report, 08. Juni 2002 (http://www.juergendaum.com/news/06_08_2002.htm).

Daum, J.H.: Werttreiber Intangible Assets: Brauchen wir ein neues Rechnungswesen und Controlling?, in: Controlling, Heft 1, Januar 2002, S.15-24

Daum, J.H.: Beyond Budgeting: How to become an adaptive sense-and-respond organization, in: The *new* New Economy Analyst Report, 22. Mai 2001 (http://www.juergendaum.com/news/05_22_2001.htm).

Daum, J.H.: Neue Management Konzepte für eine neue Ära: Beyond Budgeting (Beyond Budgeting Information Center unter: http://www.juergendaum.de/bb.htm).

Grönstedt, L.O.: The group chief executive's comments, in: Swenska Handelsbanken Annual Report 2001 (http://www.handelsbanken.com/shb/Inet/ICentSv.nsf/vLookUpPics/Investor_Relations_En_HB_01_eng_ar_withphoto/$file/HB01eng_medfoto.pdf).

Hope, J.; Fraser, R.: Beyond Budgeting White Paper, BBRT1999, 2000, 2001, 2002 (http://www.bbrt.org/).

Hope, J.; Fraser, R.: Beyond Budgeting, in: Strategic Finance, Oktober 2000 (http://www.strategicfinancemag.com/2000/10e.htm).

Hope, J.; Fraser, R.: Tool of repression and a barrier to change, in: Financial Times,18.5.1999.

Hope, J.; Fraser, R.: Measuring Performance in the new organizational model, in: Management Accounting, Juni 1998, S. 22-23.

Hope, J.; Fraser, R.: Beyond Budgeting... Breaking through the barrier to 'the third wave', in: Management Accounting, Dezember 1997, S. 20-23.

Schaudwet, C.: Ende der Planwirtschaft, in: Wirtschaftswoche, Nr. 34, 15.8.2002, S. 65-67.

The Origins of Beyond Budgeting and of the Beyond Budgeting Round Table (BBRT) - An Interview with Jeremy Hope, co-founder and research director of the BBRT[1]

Jürgen H. Daum / Jeremy Hope[2]

Jeremy Hope is, together with Robin Fraser and Peter Bunce, the founder of the Beyond Budgeting Round Table (BBRT). Together with Robin Fraser he has led the Beyond Budgeting research program of the BBRT since its inception in 1997.

Jeremy Hope previously spent ten years in business management, formerly as a controller with 3i, Britain's largest venture capital firm, before becoming an independent consultant, author, and international speaker. He is co-author of "Competing in the Third Wave" and "Transforming the Bottom Line" (with his brother Tony Hope), both published by the Harvard Business School Press. He is also co-author (with Robin Fraser) of many articles on performance management. He is a chartered accountant and holds an MA in accounting and business finance from the University of Manchester.

His recent book, co-authored with Robin Fraser, "Beyond Budgeting: How Managers Can Break Free from the Annual Performance Trap" (Harvard Business School Press, 2003) is the outcome of the first five years of the BBRT research program.

In this interview with Jeremy Hope from mid 2003, I wanted to learn more about the origins of the Beyond Budgeting "model" and of the BBRT itself as well as about Jeremy Hope's and Robin Fraser's motivation for starting their Beyond Budgeting journey.

---

[1] This interview has been published under the same title in a shortened version in: ControllerNews – Zeitschrift für Controlling und Unternehmensführung, Ausgabe 5/03, November 2003, p.168-171.

[2] Jeremy Hope is, together with Robin Fraser and Peter Bunce, the founder of the Beyond Budgeting Round Table (BBRT). Together with Robin Fraser he has led the Beyond Budgeting research program of the BBRT since its inception in 1997. He is co-author of two management books and co-author (with Robin Fraser) of many articles on performance management. His recent book, co-authored with Robin Fraser, "Beyond Budgeting: How Managers Can Break Free from the Annual Performance Trap" (Harvard Business School Press, 2003) is the outcome of the first five years of the BBRT research program. (e-mail: jeremyhope@bbrt.org, website: http://www.bbrt.org/)

Jürgen Daum: Mr Hope, you and Robin Fraser are the founders of the Beyond Budgeting Round Table and the authors of the Beyond Budgeting model that has now gained awareness worldwide. What was your initial motivation to start to work on "Beyond Budgeting"? What raised your interest?

Jeremy Hope: Robin and I initially came from different angles. However, we ended up with the same issue: we both recognized that the budget was one of the major problems and barriers for successful management in today's economy. Both of us had previously been interested in management issues – Robin as a management consultant and myself as a finance person and controller and later as author of management books. We both sensed a growing dissatisfaction across the whole business community with the traditional general management approach, which is based on and much influenced by traditional budgeting as well as the pervasive budgeting culture with all its negative implications for successful enterprise management. It was in 1997 that Robin and I first met and spontaneously decided to join forces and do something about the budgeting problem. Robin was a management consulting partner with Coopers & Lybrand and supported clients in areas like business planning, activity based costing and performance improvement. He could see that budgeting was at the root of most of his clients' problems. He then participated in the Advanced Budgeting Program run by international research organization CAM-I in the mid 1990s that did some of the groundwork for what became known as Beyond Budgeting. That was the starting point of his Beyond Budgeting journey. We met at CAM-I's 25th anniversary meeting in 1997 after both speaking on the problems of budgeting and it was this meeting that led to the BBRT. Shortly afterwards we formed a joint venture with CAM-I. It was at this point that we teamed up with Peter Bunce who was managing CAM-I's European office based in the UK.

And how did your own Beyond Budgeting journey begin?

In addition to my experiences as a finance person and controller in several UK companies in which I had first hand experience of 'managing with the numbers', a major foundation for my Beyond Budgeting journey was the research work I did for two earlier books[3]. I wrote these books together with my brother, Tony Hope, who is a visiting Professor of Accounting at INSEAD. Our starting point was the accounting system. We both recog-

---

[3] Hope, T. / Hope, J.: Transforming the Bottom Line: Managing Performance with the Real Numbers", Harvard Business School Press, 1995 and Hope, T. / Hope, J.: Competing in the Third Wave: The Ten Key Management Issues of the Information Age, Harvard Business School Press, 1997.

nized that traditional accounting was no longer able to provide managers with relevant information for decision making. Recording assets and liabilities, costs and revenues does not tell you how companies are creating value in today's information and knowledge economy. And when companies are not able to measure true performance, they are not able to manage it. One consequence is that they do not know which costs really create value and which don't. We found that around 30 percent of a typical organization's total costs are for work that does not benefit the customer. So we tried to develop new concepts to measure and manage the performance of an organization. We presented these concepts in "Transforming the Bottom Line", which was published first in 1995 in the UK and then 1996 in the US. Our key message was this: let's create better management information systems, more relevant performance measures, and more thoughtful reward systems. We should manage performance with real numbers, develop a horizontal team-based organization, align performance measures with strategy, find the really profitable products and customers and focus on them, and we should implement horizontal information systems that monitor the costs (and profitability) not of functions and departments but of products, customers and market segments. This book exceeded all our expectations selling over 25,000 copies in its English language version as well as many more in other languages.

The title of this book "Transforming the Bottom Line" gives the impression that it is about finance. But what you just said suggests that it is more about management in general.

That's right. While the focus was still on finance and performance measurement, as the title indicates, we were really talking about general management and the management systems of firms. In our next book, "Competing in the Third Wave", we developed these concepts further. It was focused much more on management than finance. We tried to put the entire theme into a broader framework. Its main message was that we need in the third wave (in our information and knowledge economy of today) a new approach to management. When intangible assets such as the intellect of people and the relationships with customers and business partners (rather than tangible assets such as money and land) are the primary resources for companies and societies to create wealth, we need management concepts and systems that are better suited to the business conditions of this new era. The problem is that most organizations still use the second wave economic model that stresses volume, scale and the recovery of fixed costs – a model rooted in annual budgeting and planning processes and the 'dependency' culture that sustains them. But this model doesn't sit well in the competitive climate of the third wave, where innovation, service, quality, speed and knowledge-sharing are the defining factors. That creates a real urgency for transforming our management systems and concepts. That was the mission of this second book: to create the case for this transformation and to show how it might be realized.

Why did you end up with this emphasis on budgeting or, should I say, Beyond Budgeting?

What we found in reality was that most of the new tools and techniques that companies were trying to develop and implement were not fully working. Take the Balanced Scorecard as an example. The Balanced Scorecard was designed to enable managers to map and describe their strategy, to balance short- and long-term goals, initiatives and measures, to align the actions of the 'top floor' and the 'shop floor', and to focus on the real drivers of financial performance. As most managers will recognize, while these issues are partly related to the financial accounts like marketing or fixed costs, they are much more concerned with how well firms are meeting their customers needs, how well their internal processes are organized and how well they are preparing for the future. In other words, it says something about how successful the firm is at innovation. This has created in many organizations a framework for a more flexible strategy management process geared much more to value creation. But if the budgeting system and culture remains in place, there is no way that the strategic management process will really change the operational manager's day-to-day behaviour in the company. Managers will remain focused on achieving short-term financial results even if this involves cutting key 'strategic' investments in people development, training, and customer service. You can have the best Balanced Scorecard possible, but if you still use your old budgeting system and a fixed annual performance contract to commit managers to fixed plans and targets, you will fail to achieve the objectives of the Balanced Scorecard and you will fail to become a more strategy-focused and adaptive organization.

Why?

When the budgeting system is as pervasive in organizations as it is today, it influences the behaviour of managers and employees in a way that is counter productive to strategic management. The budget ties managers and people to the old management system and its paradigms. So when companies start to implement pieces of a new management model but leave the budgeting system as it is, a fundamental conflict arises. This is the reason why many change management projects are failing. The budgeting system is acting as a barrier to fundamental change. And the Balanced Scorecard is just one example. Many firms have already adopted many of the elements of the new organization model. They have implemented a process-based approach to management in an attempt to align their operations with the needs of the customer. They have implemented Economic Value Added, Balanced Scorecards, TQM and the like. However, studies show that for the vast majority of firms these initiatives fail to bring the intended benefits.

Is the primary reason for the failure of these projects lack of management commitment and poor communication?

This failure is partly due to poor communication and lack of top management commitment but the real culprit is likely to be hidden within the accounting and budgeting system. Indeed, many well-planned changes and many attempts to shift the culture from one of compliance and control to enterprise and learning have foundered when management behaviour has been "snapped back" into its old shape by the invisible power of the budgeting system. If the new management model for the 21st century organization is to focus on strategic performance, value-adding processes and knowledge management, it is crucial that the model is built on trust between managers, workers, customers and partners. The value creation models of the information and knowledge economy cannot work without that trust. But this trust can be easily undermined when managers are faced with short-term difficulties and are quickly driven back to "managing by the numbers". So what we learned was that it is not the budget as such, but the behaviour it stimulated that creates the problem. It's the central control mindset and what we call the "fixed performance contract" that are the root causes of the problem.

Can you explain what you mean by the central control mind set and fixed performance contract?

Organizations used to be smaller, more intimate places, where people trusted each other to do what was in the best interests of the business. But as the economy became one global market place and companies grew into multinational and transnational corporations, this trust broke down as these organizations gradually introduced systems of compliance and control that became more and more intrusive. And as competitive pressure has grown ever stronger, management has pressed the model harder. The focus shifted from local entrepreneurial behaviour and more informal coordination to central hierarchies. Top management was afraid to lose control of these now very large organizations and tried to manage them by budget numbers instead of direct personal relationships – which seemed not to be possible any more due to their size and number of people to be managed. The result has been more time spent in internal negotiations, more parochial attitudes, and more value destroying gaming. People know that if they follow the plan and meet their annual fixed target, they will survive. Conversely, if they fail to meet their contracted numbers they will be punished. This can mean people losing bonuses and possibly their jobs. The pressure this exerts can lead to actions that defy common sense and that ultimately destroy the value of the company.

Can you give an example for such actions?

Sure. Think about the actions of the sales force. When meeting the numbers proves impossible, the sales force leans on customers to order goods they have every intention of returning. And if by some chance a business unit looks like exceeding its target, customers are persuaded to have their major orders delivered in the next fiscal period even if this means delaying valuable cash flows. The result is that no one trusts the numbers. The customer becomes entangled in the game playing of their supplier leading to a fall in confidence, and the corporate head office (and ultimately the shareholder) is not receiving a true picture of performance. It is more how the budget system is used rather than the budget system itself that creates the problem. The pressure of the fixed performance contract is squeezing the life and spirit out of many organizations and their people. It's driven by greed and a need for instant gratification and immediate results. This became evident recently at both Enron and WorldCom. Increasing levels of uncertainty and more demanding customers have changed the business landscape, and in this environment the budgeting model is a real handicap. But most managers still dance to the tune of fixed plans and annual budgets, as they did 30 years ago. This process of engaging huge numbers of people in a protracted cycle of detailed planning, and then making them march to the drumbeat of the budget, seems to us not just a waste of time, but also an insult to their intelligence.

And this belief is what became your motivation for starting the Beyond Budgeting Round Table, the BBRT?

Yes. It was our belief that this was the hidden barrier to change that persuaded us to form a partnership with CAM-I and establish the BBRT. We thought that there must be an alternative management model that allows even the large organizations of today to act according to common sense and in a more human way. In other words, such a model would allow an organization to use its full potential – without all the gaming and mistrust culture of the budgeting system. We also became convinced that the solution might not be found in a specific tool. We first need a new holistic management model within which managers can select and adapt the right processes, decision support tools and management culture that will enable them to build a lean, adaptive and ethical organization. This will not happen in an isolated way, but by setting a more comprehensive framework that ties the different tools and processes together so that they do not collide with each other. These thoughts and experiences have been central to our Beyond Budgeting Round Table initiative.

Can you explain what the Beyond Budgeting Round Table is and how it was set up?

As I said earlier, Robin and I believed that budgeting was fundamentally flawed and that it was acting as a barrier to the introduction of a new management model and system that we felt was needed in the global information and knowledge economy of today. Therefore we believed that the solution was not to improve the existing budgeting model but rather to abandon it entirely and build an alternative management model. That was an important move. When we presented these ideas to the first group of BBRT members at the beginning of 1998, we were surprised to receive their full support. Of course there were one or two members who thought that we were exceeding our terms of reference, but the vast majority agreed that the budgeting model is fundamental not only to the planning and control process but also to how managers think and behave. In other words, it defines how firms manage the business.

How did you start the research program?

At that time we were not aware of any companies that had already abandoned budgeting. And only a few people shared our view. So the start was not an easy one. However, our prospects changed when we heard through Pertti Akerburg, then group controller at Valmet in Finland, that there were companies that had actually abandoned budgeting. Several of them were in Sweden, and one of these had worked without budgets for nearly thirty years – Svenska Handelsbanken, the most interesting case. His news proved to be the stimulus we needed. Thirty-three companies joined us in 1998 to find out how companies had replaced budgeting and whether this alternative model was really different and better.

What was so interesting about the Svenska Handelsbanken case?

Over the last 5 years we have written 25 case studies on companies that have abandoned budgeting in some way. These cases have been our main source of new learning and inspiration. Behind each case lay a management philosophy. Our real aim in making these case visits was to understand what this was. We detected several independent strands of philosophy that have contributed much to our understanding. But our greatest inspiration for Beyond Budgeting and radical devolution has been the philosophy of Dr. Jan Wallander, the architect of the Svenska Handelsbanken Beyond Budgeting Management model.

Why? Can you give us some details please?

When we wrote our first case report on the Handelsbanken model, we described it as "advanced". After reading the draft, Dr. Wallander called us into his office to tell us we had got it wrong. The Handelsbanken model, he said, isn't advanced: It's simple!. And we began to realize what he meant. The clues to Handelsbanken's exemplary cost performance can be found not in the use of modern management tools - though it used activity-based costing principles long before they were developed elsewhere - but in the management model itself. A flat, simple hierarchy with few controllers; well-trained staff; no budgets to act a barriers to cost reduction; and a few simple-to-understand measures - these are all factors that contribute to maintaining a simple organization and a low cost base. In other words, responsible people with the right information don't need much support. The Handelsbanken management model introduced by Dr. Wallander is predicated on the belief that the only sustainable competitive advantage available to a firm in a fast-changing world, and especially in a service business, lies with its people – especially their creativity, insights, and judgements – a model in vivid contrast to the numbers-driven alternative so prevalent elsewhere.

What are the other Beyond Budgeting cases?

Other cases include Carnaud Metal Box (CMB), an Anlgo-French packaging company, which was transformed under the leadership of Jean-Marie Descarpentries from a dept-laden company worth only $19m in 1982 to a market value of $3bn in 1989. By abandoning the fixed performance contract and encouraging business unit teams to set stretch targets – based on relative performance (and disconnected from the rewards system) – he achieved what Fortune Magazine described as one of the best European corporate transformations of the 1980s. Later, when Descarpentries was recruited from CMB to transform the French government owned mainframe computer company Groupe Bull in the early 1990s, he deployed the same management principles that the used so successfully at CMB. Again the transformation was remarkable. He turned around Groupe Bull from making heavy losses into achieving respectable profits. The change was such that the French government was able to privatise the company in 1997. After abandoning the budgeting model in 1997, Fokus Bank, a small Norwegian bank, transformed itself from the worst performing bank in Norway with the highest costs to the best performing bank with the lowest costs and the highest return-on-capital-employed. Ahlsell, a Swedish wholesaler of heating, plumbing, refrigeration, and electrical products abandoned budgeting in 1995. A fast open information system with a strong emphasis on relative performance now provides the necessary controls for self-governance by local units. Ahlsell is now the sector's most profitable company in Sweden – a major turnaround from its position in the early 1990s. Other cases are SKF, IKEA and Volvo Cars in Sweden, Borealis in Denmark, Boots and Sight Savers (a charity) in the UK, and CIBA Vision in the US. A number of other organizations are now making progress. Deutsche Bank, UBS and Schneider Electric are among this group.

What had been your objectives for the research program?

We focused our research on three questions: First, how are leading companies that have abandoned, radically changed, or significantly de-emphasized their centralized planning and budgeting processes, now fulfilling their well-established purposes? Second, is there a coherent new management model emerging that will enable companies to introduce more effective management processes and steering mechanisms? And third, what lessons have been learned by those that have adopted the new model and how should it be implemented by others? In each case we found a range of options. So it became clear that the Beyond Budgeting model (as it has become known) is not a concept that you can apply quickly and easily. Instead it is a principles-based model that must be adapted to each organization's processes and culture. So it is more a guideline for developing a company specific Beyond Budgeting concept than a concrete and precise blueprint that fits all cases.

Can you say more about the Beyond Budgeting model? How does it differ from the traditional approach?

Compared with the traditional management model, Beyond Budgeting has two fundamental differences. First, it is a more adaptive way of managing. In place of fixed annual plans and budgets that tie managers to predetermined actions, targets are reviewed regularly and based on stretch goals linked to performance against world-class benchmarks, peers, competitors and prior periods. Second, the Beyond Budgeting model enables a more decentralized way of managing. In place of the traditional hierarchy and centralized leadership, it enables decision-making and performance accountability to be devolved to line managers and creates a self-managed working environment and a culture of personal responsibility. This leads to increased motivation, higher productivity and better customer service. Individually these two main features can produce significant benefits, but it is in their combination where its real strength lies.

What are the Beyond Budgeting principles you mentioned?

We identified for each of the two foundations of the Beyond Budgeting model – adaptive processes and devolved decision-making – six principles. The six principles of managing with adaptive performance management processes are: 1. Set stretch goals aimed at relative improvement based on external benchmarks; 2. Base evaluation and rewards on relative improvement contracts with hindsight; 3. Make action planning a continuous and inclusive process; 4. Make resources available as required; 5. Coordinate cross-company actions according to prevailing customer demand; and 6. Base controls on effective governance and on a range of relative performance indicators. And the six principles of radical decentralization are: 1. Provide a governance framework based on clear principles and boundaries; 2. Create a high-performance climate based on relative success; 3. Give people freedom to make local decisions that are consistent with governance principles and the organization's goals; 4. Place the responsibility for value creating decisions on front-line teams; 5. Make people accountable for customer outcomes; 6. Support open and ethical information systems that provide "one truth" throughout the organization. It is important to understand that these principles represent the 'best of the best' common practices of the organizations we visited and reported upon.

What are the benefits companies can expect from the Beyond Budgeting model and its principles?

The overall effect of the switch to Beyond Budgeting is a performance management process based on a relative improvement contract rather than on a fixed performance contract. It assumes that it is not wise to make managers commit to a fixed target and then control their future actions against it when in fact the world is constantly changing. The implicit agreement is that executives will provide a challenging and open operating environment and that employees will deliver continuous performance improvement using their knowledge and judgement to adapt to changing conditions. It is based on mutual trust, but it is not a soft alternative to the fixed performance contract. High visibility of individual and team performance offers no hiding place. Manages must perform to high levels of expectations – relative to peers – or face the consequences. The result of applying the adaptive performance management principles includes the setting of more aspirational goals, reduced gaming, more ambitious strategies and fast response, less waste, improved customer service, and a greater focus on learning and ethical behaviour.

And what are the benefits related to the second area, the devolution of decision making to front line people?

The delegation of decision-making and spending authority has always been one of the key functions of budgeting. However, this delegation usually occurs strictly within a regime of compliance and control. It differs significantly from the approach taken by Beyond Budgeting organizations such as Svenska Handelsbanken which have gone much further and transferred power from the centre to operating managers and their teams, vesting in them the authority to use their judgement and initiative to achieve results without being constrained by some specific plan or agreement. Thus devolution of responsibility is about enabling and encouraging local decisions, not dictating and directing them. The result of applying the six principles of managing with a devolved organization include: a clear governance framework leading to the acceptance of local decision making by front-line teams throughout the organization; a high-performance climate leading to sustained competitive success; the freedom to decide leading to innovation and responsiveness; team-based responsibility resulting in a greater focus on creating value and reducing waste; customer accountability leading to greater commitment to satisfying customers profitability; and finally, an information culture based on openness and "one truth" leading to more ethical behaviour. What makes Beyond Budgeting different from other management models is that it provides a comprehensive management model that does not just look at one area or tool while overlooking others, rather it seeks to ensure that all the pieces of the management model are coherent with each other. It is because it is a coherent model in which all of its components work in harmony that it can produce outstanding and sustained success.

Let's come back to the BBRT. What exactly is the BBRT and what are its aims?

The BBRT is both a research project and an active network of companies who are sponsoring the continuing research and are now at various stages of implementing the model. The aims of the BBRT are to develop a management model "beyond budgeting" and to help its members to implement it. Our work over the past five years has enabled us to develop a "Guide", based on a set of the Beyond Budgeting principles and other key requirements for success. "The Guide"[4] will help member companies to design and implement budget-free performance management systems that are in tune with today's competitive conditions, and gain a real source of competitive advantage. As member companies get ready to use The Guide, so the role of the BBRT is evolving from researching the issues and developing conceptual solutions, to testing them in the field, and providing a forum for members to exchange ideas and experience as they implement the Beyond Budgeting model. The BBRT has been sponsored and funded to date by over 60 companies, mostly large European multi-nationals, and its work continues today.

---

[4] "The Guide" is part of the joining package that every new BBRT member receives. The joining package is a rich collection of all the material developed since the BBRT's inception in 1997.

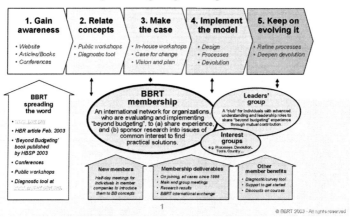

Figure 1: The BBRT Mission (source: BBRT/Jeremy Hope)

Can you name some of the organizations that have sponsored the BBRT?

Organizations that have sponsored the BBRT since 1998 include: Anheuser Busch, Barclays Bank, Boots The Chemist, Clariant International, Coors Brewers, Diageo, Deutsche Bank, DHL, Novartis, Royal Mail in the UK, Scheider Electric, Siemens, SKF, Standard Life, Texas Instruments, The World Bank, UBS, Unilever Best Foods and many others.

How did the work on the BBRT evolve over time and what is its actual focus?

Our work is driven mainly by the interest of our member companies. The first focus of our work in the BBRT was to identify those companies that had abandoned the budgeting model, visiting them, and through case reports and presentations, reporting back to the BBRT members, who were funding our research with their membership fees. After this first phase, by extracting best practices, we gradually pieced together a coherent set of common principles – the principles I just named that form the framework of what has since become the Beyond Budgeting model. This was the second phase. Having now successfully finished the two initial phases of our mission, we are now focusing on implementation. That includes for example the development of a so called web-based diagnostic tool: you can log on to our website at http://www.bbrt.org/ and, guided through a questionnaire, evaluate against your peers the effectiveness of your performance management model according to the Beyond Budgeting principles. It has taken a few years for many BBRT members to move from being curious observers to committed implementers. They needed to be convinced by the evidence. We believe that our step-by-step approach to producing a set of principles, then a diagnostic that helps them to create their internal case for change, and other implementation guides is the right approach to move forward.

How do you see the future evolution of the BBRT?

One of our focus areas for the future is to grow the BBRT internationally. Robin is mainly working on this. We found that the interest in Beyond Budgeting is rising rapidly and we need to set up the infrastructure from an organizational point of view to support this very positive development. In fact we have already set up 'sister' BBRT's, in addition to the European BBRT, in North America, led by Steve Player, and in Australasia, led by John Bragg. The publication of our book and article in Harvard Business Review this spring[5] generated a lot of awareness about Beyond Budgeting, particularly in North America. Other areas of focus are further research in implementation issues – that's my area - and providing strategic support to our member companies by helping them to make the case for change and to develop high level change management programs. Another new initiative is the BBRT "Community of Practice" which enables the leading group of implementers to share ideas and experiences between themselves. We are also considering setting up special interest groups for specific themes. We believe that Beyond Budgeting is just in the starting phase of becoming one of the major management themes for the future. Plenty of work is remaining to be done for us and our member companies, as well as interesting and challenging times ahead.

Mr. Hope, thank you very much for this very interesting interview.

---

[5] Jeremy Hope and Robin Fraser: Who Needs Budgets?, in: Harvard Business Review, February 2003.

Literaturhinweise

Hope, T. / Hope, J.: Transforming the Bottom Line: Managing Performance with the Real Numbers", Harvard Business School Press, 1995

Hope, T. / Hope, J.: Competing in the Third Wave: The Ten Key Management Issues of the Information Age, Harvard Business School Press, 1997

Hope, J./Fraser, R.: Who Needs Budgets?, in: Harvard Business Review, February 2003

Hope, J./Fraser, R.: Beyond Budgeting, Boston Mass. 2003 (Deutsche Übersetzung: Stuttgart 2003).

Website des BBRT:

http://www.bbrt.org/

„Kein Budget – keine Controller"

Dieter Brandes[1]

In einer zunehmend komplexen Welt werden jene Unternehmen am erfolgreichsten sein, die ihre Komplexitäten beherrschen. Gemeint sind die externen Komplexitäten einer global vernetzten Welt mit Riesenangeboten für die Konsumenten, aber vor allem auch die internen Komplexitäten einer zunehmenden Beschäftigung mit sich selbst. Das Budgeting und die Controllingabteilungen bemühen sich einerseits, die komplexen Aufgaben der Unternehmenssteuerung in den Griff zu bekommen, andererseits gehören sie aber auch selber zu den Komplexitätstreibern. Die Unternehmen müssen „back to the basics", sie müssen sich um das Wesentliche ihres Geschäfts bemühen. Sie müssen einfacher werden. Sie sollten nur das tun, was sinnvoll und notwendig ist und den Unternehmenszielen dient.

Viele interne Rechenoperationen dienen oft nur einem „nice-to-have". Die Unternehmen haben sich vollgeladen mit immer neuen Systemen, mit denen sie glauben, ihre Aufgaben besser erfüllen zu können. Doch immer mehr füllen und blockieren Systeme den Aktionsrahmen der Unternehmen. Immer mehr Energie muss auf den Führungsetagen aufgewendet werden, um die vielen Systeme selbst zu beherrschen. Man beschäftigt sich mit sich selbst und immer weniger mit dem Kunden, mit den Mitarbeitern, den Produkten und den Märkten.

Wir brauchen mehr Orientierung statt ein Mehr an Information

„Hoch gelobt wird, wer etwas über die sechste Dezimalstelle sagt, verdächtig ist, wer etwas über das Wesentliche sagt" - so der Kybernetiker Karl Steinbuch. So genanntes Wissensmanagement ist der neueste Komplexitätstreiber. Aus einem Mehr an Informationen erhofft man sich Lösungen. Dabei mangelt es am Denken und Nachdenken. Dies gilt auch für die Controllingabteilungen, die zunehmend zu Treibern interner Komplexitäten werden.

---

[1] Dieter Brandes ist Berater für Strategie und Organisation der Unternehmensberatung „Konsequent Einfach" in Hamburg. Zuvor war er Geschäftsführer und Mitglied des Verwaltungsrates bei ALDI in Essen. Herr Brandes ist Autor der Bestseller „Die 11 Geheimnisse des ALDI-Erfolges" und „Einfach managen – der Weg zum Wesentlichen" sowie „Alles unter Kontrolle? Die Wiederentdeckung einer Führungsmethode".

Suchen Sie stattdessen Orientierung im Gestrüpp der Komplexitäten, indem Sie immer Sinn und Ziel aller Handlungen vor Augen haben. Ergründen Sie immer zu Beginn eines Projektes, einer Arbeit oder der Installation eines neuen Systems sehr gründlich Notwendigkeit und Nutzen. Schon werden Zusammenhänge und Bedingungen deutlich. Phantasie ist wichtiger als Wissen (Einstein). Machen Sie den Kopf frei von zu vielen Informationen. Schaffen Sie Platz zum Denken, abstrahieren sie von Unwichtigem und konzentrieren Sie sich auf das Wesentliche.

Klarer Blick, klare Ziele und Verzicht – ALDI als Vorbild

Aldi als der Prototyp der Einfachheit ist ein Meister des Verzichts. Aldi wurde erfolgreich mit dem Verzicht auf Stabsstellen, auf Controlling- und Marketingabteilungen. Aldi verzichtete auf Marktforschungen, Jahresplanung und Budgets, auf phantasierte Synergien durch Fusionen und auf jegliche Art von Verschwendung. Das ist die Kunst des einfachen Managements, nämlich die vielen Optionen und Verlockungen am Rande des Wesentlichen zu ignorieren. In der Selbstbeschränkung liegt Weisheit. Verzichten Sie auf das jährliche Budgetritual, dem Spielzeug der Topmanager. Aldi betreibt ein relativ einfaches Geschäftsmodell, viel einfacher zu managen als ein Warenhaus mit 300 000 Artikeln, aber vor allem ist der Erfolg dieses Modells ein Ergebnis von Klarheit und Verzicht. Der Erfolg liegt begründet in der Einfachheit der Unternehmensführung.

Zu viele „Innovationen" im Controlling

Controllingabteilungen unterliegen der ständigen Gefahr, immer wieder etwas Neues zu erfinden und immer mehr Daten zu produzieren. Viele Ideen werden hier entwickelt, wie man Entwicklungen und Prozesse noch besser analysieren und darstellen kann. Vieles wird gemacht, weil es eben einfach möglich ist, weil es „nice-to-have" ist. So ist es auch zu erklären, dass sich immer mehr Probleme und Komplexitäten ergeben aus den zunehmenden Möglichkeiten der Informationsgewinnung und Informationsverarbeitung. Die Wahlmöglichkeiten steigen täglich. Die größte Gefahr: Wir wissen nicht mehr, was wir wollen sollen. Nicht die vielfältigen Möglichkeiten aufgreifen, sondern sie abwehren, heißt die Devise. Gute Controller brauchen keine Show-Techniken. Sie wehren die vielen Modernismen ab und spüren auf, was für ihr Unternehmen und für die einzelnen

Manager gut ist. Heute findet man den Chief Information Officer auch in den Vorstandsetagen, weil die Informationstechnologie so gewaltig an Bedeutung gewonnen hat. Sobald es aber darum geht zu sehen, was man noch alles an Informationen gestalten kann, ist Vorsicht geboten. Das Harvard Business Review beschrieb die neue Arbeitsweise eines anderen CIO, des Chief Ignorance Officers. Seine Aufgabe ist es, im Unternehmen dafür zu sorgen, dass die verantwortlichen Entscheider sich möglichst lange fernhalten von Daten und Informationen aller Art. Sie sollen zunächst ihren Kopf anstrengen und ihre Erfahrungen einbringen, bevor sie sich in den „Data Warehäusern" verirren.

Meine Einschätzung ist, dass es zu viele „Innovationen" auf dem Feld des Controlling gibt. Genannt seien hier nur einige der Begriffe und „Tools", die man in Aufsätzen und in Themen von Controlling-Kongressen finden kann: natürlich Balanced Scorecard, aber auch Integratives Performance Management, Operative Performance Messung, Wertorientiertes Controlling, Investment Risk Portfolio, Push Button Controlling, High End Controlling, Konsolidierung komplexer Wertschöpfungsketten. Die allseits bekannte Prozesskostenrechnung wurde erweitert zu einem Time driven Activity Based Costing. Nicht immer sind das alleinige Erfindungen von Controllern. Auch die Unternehmensleitungen haben oft die Vorstellung, so etwas müsse man haben, um modern zu sein, oder weil der Wettbewerb so arbeitet. Verantwortlich ist immer derjenige, der letztlich entscheidet oder duldet. Viele der hier erwähnten *Tools* halte ich für Übertreibungen und für Nebelwerfer. Manager sollen sich auf das Wesentliche konzentrieren, auf den Markt, die Produkte, ihre Mitarbeiter und Geschäftspartner. Das braucht viel Denk- und Kommunikationsarbeit, aber wenig Tools. Wenn Klarheit über das Wesentliche besteht, kann auf vieles verzichtet werden. Wenig Daten und Informationen zwingen zum Nachdenken.

Das Desaster der Bankgesellschaft Berlin fand die üblichen Erklärungen der Fachleute: *„Das Controlling hat versagt."* Das ist falsch. Die Vorstände und dazu der Aufsichtsrat, und nur sie, haben versagt, weil sie ihre Mitarbeiter und die Systeme und Regeln nicht kontrolliert haben. Sie haben sich auf ihre Controller verlassen, die dafür zwar hilfreiche Beiträge leisten können, aber nicht verantwortlich waren.

Controlling ist Chefsache

Controlling ist als Aufgabe zu verstehen und nicht zwangsläufig als eine separate Abteilung. Controlling ist die Aufgabe eines jeden Managers, der für ein bestimmtes Gebiet verantwortlich ist. Er muss seinen eigenen Bereich „im Griff haben", und dazu gehört es auch ihn zahlenmäßig zu beherrschen.

Steuerung und Kontrolle sind Aufgaben eines jeden Managers für seinen Bereich. Viele Unternehmen suchen dagegen Mitarbeiter für ihre Controllingabteilungen – oft gar mit Promotion - zur *„Erstellung strategischer und operativer Controllinganalysen für die oberen Managementebenen des Konzerns, zur Beratung der operativen Geschäftseinheiten im strategischen Entwicklungsprozess und für Erfolgsanalysen zu getätigten Projekten".* Solche Analysen und Beurteilungen müssen verantwortliche Manager selbst machen können. Das gehört zu den ureigenste Aufgaben und Fähigkeiten von Führungskräften. Controllingspezialisten brauchte man nur, wenn die Vorstellung vorherrschte, man müsse alle Prozesse mit unendlich tief schürfenden Zahlenwerken unterlegen. Aber da beginnen die Gefahren, sich mit solchen Analysen vom Wesentlichen zu entfernen. Fragen nach den Ursachen verschiedenster Abweichungen von Sollvorstellungen oder etwa interner Benchmarks können von den fähigen Managern selbst gestellt und beantwortet werden. Voraussetzung: sie beherrschen ihren Job. Ist dieses nicht der Fall, kann auch der Controller nicht helfen. Die Bestimmung von Key Performance Indikatoren (KPI) ist Chefsache. Der Verantwortliche muss wissen, was er braucht, welche Zahlen er braucht, um seine Aufgaben zu erfüllen und um seine Entscheidungen zu treffen. *Controlling ist Chefsache.* Ein guter, erfahrener Verkaufsleiter weiß, wie er seinen Außendienst steuern, kontrollieren und bewerten muss. Mit der Erstellung der dafür notwendigen Daten beauftragt er die Abteilung Rechnungswesen, oder er stellt sich seine Daten und KPI selbst aus anderen Grunddaten zusammen. Er analysiert selbst die entsprechenden Ergebnisse und kümmert sich um Maßnahmen zur Verbesserung der Verhältnisse. Niemand dürfte über die Zusammenhänge mehr wissen als er selbst.

Budgets: Wie hätten's denn gern?

Budgets sind die Krönung der unternehmerischen Bürokratie. Sie funktionieren nach der Methode *„ Wie hätten's denn gern?"* Wenn Vorstände oder Aufsichtsräte mit den Umsatz- und Gewinnplanungen der Bereichsleiter nicht einverstanden sind, verlangen sie andere Zahlen, die ihnen dann zumindest sofort oder zumindest beim nächsten Mal auch wie gewünscht geliefert werden. Budgets werden weltweit als das vorrangige Mittel zur Kontrolle der Mitarbeiter und zur Kontrolle der Entwicklung von Bereichen und Abteilungen genutzt. Es gibt offenbar eine Wahnvorstellung von der Messbarkeit und zahlenmäßigen Darstellung und Prüfbarkeit aller Sachverhalte. Managen und Führen ist aber keine Computer- oder Robotertätigkeit.

In einem börsennotierten großen deutschen Unternehmen besteht die Vorstellung, dass man „*Vertriebsmitarbeiter relativ leicht anhand ihrer Umsatzvorgaben kontrollieren*" könne. Das ist ein weit verbreiteter Trugschluss. Der Vorstandsvorsitzende der Bundesanstalt für Arbeit rechtfertigte die Anschaffung von Hunderten neuer Dienstwagen damit, dass der Verwaltungsrat den Haushaltsansatz ja genehmigt habe. Der Verwaltungsrat fühlt sich nach der Verabschiedung seines Budgets nicht mehr verantwortlich für das Geschehen. Er kommt gar nicht auf die Idee, Entscheidungen und Handlungsweisen beispielhaft zu kontrollieren. Das Budget liefert das Alibi dafür, sich nicht mehr kümmern zu müssen. In vielen Unternehmen auf der ganzen Welt zeigen solche Beispiele eine fatale Wirkung des Budgeting.

Budgets sind als Steuerungs- und Kontrollinstrument ungeeignet.
Sie sind das Muster für den betrieblichen „nice-to-have"- Aktionismus.

Budgets können einen Zweck erfüllen im Sinne von Prognosen und Annahmen über die künftige geschäftliche Entwicklung. Sie können Sinn machen als Grobinformation für Banken, Aufsichtsräte und die Öffentlichkeit bei börsennotierten Unternehmen. Planungen sind selbstverständlich vernünftig für Spezialthemen wie Finanzierung, Liquidität und Investitionen. Planung im Sinne der Budgetierung ist jedoch nutzlos und überflüssig zur laufenden Kontrolle und Bewertung von Zielen, Maßnahmen und Ergebnissen des Unternehmens, seiner Mitarbeiter und Abteilungen. Das aber wird allgemein als Hauptzweck der Budgets angesehen. Der hohe Zeit- und Kostenaufwand ist unabhängig von der Sinnlosigkeit nicht zu rechtfertigen. Das ist Verschwendung. Die Maßnahmen eines ganzen Jahres sollten zudem nicht in wenigen Wochen in allen Details voraus bedacht werden. Das ist tägliche Arbeit und nicht Aufgabe eines Kraftaktes im Herbst für das Folgejahr. Besser geeignet ist die Betrachtung der absoluten und relativen Veränderungen von Zahlen der Vorperiode (Vorjahr, Vormonat, Jahresabschnitt) und von Vergleichszahlen gleichartiger Abteilungen oder Betriebe. Dort werden Tatsachen mit Tatsachen verglichen, und nicht unklare und teils willkürliche Annahmen mit einer ohnehin nicht immer leicht zu verstehenden Ist-Lage. Auf Planungsabteilungen und deren Kosten kann vollständig verzichtet werden. Die verantwortlichen Linienmanager können mit Unterstützung des Rechnungswesens die wesentlichen Analysen kompetenter als jeder andere erstellen und vor allem sofort handlungsorientierte Schlussfolgerungen ziehen.

Aldi arbeitet erfolgreich ohne Budget

Aldi arbeitet schon immer ohne Budget. Aus internen Leistungsvergleichen entwickelt sich ein spannender Wettbewerb, der die Maßstäbe setzt, das Wesentliche in den Mittelpunkt stellt, und so jede Sollwert-Ermittlung und Planvorgabe überflüssig macht. Es ist sinnvoller, wenige Zahlen sorgfältig zu betrachten.

Am folgenden echten und noch vereinfachten Beispiel aus einem Filialunternehmen kann der Vergleich zwischen den beiden Systemen (Budget gegenüber dem Ist-Zahlen-Vergleich) angestellt werden.

	2003	2004	2004 / 2003	2004
	real	real	% Veränd.	Budget
Region A				
Durchschnittsumsatz pro Laden	1860	2420	+ 30	2020
Gesamtumsatz der Region A in Mio $	430	665	+ 55	565
Ladenkosten in % vom Umsatz	10,10	9,40	- 7	9,50
Zentralkosten gesamt in % vom Umsatz	4,80	4,40	- 8	4,40
Zum Vergleich: Region B				
Durchschnittsumsatz pro Laden	1930	2120	+ 10	
Gesamtumsatz der Region B in Mio $	295	340	+ 15	
Ladenkosten in % vom Umsatz	9,50	9,10	- 4	
Zentralkosten gesamt in % vom Umsatz	4,45	4,30	- 3	

Allein aus dem Zeit- und Betriebsvergleich ergeben sich schon die entscheidenden Fragen und Feststellungen zur Beurteilung der Region A. Gleichermaßen kann man auch die Region B analysieren und bewerten. Die Budgetzahlen können völlig ignoriert werden. Ohnehin sind die vor einem Jahr dazu gemachten Annahmen oder gesetzten Detailziele entweder vergessen oder in den dicken Budgetunterlagen nur schwer auffindbar. Außerdem wird man heute feststellen, dass man damals von falschen Annahmen ausging, weil die Verhältnisse bereits damals anders waren oder sich anders als erwartet entwickelt haben. Man könnte allenfalls die Ergebnisse besonderer Maßnahmen und Ziele qualitativer Art, die für Region A geplant waren, diskutieren. Hierfür machen budgetierende Unternehmen ja in der Regel quantifizierte Vorgaben. Aber auch ohne Budget, ohne diese Vorgaben, kann man feststellen, ob geplante Maßnahmen überhaupt vorgenommen wurden und wie sie sich ausgewirkt haben. Alle Daten – egal ob Budgets oder Ist-Vergleiche – liefern immer nur Ansätze für Fragen, Erklärungen und Zusammenhänge, sie geben niemals die Antwort auf die Ursache einer Abweichung. Deshalb sollte man nur mit solchen Daten arbeiten, die mit geringstem Aufwand erstellt werden können und deren Grundlagen unzweifelhaft sind. Ist-Zahlen sind Tatsachen und damit zweifelsfrei.

Feststellung und Fragen 1:

Der Durchschnittsumsatz pro Laden bei A hat sich erheblich erhöht, er hat B absolut und in der relativen Entwicklung weit übertroffen. Welche Erklärungen gibt es dafür? Vielleicht ist die Entwicklung bei A gar nicht so erstaunlich, aber warum ist sie dann bei B viel niedriger ausgefallen? Zusätzlich ist zu fragen, wie sich die einzelnen Läden in der Region A entwickelt haben. Hier sind die gleichen Fragen zu stellen. Das Budget wurde ebenfalls übertroffen. Erkenntnisse sind daraus aber nicht abzuleiten.

Feststellung und Fragen 2:

Trotz der guten Umsatzentwicklung bei A sind die Ladenkosten nur geringfügig stärker gesunken als bei B, und sie sind absolut immer noch höher als bei B. Dabei ist zu beachten, dass die Ladenkosten entscheidend abhängig sind vom Durchschnittsumsatz. Was ist die Erklärung? Auch hier ist weiter zu fragen, wie sich die einzelnen Läden in der Region A und die einzelnen Kostenarten entwickelt haben. Wiederum geben die Budgetzahlen keine weiteren Fragen und Antworten.

Feststellung 3:

Region A hatte im Vorjahr deutlich höhere relative und absolute Zentralkosten. Welche Fixkosten spielten eine Rolle? A ist es gelungen, die Zentralkosten mit dem gestiegenen Gesamtumsatz erheblich zu senken, liegt aber immer noch über B. Was sind die Erklärungen? Budgetbetriebe werden wohl kaum noch Fragen stellen, denn der Sollwert wurde ja erfreulicherweise genau getroffen.

Weitere Fragen könnten zu den verschiedensten Detailuntersuchungen führen. Zur Leistungs- und Erfolgsbeurteilung sind Budgets nicht erforderlich.

Die dümmsten Argumente, die oft zur Begründung des Budgeting angeführt werden, sind:

- „Ohne Planvorgabe wissen die Verantwortlichen nicht, was sie erreichen sollen" oder
- „Das Budget brauchen wir, damit sich die Leute mehr anstrengen"

Das sind Vorstellungen, die in den unternehmerischen Kindergarten gehören. Man braucht ein gutes Rechnungswesen mit gutem Berichtswesen, das wesentliche Daten nach Bedarf der verantwortlichen Linienmanager speichert, zusammenfasst, gliedert und darstellt. Dabei ist besonders wichtig: Vergleiche und noch einmal Vergleiche, um Entwicklungen und Unterschiede sichtbar zu machen. Doch dann erst setzt die entscheidende Arbeit ein, die Verhältnisse zu untersuchen und zu beeinflussen.

Schlechter informiert als vor 30 Jahren

Das Data Mining in den Data Warehouses, wo alle Daten der Controller und Budgetierer abgelegt und verwaltet werden, führt leicht zu Scheinsicherheiten. Man hat ja alle denkbaren Daten, mit denen man glaubt, alles analysieren und erklären zu können. Dazu sagt der Altmeister der Managementlehre, Peter Drucker: *„Manager sind heute schlechter informiert als vor 30 Jahren – und zwar wegen der Computer".* Bei Aldi reicht eine Handvoll einfachster Statistiken zur Abbildung der Unternehmensentwicklung. Andere dagegen können sich nicht lösen von ihren liebgewordenen KPI's. In einem großen Filialunternehmen kann die Controllingabteilung nicht verstehen, dass man die Kennzahl „Umsatz pro qm" überhaupt nicht braucht. Diese Kennzahl wird monatlich und kumulativ für jede Filiale ermittelt und ebenso budgetiert. Sie macht aber keinen Sinn, weil die Quadratmeter der Filialen nicht verändert werden können und selbstverständlich angestrebt wird, in jeder Filiale einen möglichst hohen Umsatz zu erzielen, was automatisch den Wert „Umsatz pro qm" erhöht. Dass die Zahl leicht zu ermitteln ist (nachdem zuvor natürlich erst jede Filiale zu vermessen war), ist kein Grund, sie regelmäßig zu ermitteln und zu veröffentlichen.

Es geht um das Prinzip. Und es gilt:

„weniger ist mehr"

Jack Welch, General Electric, gibt den Zahlenvernarrten die passende Antwort:

„Den meisten Managern helfen alle diese Daten wenig.
Sie müssen nur zweierlei wissen:
Was ist meine Strategie und welches sind meine Variablen?

Selbstverständlich ist wesentlich, was ein Verantwortlicher in seinem Bereich an Ergebnissen erzielt hat. Darüber sollte es Bewertungsmaßstäbe geben. Entscheidend ist dann der Dialog zwischen dem Verantwortlichen und seinem Chef über die Maßnahmen und Umstände, die zu den Ergebnissen geführt haben, über Maßnahmen, Zufälligkeiten und Zwangsläufigkeiten. Der Vorgesetzte muss es sich in seiner Kontrollverantwortung zur Aufgabe machen, etwas über die Hintergründe der Leistungsergebnisse und den persönlichen Beitrag des Mitarbeiters zu erfahren. Das ist eine der wichtigsten Aufgaben im Unternehmen. Diese Aufgabe wird allerdings oft nicht im angemessenen Rahmen und Umfang wahrgenommen. Man registriert Abweichungen zwischen Soll und Ist und bewertet das mit sehr schlecht bis sehr gut. Eine entscheidende Führungsaufgabe ist die Kontrolle des persönlichen Vorgesetzten. Sie ermöglicht eine Bewertung und sie bietet eine hervorragende Chance für den Prüfenden, sich selbst darüber schlau zu machen, was warum in seinem Reich geschieht. Als Chef interessiere ich mich für deine Arbeit, für deine Entwicklung, deine Ideen und Maßnahmen, nicht für deine Budget-Abweichungen. Heute, im Zeitalter der Budgets, interessieren sich zwanzig Prozent der Mitarbeiter für ihr Unternehmen. Achtzig Prozent sind uninteressiert oder haben sich schon für die innere Kündigung entschieden. Ich plädiere für Autonomie und Verantwortung als Grundlagen für Motivation. Das Ziel heißt *täglich besser werden (Kaizen)*.
Statt *Beyond Budgeting* einen Schritt weiter gehen:

Forget Budgeting.

Literaturhinweise

Brandes, D., Einfach managen. Klarheit und Verzicht der Weg zum Wesentlichen, Redline Ueberreuter 2002, Piper 2005

Brandes, D., Alles unter Kontrolle? Die Wiederentdeckung einer Führungsmethode, Campus 2004

2. Von der Budgetary Control zum Beyond Budgeting: Motivation und Fallbeispiele der Pioniere

Vom 10. bis zum 12. Juli 1930 fand in Genf eine internationale Konferenz zum Thema „Budgetary Control" statt, die vom Institut International d'Organisation Scientifique du Travail (IIOST) organisiert wurde. Als Referenten wurden zahlreiche internationale Experten aus den USA und Europa eingeladen, die dort ihre Erfahrungen bei der Anwendung des Budgetary Control Models vorgestellt haben. Denn einige der Europäischen Pioniere hatten bereits begonnen, die neue Technik anzuwenden, die Anfang des Jahrhunderts in den USA in Unternehmen wie Dupont de Nemour und General Motors entstanden war. Die Konferenz in Genf, mit insgesamt 197 Teilnehmern, kann als einer der wesentlichen Startpunkte der Budgetbewegung in Europa angesehen werden.

Die Budgetsteuerung wurde jedoch von den Budgetary Control Pionieren sehr unterschiedlich umgesetzt und es hat nach dem zweiten Weltkrieg erst einer intensiveren Bearbeitung der Thematik durch die akademische Wissenschaft bedurft, um ein allgemein anwendbares Budgetsteuerungssystem zu entwickeln, das dann ab den 60er Jahren die Grundlage zu seiner weiten Verbreitung dargestellt hat.

Ähnlich wie in den 1930er Jahren stellt sich heute die Beyond Budgeting Bewegung in der konkreten Unternehmenspraxis noch sehr heterogen dar. Denn wie so häufig bei betriebswirtschaftlichen Innovationen, ist das Konzept aus der Praxis entstanden, indem einige wenige Pionierunternehmen auf ihre individuellen Anforderungen hin auf ein Problem reagiert haben, das sich inzwischen als ein allgemeines herausgestellt hat.

Das Ergebnis sind sehr unterschiedliche Ausprägungen des Beyond Budgeting Konzeptes. Zwei der Fallbeispiele sollen in diesem Kapitel zur Sprache kommen sollen: Svenska Handelsbanken in Schweden und Borealis in Dänemark. Lennart Francke, CFO von Svenska Handelsbanken, und Thomas Boesen, einer der Architekten des Beyond Budgeting Steuerungsmodells von Borealis, erläutern im Interview mit Jürgen H. Daum die Motive ihrer Unternehmen, die klassische Budgetsteuerung durch ein alternatives Management- und Steuerungsmodell zu ersetzten, und wie sie dabei vorgegangen sind.

Von den Ursprüngen der Budgetary Control zum Beyond Budgeting: Motivation, Fallbeispiele der Pioniere und Zukunftsperspektiven[1]

Jürgen H. Daum[2]

Das sogenannte Budgetary Control Model entstand Anfang des 20. Jahrhunderts in den USA in Unternehmen wie Dupont de Nemour und General Motors und kann als das aus dem Trend zum „Scientific Management" (vergl. Taylor, 1911) hervorgegangene und dazu passende Unternehmenssteuerungsmodell angesehen werden. Frederik W. Taylor's Ansatz eines „Scientific Managements", einer rationalen Unternehmensführung, wird deshalb oft als Ausgangspunkt für die damals neue Art der Unternehmenssteuerung auf Basis von Zielvereinbarung, Budget und Aufweichungsanalyse genannt. Aber Während das Scientific Management Taylors, die Optimierung und Verbesserung der Effizienz der operativen Arbeitsabläufe aus einer technischen/ingenieurmäßigen Sicht im Blick hat, ging es bei der Budgetary Control um die Ermittlung des Managementerfolgs und um die Steuerung einer Management-Einheit aus einer wirtschaftlichen Perspektive.

Ursprünge in den USA

Taylor hatte im Rahmen seines Models, das die Ausgangsbasis unserer modernen Produktionsplanung- und steuerungssysteme darstellt und das auf einer wissenschaftlichen Analyse von Arbeitsvorgängen mit dem Ziel

---

[1] Der vorliegende Beitrag ist in leicht gekürzter und modifizierter Form erschienen unter dem Titel „Von der Budgetsteuerung zum Beyond Budgeting: Motivation, Fallbeispiele der Pioniere und Zukunftsperspektiven" in: Zeitschrift für Controlling & Management, Sonderheft 1 / 2003, S.77-93.

[2] Jürgen H. Daum ist Management Adviser, Finance & Unternehmenssteuerungs-Experte und Chief Solution Architect der Business Solutions Architects Group EMEA bei der SAP, Walldorf. Für die CFOs und Controller zahlreicher europäischer Unternehmen fungiert er als Ideen- und Impulsgeber bei der Neuausrichtung der Finanzorganisation und der Unternehmenssteuerung. Er veröffentlicht regelmäßig Beiträge in Fachzeitschriften, spricht auf Konferenzen im In- und Ausland und ist Autor von „Intangible Assets oder die Kunst, Mehrwert zu schaffen" (dt.: Galileo-Press 2002, engl.: John Wiley & Sons, 2003). Vor seiner Zeit bei SAP war er kaufmännischer Leiter eines mittelständischen Unternehmens. E-Mail: jhd@juergendaum.de, Website: http://www.juergendaum.de/.

der Produktivitätserhöhung basiert, insbesondere auch die Trennung von operativen Spezialistenaufgaben und planerischen Tätigkeiten angeregt. Neben nach objektiven Kriterien optimal organisierten Arbeitsabläufen im operativen Bereich, die so effizient und vorhersehbar wie eine Maschine funktionieren sollten, befürwortete Taylor unabhängige Planungsabteilungen, die Planungsaufgaben für die operativ Verantwortlichen wahrnahmen. Diese Philosophie stellt die Geburt des sogenannten „General Management" dar, bei dem professionelle Generalisten-Manager die Aktivitäten der operativen Spezialisten planen, kontrollieren und steuern, um das wirtschaftliche Gesamtergebnis des Unternehmens zu optimieren.

Dies erforderte in der Folge, neben der Implementierung von effizienten Organisationsformen und Arbeitsabläufen für die operativen Aktivitäten, auch entsprechende Organisationsformen und Abläufe für das General Management. Als Pionier gilt hier das amerikanische Unternehmen Dupont de Nemour, das bereits zwischen 1903 und 1910 Schritt für Schritt alle klassischen Management-Methoden entwickelt hat, die später üblich wurden, um große Unternehmen zu steuern (vergl. Kaplan 1984). Mit der Übernahme der Kontrolle von General Motors durch die Familie Dupont hatten dann auch bei General Motors Manager wie Alfred Sloan begonnen, neue Steuerungsinstrumente zu entwickeln, die auf dem Konzept des Return of Investment basieren, und haben als Management-Organisation eine divisionale Struktur eingeführt, die es über die Delegation von Managementverantwortung erst mögich gemacht hat, derart große Unternehmen überhaupt führen zu können (vergl. Sloan 1963). Als eines der wichtigsten Instrumente hierfür wurde die Budgetary Control, die Budgetsteuerung entwickelt.

Das technisch orientierte tayloristische Organisations- und Steuerungsmodell für die operativen Aktivitäten von Industrieunternehmen wurde so durch eine Management-Organisation und ein management-orientiertes Steuerungsmodell ergänzt, das dem General Management als Werkzeug für die Führung und Steuerung des gesamten Unternehmens aus wirtschaftlicher Sicht dient. Dies markiert auch den Zeitpunkt des Entstehen erster Controllingansätze, wie wir sie heute kennen. Genauso wie der Vorarbeiter nach Taylors Konzept mit der Stopuhr die Zeit misst, die ein Arbeiter für die Verrichtung eines bestimmten Arbeitsschritts benötigt, verfügt nun der Controller mit dem Budget über ein Messwerkzeug, um die Aktivitäten der operativen Einheiten aus einer Managementsicht, also hinsichtlich ihrer finanziellen Performance zu messen. Das Budget wurde zum Standard, auf Basis dessen der Verantwortliche einer operativen Einheit beurteilt wurde.

Während das Scientific Management Taylors, die Optimierung und Verbesserung der Effizienz der Arbeitsabläufe selbst ermöglichte, war es mit dem Budgetary Control Model nun erstmals möglich, auch die Effektivität einer ganzen Management-Einheit aus wirtschaftlicher, also aus finanzieller Gesamtsicht zu beurteilen. Als in den nun größeren Unternehmensorganisationen nicht mehr eine einzelne Person den vollständigen Überblick über alle Aktivitäten haben konnte, wie dies oft noch bei kleineren Inhabergeführten Firmen der Fall ist, waren Werkzeuge und Verfahren erforderlich, die eine personenunabhängige Führung und erfolgsorientierte Steuerung des Gesamtunternehmens möglich machen. Das Budgetary Control Model hat diese zur Verfügung gestellt und die Vorraussetzung für die Delegation von Managementverantwortung in weitgehende selbständige Sparten/operative Einheiten geschaffen.

Erstmals systematisch beschrieben wurde das Budgetary Control Model 1922 von James McKinsey in seinem Buch *Budgetary Control* (vergl. McKinsey). Es sollte allerdings bis Anfang der 30er Jahre dauern, bis man begann, sich in Europa intensiver mit diesen Konzepten zu beschäftigen.

Die relativ späte Verbreitung in Europa

Vom 10. bis zum 12. Juli 1930 fand in Genf eine internationale Konferenz zum Thema „Budgetary Control" statt, die vom Institut International d'Organisation Scientifique du Travail (IIOST) organisiert wurde. Als Referenten wurden zahlreiche internationale Experten eingeladen, unter anderem James McKinsey aus den USA, der dann allerdings nicht selbst teilnahm, sondern durch einen Kollegen ersetzt wurde, Heinz Ludwig aus Deutschland, sowie Vertreter aus Großbritannien, Frankreich und Belgien (vergl. IIOST 1930, und Leroy 1930). Auf dieser Konferenz stellten die Referenten ihre Erfahrungen bei der Anwendung des Budgetary Control Models vor. Denn einige Pioniere hatten bereits begonnen, die neue Technik anzuwenden. U.a. Hans Renold aus Großbrittanien berichtete über die Erfahrungen in seinem Unternehmen und Dr. Heinz Ludwig über Erfahrungen in der deutschen Automobilindustrie. Die Vortragsthemen der Konferenz reichten von der Budgettechnik, über psychologische Aspekte bis hin zu organisatorischen.

Die Konferenz mit insgesamt 197 Teilnehmern kann so als einer der wesentlichen Startpunkte der Budgetbewegung in Europa angesehen werden und hat die Teilnehmer, die mit dem Gehörten in ihre Länder und Unternehmen zurückgekehrt sind, stark inspiriert. In den Folgejahren wurde das

Budget-Thema intensiv in der jeweiligen Fachpresse und auf nationalen Konferenzen diskutiert. Als die Hauptakteure kristallisierten sich die Rechnungswesenverantwortlichen, damals Buchhalter genannt, heraus, die zu recht überzeugt waren, eine neue Rolle in ihren Unternehmen spielen zu müssen und darin natürlich eine Chance auf mehr Einfluss sahen. Das Budgetary Control Model begann sich nun in den Unternehmen mehr zu verbreiten, über die ersten wenigen und seltenen Pioniere hinaus. Nach dem Einschnitt des 2. Weltkrieges setzte eine zweite Welle ein. Vor allem die aufkommende Zunft der Berater spielte nun bei der Verbreitung eine wichtige Rolle. In den 50er Jahren begann dann auch die Wissenschaft und der akademische Bereich sich intensiv mit dem Thema zu befassen. Es ging nun weniger um die Behandlung einzelner Beispiele als um die Entwicklung einer systematischen Konzeption für die Budgetsteuerung. Jedoch erst ab den 60er Jahren hat sich das Budgetary Control Model als allgemein akzeptiertes Unternehmenssteuerungsmodell in Europa durchgesetzt und breite Akzeptanz gefunden.

Anfang des 20. Jahrhunderts in den USA entstanden, ab den 30er Jahren in Europa verbreitet, hat es seit dem Erscheinen des Buches von James McKinsey im Jahre 1922 über 40 Jahre gedauert, bis das Konzept breite Akzeptanz und Anwendung in Europa erfahren hat. Während das Konzept also relativ schnell über den Atlantik diffundiert ist, hat es bis nach dem 2. Weltkrieg gedauert, bis sich das Budgetary Control Model in Europa wirklich zu verbreiten begann. Chandler und Deams (vergl. Chandler/Deams 1979) nennen eine interessante These, um den Rückstand des alten Kontinents gegenüber den USA zu erklären: sie meinen dass die Europäer weiterhin, trotz der größeren Unternehmensorganisationen, mehr Vertrauen in ihre überkommene soziale Kontrollstrukturen und Mechanismen hatten, als in eine reine Managementtechnik, als die die Budgetary Control betrachtet wurde. Dies gibt bereits einen Hinweis darauf, dass eine Managementtechniken und –werkzeuge im Zusammenhang der Unternehmenskultur und der Art der sie konstituierenden sozialen Beziehungen im Unternehmen gesehen werden müssen, wenn nicht gar in einem noch größeren Zusammenhang des regionalen Kulturkreises. Es ist deshalb kein Zufall, dass das Beyond Budgeting Modell, also das Steuern ohne rigide Budgets, und das Rückbesinnen auf andere mehr durch soziale Beziehungen und „mitarbeiterorientierte" partizipativ geprägte Führungs- und Steuerungskonzepte nun in Europa und hier vor allem in den für ihre Sozialorientierung bekannten skandinavischen Länder entsteht.

Die ersten Gehversuche beim Erfinden der Budgetary Control, der Budgetsteuerung, sind ab 1903 bei Dupont de Nemour in den USA erfolgt. Heute, genau ein Jahrhundert später, wird nun über dessen Ablösung diskutiert. Denn bereits seit einigen Jahren geriet das Budgetary Control Model unter Kritik und, wie zu Beginn des letzten Jahrhunderts, haben einige wenige Pioniere, jetzt in Europa, begonnen, ein neues Steuerungs- und Führungsmodell zu implementieren, das von seinen Protagonisten als „Beyond Budgeting" bezeichnet wird.

Veränderungen in der Unternehmenswelt erfordern die Reform des Budgetary Control Modells

Zunächst ist zu bemerken, dass das Problem mit der Budgetsteuerung nicht plötzlich entstand, sondern im Rahmen eines langsamen Veränderungsprozesses, der die gesamte Unternehmenswelt über die letzten Jahre erfasst hat. Der Bedarf für grundlegende Reformen entsteht nicht über Nacht, sondern erfordert das allmähliche Ansteigen des Leidensdrucks bis zu einem Punkt, an dem eine kritische Masse der betroffenen Akteure glaubt, handeln zu müssen. Diesen Punkt haben wir heute erreicht.

Neue Umfeldbedingungen erfordern einen veränderten Managementfokus und einen dynamischeren Managementansatz

Der Grund dafür ist in der Transformation des Wertschöpfungssystems der Unternehmen über die letzten Jahrzehnte, weg von einer massenfertigenden effizienten produktorientierten „Maschine", hin zu einem kunden- und serviceorientierten Gebilde, zu suchen, das quasi automatisch und evolutionär auf Marktveränderungen und neue Kundenbedürfnisse mit Produkt-, Service- und Prozessinnovationen reagiert, indem die vorhandenen Fähigkeiten und Aktivitäten möglichst effizient und dynamisch auf aktuelle und konkrete Kundenbedürfnisse hin ausgerichtet werden. Es ist nicht mehr fast ausschließlich die interne Effizienz eines Unternehmens, die über den wirtschaftlichen Erfolg entscheidet, sondern dessen externe Effektivität, mit dem es Kundenbedürfnisse und die Erwartungen anderen Stakeholdergruppen erfüllen kann.

Die Außenorientierung, oft auch als Stakeholder-Orientierung oder Outside-In Modell genannt, hat damit mehr Gewicht bekommen und damit kommt natürlich auch mehr Dynamik und laufende Veränderung ins System: da sich die Unternehmensumwelt laufend wandelt, aber auch die Intentionen und Ziele der einzubeziehenden Stakeholder, kann die wertschaffende Konstellation, die dem Operations-Modell des Unternehmens zugrunde liegt, nicht stabil bleiben. Diese muss stattdessen immer wieder neue hergestellt werden. Der Geschäftszweck des Unternehmens, das diesem zugrundeliegende Wertesystem, das mit den Stakeholdern geteilt wird, und die damit gewollten Potentiale als auch die Unternehmensstrategie, die die Umsetzung dieser Werte und Potentiale in die reale Wirtschaftswelt immer wieder in neue dem sich verändernden Umfeld angepasste Rezepte fasst, kommt dann als Teil eines modernen Unternehmensmodells entscheidende Bedeutung zu.

Ein rein technisch-instrumenteller Ansatz, wie er dem Modell Taylors und letztendlich auch dem Budgetary Control Modell zugrunde liegt (hier in Form einer Managementtechnik), klammert zudem wesentliche Erfolgsfaktoren heutiger Unternehmen in Form des menschlichen Faktor aus, und kann so den an sie heute gestellten Anforderungen nicht mehr gerecht werden. Denn aus der rein wirtschaftlichen Sicht, aus der Kostenbetrachtung, wie sie das Budget reflektiert, geht es nicht um die Firma als Firma, sondern lediglich um deren Cash Flow und Ergebnis. Die Firma als Firma, in Form ihrer Produkte, Mitarbeiter, Innovationen, Geschäftsbeziehungen etc., also all der Dinge, die zusammen erst die Sphäre des Unternehmens als Organisation begründen, ist nicht Gegenstand der Betrachtung. So wird beispielsweise das so wichtige Humankapital des Unternehmens durch die Budgetsteuerung, die ein ausgeprägt bürokratisches Element ins Unternehmen bringt, nicht gefördert. Doch gerade dies ist heute mehr erforderlich denn je. Wie sonst könnte ein Unternehmen auf neue oder veränderte Kundenanforderungen reagieren, wenn es sich nicht auf die Eigeninitiative seiner Mitarbeiter und Manager – jenseits der Anforderungen eines vor Monaten oder gar Jahresfrist verabschiedetes Budget - verlassen könnte.

Die Budgetsteuerung fördert stattdessen Bürokratie und Inflexibilität

Ein dynamischer Steuerungs- und Managementansatz, wie er heute erforderlich ist, geht mit der zu starren Budgetsteuerung nicht mehr zusammen. Budgetbasierten Steuerungssysteme verhindern oft geradezu, dass ein Unternehmen das volle Potenzial seiner Mitarbeiter und Manager nutzen kann, um im Wettbewerb erfolgreich zu sein und Wert für Kunden zu schaffen. Jack Welsh, der ehemalige CEO von General Electric, hat dies anlässlich eines Interviews für das amerikanische Fortune Magazine stellvertretend für viele Manager auf den Punkt gebracht, indem er die Budgetplanung als eine Übung in Minimalisierung bezeichnet hat. Mit der Budgetplanung und

-steuerung versuche man nämlich als Unternehmen immer nur, das Minimum zu erreichen, da jeder darum verhandelt, den niedrigsten Zielwert zu erhalten. Manager und Mitarbeiter sollten nicht animiert werden, sich zu einem großen Teil ihrer Zeit damit zu beschäftigen, wie sie die budgetbasierte Kontrolle am besten Umgehen können und rein intern orientiert zu agieren, sondern sie sollten stattdessen motiviert werden, sich ambitionierte marktorientierte Ziele zu setzen und diese mit Begeisterung zum Wohle ihrer Kunden und Aktionäre zu verfolgen.

In vielen Unternehmen hat sich die Budgetplanung und die budgetbasierte Steuerung zu einem sehr aufwändigen bürokratischen Prozess entwickelt, der die schnelle Anpassungsfähigkeit des Unternehmens behindert sowie inkrementelles Denken der Manager und rein politisches Agieren fördert. Dies führt dann auch noch zu höheren Kosten, da eigentlich unnötige Reserven in die Budgets eingebaut werden. Im Endeffekt wird dadurch unternehmerisches selbstverantwortliches Handeln verhindert - also genau das, was Unternehmen im heutigen Umfeld dringend von ihren Managern und Mitarbeitern benötigen, um erfolgreich zu sein und zu bleiben.

„Einfacher managen" unter Vermeidung von Komplexität und Bürokratie sowie die Beschleunigung von Entscheidungsprozessen ist deshalb nicht nur „in", sondern notwendig, damit Unternehmen und deren Führungskräfte sich zeitnah auf die immer schnelleren Marktänderungen einstellen und nachhaltige Erfolge unter stärkerem Wettbewerbsdruck und unter gewachsenen Erwartungen von Aktionären und anderen Stakeholdern erzielen können. Damit gerät die Budgetplanung als eine der entscheidenden Barrieren, die Veränderungsinitiativen von Unternehmen und deren Top-Management behindern, ins Visier.

Starre Hierarchien, ein typisches Merkmal der tayloristischen industriellen Organisation, passen nicht mehr in die heutige Unternehmenswelt, da eine solche Organisation für das dynamische Umfeld zu schwerfällig ist. Zudem weiß der Vorgesetzte von der Tätigkeit der heutigen Wissensarbeiter selbst nur wenig und kann oft gar nicht mehr beurteilen, was in welcher Situation zu tun ist. Möglichst selbstständiges, sich selbst optimierendes Handeln der kundennah agierenden Mitarbeiter und Unternehmenseinheiten ist angesagt. Wenn Unternehmen und ihre Manager immer erfolgloser Prognosen über die künftige Markt- und Geschäftsentwicklung anstellen können, wird die schnelle Anpassungsfähigkeit der Organisation zum Erfolgsfaktor, der sicherstellt, dass Unternehmensziele in Form von Markt- und Ergebniszielen trotzdem erreicht werden können. Die starre Budgetplanung und -steuerung, die auf dem tayloristischen Modell rein zentraler Steuerung und

Kontrolle und der Entmündigung der operative Aktiven im Unternehmen basiert, wird dabei zum Hindernis und droht deshalb für Geschäftsführer und Vorstände zum Misserfolgsfaktor zu werden.

Das war so von den Vätern des Budgetary Control Models natürlich nicht gewollt. Deren Fokus lag darauf, mit der Budgetplanung einmal die unterschiedlichen Unternehmensaktivitäten mit dem Blick auf deren Optimierung aus einer wirtschaftlichen Gesamtsicht koordinieren zu können und auf der Möglichkeit der Delegation von Managementverantwortung. Denn erst das Budget gab den einzelnen operativen Managern einen klaren Bezugs- und Rechtfertigungsrahmen für ihre Entscheidungen und Handlungen. In der Praxis ist dieses System über die Jahre in vielen Organisationen allerdings regelrecht pervertiert - vor allem dadurch dass die Budgetplanung zu einem Prozess des politischen Taktierens und Handelns mutiert ist, bei dem nicht um den Unternehmenserfolg und schon gar nicht um das Wohl der Kunden geht, sondern um rein interne meist persönliche Ziele der Akteure.

Dieses Problem wird durch die Veränderungen in der Unternehmensumwelt und auch innerhalb der Unternehmen noch verschärft. Der Wandel vom Verkäufermarkt des Industriezeitalters zum Käufermarkt des Informations- und Wissenszeitalters definiert ganz neue Anforderungen und damit neue Erfolgsfaktoren für Unternehmen. Eine stabile Umwelt, bei der Wettbewerber bekannt und deren Aktivitäten und die der Kunden vorhersehbar waren, Entscheidungen zentral getroffen wurden und Ergebnismanagement vor allem Kostenmanagement bedeutete, gibt es nicht mehr. Strategie- und Produktlebenszyklen verkürzen sich kontinuierlich und Kunden, Aktionäre und anderen Stakeholder werden immer anspruchsvoller und wechselhafter, Unternehmenserfolg kann sich nur einstellen, wenn das Unternehmen effizient arbeitet **und** die Wünsche und Anforderungen seiner Stakeholder immer wieder trifft bzw. übertrifft. Daraus folgt, dass Unternehmen Pläne und Maßnahmen laufend adaptieren müssen, um neuen oder veränderten Kundenbedürfnissen gerecht zu werden und um schnelles Reagieren auf die Marktentwicklungen zu ermöglichen. Im Industriezeitalter galten „make-and-sell" Ansätze mit dem ausschließlichen Fokus auf der Effizienz der internen Aktivitäten und Arbeitsprozesse durch Economies of Scale und zentrale Steuerung. Als operatives Konzept für das Informations- und Wissenszeitalter kristallisiert sich ein „sense-and-respond" Model heraus mit dem Fokus auf schnelle Reaktionsfähigkeit, bei der die Organisation quasi automatisch und reflexhaft auf Marktveränderungen reagieren kann, ohne die interne Effizienz zu gefährden (vergl. Daum 2002 (2), S. 227-431). Dies muss Hand in Hand gehen mit einem veränderten Fokus auf die strategischen Aspekte in der Unternehmensführung. Kritischer Erfolgsfaktor für Unternehmen heute ist, evolutionär auf Marktveränderungen und neue Kundenbedürfnisse mit Produkt-, Service- und Prozessinnovationen reagieren zu können, indem die vorhandenen Fähigkeiten immer wieder auf neue Anforderungen hin neu gebündelt und weiterentwickelt werden. Als Konsequenz werden immer mehr Ressourcen und Mittel für die Vorbereitung der kundenbezogenen Aktivitäten aufgewendet (etwa in Forschung und Entwicklung oder zum Aufbau von Kundenbeziehungen) als für deren Ausführung selbst. Die geschaffenen „Intangibel Assets" in Form von Humankapital, der F+E Pipeline, von Marken etc. stellen weniger ein Ergebnis der investierten Finanzmittel als vielmehr ein Nebenprodukt von gut gemanagten operativen Aktivitäten dar. Das Operations-Modell heutiger Unternehmen hat sich damit, im Gegensatz zum industriellen Model, das eine klare Trennung zwischen (kurzfristig orientiertem) Tagesgeschäft und langfristiger (stabiler) Assetbasis aufweist, zu einem komplexen Operationsmodell gewandelt, wo die Grenzen zwischen Potentialaufbau und Verwertung verschwimmen. Die effektive Steuerung eines solchen Systems erfordert ein dynamisches Strategiemanagement, das einmal alle vorhandenen Assets systematisch auf ein marktorientiertes Ziel hin durch eine entsprechende Strategie bündelt und diesen Zusammenhang bei sich verändernden Marktbedingungen immer wieder neu herstellen kann und das gleichzeitig mit den operativen Aktivitäten des Tagesgeschäfts eng verzahnt ist.

Doch der ausschließlich Fokus auf die wirtschaftlich-rationalen Aspekte in der Unternehmensführung reichen allein nicht aus, wenn das Humankapital und die Organisation, als „Produktivrahmen" für dieses, zum Erfolgsfaktor in der Wissensökonomie werden. Dynamisch verändern kann sich nur der, wer einen festen Ankerpunkt findet – dies gilt auch und gerade für Unternehmensorganisationen. Die Anpassungs- und Reaktionsfähigkeit eines Unternehmens ist also nicht nur das Produkt der angewendeten operativen und strategischen Steuerungstechnik, sondern auch und vor allem seiner Fähigkeiten als Organisation. Dies bedeutet, dass der Unternehmensorganisation unter sozialen und kulturellen Aspekten - die ja die Kohärenz von Mitarbeitern und Managern im Verhaltensbereich herstellt – entscheidende Bedeutung zukommt. Organisationsentwicklung und des Personalmanagements werden, neben der Steuerungstechnik, somit zu entscheidenden

Werkzeugen des Wert- und Produktivitätsmanagements im Unternehmen und müssen im Managementsystem ihre Berücksichtigung finden.

Ein Steuerungs- und Führungs-Ansatz der einem solchen dynamischen Unternehmensmodell besser gerecht werden möchte ist das Beyond Budgeting Modell.

Das Beyond Budgeting Modell als Alternative

Beyond Budgeting – gemeinhin übersetzt mit "jenseits der Budgetierung" oder auch radikaler mit "steuern ohne Budgets" – steht für ein Steuerungsmodell, das für viele Controller und Manager wesentliche Grundlagen ihres Controlling-Systems in Frage stellt und somit auf den ersten Blick oft als unrealistisch und überzogen eingeschätzt wird. Tatsache ist jedoch, dass – ähnlich wie in den 20er und 30er Jahren des letzten Jahrhunderts mit dem Budgetary Control Modell – einige Pionierunternehmen ein neues Steuerungsmodel implementiert haben, das vom Beyond Budgeting Round Table (BBRT), eine mitgliederfinanzierte Organisation zur Erforschung und Weiterentwicklung von Steuerungs- und Führungskonzepten, und von deren Initiatoren Robin Fraser, Jeremy Hope und Peter Bunce als „Beyond Budgeting" bezeichnet wird.

Vom BBRT wurden bisher 19 Unternehmen untersucht, die ohne oder weitgehend ohne feste Budgets auskommen (vergl. Hope/Fraser 1999, 2000, 2001, 2002). Als gemeinsames Muster hat sich herauskristallisiert, dass nicht einfach nur auf Budgets verzichtet wurde, sondern dass diese Unternehmen ein ausgefeiltes Alternativ-System dagegen gesetzt haben. Dieses setzt einmal beim Führungsmodell an und versucht, das volle Potential von Mitarbeitern und Managern über deren „Empowerment" für das Unternehmen nutzbar zu machen. Der zweite Bereich betrifft das Performance Management, also die Ergebnissteuerungstechnik. Hier geht es darum, den Planungs- und Steuerungsprozess signifikant zu vereinfachen und zu flexibilisieren. Die zugrundeliegende Philosophie ist, dass dezentrale Selbststeuerung erst die Talente von Mitarbeitern und Managern ans Licht bringen kann und es dem Unternehmen so erlaubt, schnell und konsequent auf Marktveränderungen und neue Kundenwünschen einzugehen. Statt Hierarchie und Befehl und Gehorsam kommen als Integrationswerkzeuge ein gelebtes explizites Wertesystem („Was wir tun und was wir nicht tun"), eine weitgehende interne Transparenz bei den Performance-Ergebnissen, sowie laufende marktbezogene Abstimmungen von Maßnahmen und die kontinuierliche Anpassung von Plänen über die gesamte Organisation hinweg zum Einsatz (s. Abbildung 1).

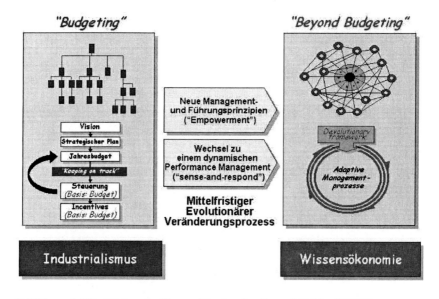

Abbildung 1: Die Vision des Beyond Budgeting Round Table (BBRT)

Das gegenwärtige stark am Rechnungswesen orientierte budgetbasierte Management- und Unternehmenssteuerungssystem spiegelt, wie Hope und Fraser richtig feststellen, das traditionelle Modell von Führung und Organisation wieder (vergl. Hope/Fraser, 1997). Wenn Unternehmen beginnen, ihre Führungsmodelle an neue Realitäten anzupassen, müssen auch die entsprechenden Steuerungssysteme folgen, denn zwischen Performance-Managementsystem und dem Führungsmodell gibt es demnach einen engen Zusammenhang.

Hier setzen Unternehmen beispielsweise mit dem Balanced-Scorecard-Konzept an, um den notwendigen neuen strategischen Fokus in der gesamten Organisation zu erzeugen und die entsprechenden Change-Management-Projekte systematisch voranzutreiben. Diese Initiativen drohen jedoch oft im Tagesgeschäft zu scheitern, weil dort noch das starre Budget mit all den oben beschriebenen negativen Konsequenzen auf der Verhaltensebene regiert.

Die Urheber des Beyond-Budgeting-Modells sehen also einen klaren logischen Zusammenhang zwischen den veränderten Umfeldbedingungen und den neuen Erfolgsfaktoren, sowie den daraus folgenden Prinzipien sowohl für das Führungs- als auch für das Performance-Management-System eines Unternehmens.

Die zwei wesentlichen Elemente des Beyond-Budgeting-Modells sind somit:

1. neue Management- und Führungsprinzipien, die auf der Dezentralisierung von Entscheidungen basieren und die dem Unternehmen alle (Mitarbeiter-)Kräfte für Innovation und zum Aufbau nachhaltiger Wettbewerbsvorteile dienstbar machen sollen. Diese werden durch die 6 Beyond Budgeting Führungsprinzipien des BBRT beschrieben.

2. Adaptive Managementprozesse, die nicht wie die Budgetierung auf fixen Zielen und Ressourcenplänen basieren, sondern ein marktorientiertes Agieren und ein laufendes Anpassen an neue Kundenanforderungen bzw. an neue Marktbedingungen ermöglichen. Diese werden durch die 6 Beyond Budgeting Performance Management Prinzipien des BBRT beschrieben (s. Abbildung 2).

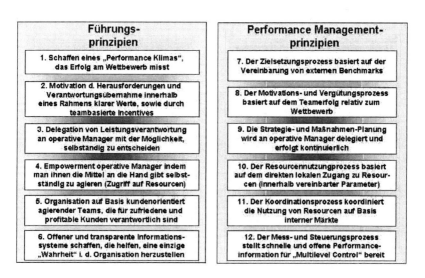

Abbildung 2: Die insgesamt 12 vom BBRT progagierten Beyond Budgeting Prinzipien

Beyond Budgeting in der Unternehmenspraxis - Fallbeispiele

Das es tatsächlich auch ohne feste Budgets geht, haben Unternehmen wie etwa Swenska Handelsbanken, eine schwedische Bank, die seit 1970 ohne Budgets steuert und führt (s. dazu auch das Interview im Anschluss an diesen Beitrag), und auch Boots, ein englischer Retailer gezeigt, bei dem auf der Basis von ad hoc erstellen neuen Forecasts, die durch jede lokale neue Chance oder Bedrohung ausgelöst werden, gesteuert wird. Ein weiteres Beispiel, das im Folgenden ausführlicher vorgestellt werden soll, ist das eines französischen Konzerns, der zum 1. Januar 2000 relativ schnell und radikal die bislang übliche Budgetplanung abgeschafft und durch ein alternatives, flexibleres Steuerungssystem ersetzt hat.

Beispiel Swenska Handelsbanken – ein Unternehmen, das seit über 30 Jahren ganz ohne Budgets gesteuert wird

Ein Fallbeispiel für ein Unternehmen, das sich neben der Einführung eines Beyond-Budgeting-Steuerungssystem, auch intensiv mit den erforderlichen

Konsequenzen für das Führungssystems beschäftigt hat, ist Swenska Handelsbanken. Seit 1970 gibt es bei Swenska Handelsbanken, eine schwedische Bank mit Niederlassungen in ganz Skandinavien und in Großbritannien, keine Budgets mehr, keine absoluten Ziele und keine fixen Pläne. Trotzdem ist die Bank eine der erfolgreichsten Banken Europas und hat alle skandinavischen Mitbewerber hinsichtlich jeder wesentlichen Performancemessgröße wie Return on Equity, Cost/Income und Kundenzufriedenheit geschlagen – und zwar konsistent, über 30 Jahre. Erreicht wird das dadurch, dass jeder Mitarbeiter laufend sämtliche Kosten hinterfragt und Forderungsausfälle außergewöhnlich niedrig sind, da Kreditentscheidungen nur vor Ort getroffen werden, wo man den Kunden kennt.

Es lässt sich aus der Beschreibung wahrscheinlich bereits erahnen, dass das Unternehmenssteuerungssystem bei Swenska Handelsbanken auf grundsätzlich andere Art funktioniert, als das typischerweise noch heute in vielen Firmen der Fall ist: das Controlling wird bei der Bank nicht von den Controllern gemacht, sondern von den Managern und Mitarbeitern vor Ort. Mehr als 50% der Mitarbeiter sind zur selbständigen Kreditvergabe autorisiert. Die Geschäftsverantwortung ist in hohem Maße dezentralisiert in die Filialen, die als Profit Center geführt werden. Die Ziele für die Profit Center werden relativ, nämlich als relative Ziele zum Markt definiert. Die Performancemessung erfolgt über ein laufendes Benchmarking mit den Wettbewerbern. Profit Center Leiter haben freien Zugriff (innerhalb bestimmter vereinbarter Performance Parameter auf Basis der Cost/Income Ratio) auf Ressourcen, und zwar ad-hoc, wenn diese benötigt werden. Interne Servicebereiche müssen ihre Leistung zu Marktbedingungen an die operativen Einheiten „verkaufen", es gibt keine „politische" Preisfindung. Der Fokus bei Swenska Handelsbanken liegt also darauf, den Markt bzw. den Wettbewerb zu schlagen und die dafür notwendige Flexibilität herzustellen - nicht darauf, ein in der Vergangenheit vereinbartes Budget einzuhalten. Natürlich gibt es bei Swenska Handelsbanken auch ein Zentralcontrolling. Dessen Aufgabe ist es aber nur, das Portfolio der Filialen hinsichtlich einiger weniger Performance Indikatoren zu überwachen. Falls eine Filiale aus dem Rahmen läuft, wird diese informiert und ihr Unterstützung bei der Analyse und Maßnahmenplanung angeboten. Die Entscheidung über die Maßnahmen verbleibt aber bei der Filiale.

Der Unternehmens-Steuerungs-Prozess erfolgt sehr informell: Die 25 Manager des engeren Führungskreises treffen sich einmal im Monat zu einem Management-Meeting ohne feste Agenda. Allen Teilnehmern wird ein Blatt mit den Key Performance Indicators der wichtigsten Profit Center ausgehändigt und dann wird ein Nachmittag lang diskutiert, wie die derzeitige Lage aus Gesamtbanksicht einzuschätzen ist und wie man darauf reagieren könnte. Nach dem Meeting schreibt der Vorstandsvorsitzende einen Brief an alle Filialmanager, in dem die Ergebnisse der Diskussion als auch seine eigene Meinung zu den verschiedenen Punkten festgehalten sind. Die Filialmanager diskutieren den Inhalt dieses Briefes dann mit ihren Mitarbeitern, die alle überlegen, wie damit lokal umgangen werden soll. Der Brief stellt keine Anweisung dar, sondern soll Dinge thematisieren, die ansonsten vielleicht im Tagesgeschäft untergehen. Der volle Handlungsfreiraum aber auch die Handlungsverantwortung verbleibt bei der Filiale.

Ein wesentliche Rolle des Führungs- und Steuerungssystems bei Swenska Handelsbanken spielen zwei Elemente, die die Vorrausetzung für den hohen Freiheitsgrad der operativen Manager und Mitarbeiter schaffen: die offene Managementkultur im Unternehmen und die Verfügbarkeit eines ausgeklügelten Management-Informations-Systems als Grundlage für die Performance Managementprozesse.

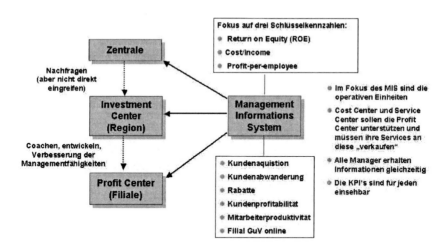

Abbildung 3: Das Management-Informations-System von Swenska Handelsbanken als Basis für die sogenannte „Multi-Level Control"

Letzteres besteht aus einem einfachen „Multilevel Control" Kennzahlsystem. Es werden als Gesamterfolgsgrößen die Eigenkapitalrendite, die Cost-Income-Ratio und das Ergebnis pro Mitarbeiter gemessen. Zusätzlich werden für jede Filiale weitere operative Kennzahlen ermittelt, die die operativen Werttreiber wiederspiegeln. Dies sind dann Kennzahlen wie die Kundenaquistionsrate, Kundenabwanderungsrate, erteilte Rabatte, Kundenprofitabilität etc. Alle Manager erhalten diese Informationen gleichzeitig und alle KPI's sind für die gesamte Bank, also für alle Filialen, Regionen und für die Gesamtbank von jedem Manager einsehbar. Erfolg wird dabei immer nur relativ im Verhältnis zum Wettbewerb bzw. im Verhältnis zu anderen Filialen ermittelt. Es ist also immer für jeden Manager der direkte Vergleich mit Kollegen möglich. Das wird bewusst vom Unternehmen genutzt, um zu einem sportlichen internen Wettbewerb durch die regelmäßige Veröffentlichung von sogenannten Performance Legue Tables anzuspornen.

Swenska Handelsbanken ist es also gelungen, weitgehende dezentrale Autonomie mit wenigen Führungs- und Steuerungsinstrumenten zu verbinden, die für die notwendige Konsistenz innerhalb der Organisation sorgen. Das sind im Wesentlichen die für die gesamte Bank gültigen Werte und Handlungsprinzipien, die in einer Broschüre beschrieben sind, die jedem neuen Mitarbeiter ausgehändigt wird, die durchgehende Transparenz bei den Performance-Kennzahlen, und der Managementprozess in Form eines Managementdialogs, der sich kontinuierlich durch die gesamte Organisation zieht.

Die Vorarbeit leistete der frühere Vorstandsvorsitzende Jan Wallander. Als er bei seinem Einstieg 1970 sah, wie es um die Bank bestellt war, wurde ihm klar, dass eine grundlegende Neuausrichtung erforderlich wurde. Die Bank schrieb damals rote Zahlen und hatte Ärger mit der Bankenaufsicht und litt an einem zentralistischen, alles verzögernden Verwaltungsapparat. Diesem „budget-bürokratischen Komplex", wie Wallander ihn nannte, sagte er den Kampf an und hat das budgetbasierte Management- und Steuerungssystem sowie das Zentralmarketing abgeschafft und die Managemententscheidungen weitgehend in die neuen Filial-Profit-Center dezentralisiert. Ein so radikaler Turnaround ist wohl nicht ohne eine fundamentale Krise zu schaffen. Trotzdem wurde ihm dies durch erbitterte Blockadeversuche der alten Manager noch zusätzlich erschwert. Nach knapp zwei Jahren aber war es geschafft. Zweifel an der Kontrollierbarkeit der scheinbar unübersichtlichen Vielzahl der Filialen verstummten rasch, da das Management sehr genau weiß, wie es um die Filialen steht: die Zahlen stehen, wie oben beschrieben, für alle Filialen zeitnah zur Verfügung (vergl. Schaudwet 2002).

Beispiel Boots – Flexible Steuerung ohne feste Budgets

Bei Boots Healthcare International (BHI), dem Kosmetik und- und Pharmazieableger der britischen Boots-Gruppe, gibt es keine festen operativen Pläne und Budgets und die Zentrale regiert auch nicht in die operative Maßnahmen- oder Kostenplanung hinein.

Stattdessen werden zwischen der Gruppenleitung und dem Geschäftsbereich, im Rahmen eines sogenannten Performance-Contracts, wenige Ziele zu Key Performance Indicators vereinbart, wie beispielsweise Umsatz, operatives Ergebnis, EVA und Cash Flow, mit welchen Maßnahmen, Kosten- und Ergebnisplänen BHI diese Ziele erreicht, ist Sache des Geschäftsbereichs. BHI hat sich damit zum Erreichen weniger finanzieller Zielgrößen verpflichtet, ist aber, was die entsprechenden Spartenstrategie und die operativen Maßnahmen betrifft, weitgehend autark. Damit wird eine Überregulierung vermieden, die Konzernplanung wird deutlich entfeinert, wenn nicht mehr alle Kostenarten von unten nach oben durchgeplant werden, wie das noch in vielen Unternehmen der Fall ist, und der Geschäftsbereich verfügt über deutlich mehr Freiraum um, selbstständig zu agieren, lokale Risiken zu begrenzen und Chancen zu nutzen.

Die operative Steuerung findet innerhalb des Geschäftsbereichs dezentral auf regionaler Ebene statt. Dabei arbeiten die so genannten strategischen Profit Center (SPCs) der gesamten Region – das sind die Vermarktungseinheiten auf Landesebene – teamorientiert zusammen, um das Gesamtziel zu erreichen. In der Region Nord, die Länder wie Deutschland, die Niederlande aber auch Polen umfasst, wird zu Beginn des Geschäftsjahres ein Budget erstellt, was bei BHI nichts anderes als ein erster (vorläufiger) operativer Plan darstellt, der den Performance Contract mit der Gruppe herunterbricht. Sobald die darin niedergelegten Annahmen überholt sind, also sobald sich eine neue Chance oder Bedrohung lokal auf SPC-Ebene ergibt, schiebt dies einen neuen Forecast für die Gesamtregion an. Alle SPC-Leiter erhalten die neuen Forecastzahlen und denken über Korrektur- und Anpassungsmaßnahmen nach, die sicherstellen sollen, dass die vereinbarten Ziele des Geschäftsbereichs doch noch erreicht werden können.

Die Zielerreichung wird also laufend hinterfragt, es erfolgen kontinuierlich Anpassungsmaßnahmen über die Region hinweg. Zeichnet sich beispielsweise ab, dass die jährliche Grippewelle in Polen ausbleibt, führt das zu einem neuen Forecast, der die Konsequenzen hinsichtlich Umsatz und Ergebnis der Gesamtregion des Geschäftsbereichs aufzeigt. Alle Profit Center Leiter der Region überlegen dann gemeinsam, über welche Ausgleichsoptionen das Unternehmen verfügt, um den Umsatzrückgang bei Grippemedikamenten in Polen zu kompensieren. Ein intensiver Kommunikationsprozess startet – bei Boots „Trade-Off" Prozess genannt. Soll in den Niederlanden über eine zusätzliche Fernsehwerbung der Verkauf eines neuen Produktes schneller angekurbelt werden, als ursprünglich geplant, oder sollen andere Optionen in anderen Ländern verfolgt werden? Es gibt dabei immer mehr mögliche Maßnahmen, als mit den vorhandenen Ressource realisiert werden können. Gleichzeitig sind deren länderspezifische Konsequenzen gegenüber den regionalen und kurzfristige Effekte gegenüber deren langfristigen Auswirkungen abzuwägen. Diese Trade-Offs müssen möglichst umfassend im Entscheidungsprozess berücksichtigt werden.

Der Trade-Off Prozess startet mit einem neuen Forecast, der dann in einen intensiven Management-Dialog mündet, und der schließlich mit der Entscheidung über neue Maßnahmen oder Maßnahmenanpassungen endet, beispielsweise damit, dass das Marketingbudget von Polen nach den Niederlanden transferiert wird. Dem Trade-Off Prozess bei Boots liegt die Einsicht zu Grunde, dass kein einzelner Manager mehr alle Auswirkungen möglicher Anpassungsmaßnahmen überblicken kann und so nur gemeinsam eine Entscheidung getroffen werden kann. Damit alle relevanten Aspekte berücksichtigt werden können, ist ein offener und intensiver Kommunikationsprozess erforderlich. Die Zielerreichung wird laufend hinterfragt, neu aufgetretene Chancen und Risiken hinsichtlich ihrer möglichen Auswirkungen und Eintrittswahrscheinlichkeit diskutiert, und die möglichen Anpassungen hinsichtlich ihrer Wirkung bewertet. Damit man mit diesem Management-Prozess effektiv ist und zu realistischen Ergebnissen kommt, muss natürlich von allen mit offenen Karten gespielt werden. Ein „Bunkern" von Kosten- oder Umsatzreserven wäre absolut kontraproduktiv.

Das Steuerungskonzept bei Boots erfordert damit eine sehr weitgehende Transparenz innerhalb des Geschäftsbereichs über alle Einheiten hinweg. Alle SPCs müssen deshalb nicht nur die Monats-, sondern bei Bedarf auch Tages- und Wochenzahlen offen legen.

Für die Manager als auch für die Controller bei Boots ist dies mit einem hohen Kommunikationsbedarf verbunden und erfordert die Bereitschaft, mit Dingen „im Fluss" leben zu können, als auch die Fähigkeit zur Konzentration aufs Wesentliche und Relevante. Das Ergebnis kann sich jedoch sehen lassen: Nach Ansicht von BHI sind durch die hohe Flexibilität bei der Unternehmenssteuerung die Gesamtziele der Gruppe einfacher zu erreichen, da

- ständig die Transparenz über die Gesamtregion gegeben ist,
- Reserven im Gegensatz zur traditionellen Budgetmentalität „herausgerückt" werden, wenn diese an anderer Stelle produktiver eingesetzt werden können und
- lokale „Überraschungen" nicht auftreten, die die Zielerreichung der Gruppe insgesamt gefährden können.

Fallbeispiel eines französisches Unternehmens, das die Budgetsteuerung 1999 abgeschafft hat

Der Initiator für das Abschaffen des Budgets und der Budgetsteuerung war bei dem betroffenen französischen Unternehmen, ähnlich wie bei Swenska Handelsbanken, ein neuer Vorstandsvorsitzender, der die Notwendigkeit zu einer radikalen Veränderung und strategischen Neuausrichtung des Unternehmens sah. Das Unternehmen war 1998 durch eine Abspaltung nach der Fusion des ehemaligen Mutterkonzerns mit einem anderen Unternehmen entstanden und wurde als selbständige Gruppe an die Börse gebracht. Bei der nun erforderlichen strategischen Neuausrichtung stand dem neuen Vorstandsvorsitzenden die traditionelle Budgetkultur im Wege – nicht nur um die erforderliche Aufbruchsstimmung zu erzeugen, sondern auch um die Basis für eine nachhaltige Performance des Unternehmens in der Zukunft zu schaffen.

Im Frühjahr 1999 entschied er, das Budgetsteuerungssystem abzuschaffen. Dieser Entscheidung gingen Überlegungen voraus, wie die Unternehmensgruppe zukünftig gesteuert werden soll, die ihren Ausgang in einer signifikanten Unzufriedenheit mit der bislang üblichen Budgetsteuerung nahmen. Der Hauptgrund der Unzufriedenheit mit dem Budget rührte daher, dass der Vorstandsvorsitzende und sein Stab überzeugt waren, dass die budgetbasierte Steuerung kein strategisches Change Management ermöglicht, sondern Manager nur zu inkrementellen auf den Entwicklungen der Vergangenheit basierenden Veränderungen motiviert. Die Ursache dafür sah er vor allem darin, dass die Budgets Manager in eine ausschließlich finanziellen Perspektive zwingen. Insbesondere wurden 5 Gründe gegen die Budgetsteuerung angeführt:

- Die Budgetplanung verbraucht zuviel wertvolle Ressourcen (Zeit und Personal), ist zu ineffizient und erfüllt nicht mehr die Erwartungen
- Das Budget orientiert sich an der Vergangenheit, die bei der Budgetplanung meist extrapoliert wird. Stattdessen soll man sich im Unternehmen mit der Zukunft beschäftigen, diese gestalten und die damit verbundenen Schwierigkeiten antizipieren und aktiv managen
- Das Budget ist zu starr; einmal verabschiedet, kann es nur schwierig im Laufe des Geschäftsjahres an veränderte Bedingungen angepasst werden und eignet sich so nicht für die dynamische zukunftsorientierte und „simulative" Unternehmenssteuerung
- Das Budget deckt aus der strategischen Perspektive einen zu kurzen Zeitraum ab (ein Jahr), der aber für die operative Steuerung zu lang ist. Manager werden nicht motiviert, eine langfristige Vision zu entwickeln
- Das Budget begünstigt keine Kultur „des Bruchs mit dem Bestehenden", die der Vorstandvorsitzende im Unternehmen verankern möchte und die Manager dazu motiviert, sich ambitionierte Ziele zu setzen und Bestehendes immer wieder in Frage zu stellen. Stattdessen verleitet das Budget zu Inkrementalismus und Reproduktion des Bekannten

Insbesondere wurde kritisiert, dass das traditionelle budgetbasierte Steuerungssystem des Unternehmens zu sehr auf die Zahlen fixiert war, statt den Fokus auf Aktions- und Maßnahmenpläne zu richten, die für die erfolgreiche Umsetzung der Unternehmensstrategie erforderlich sind. Aus Sicht der operativen Manager schien es so wichtiger zu sein, möglichst schnell die gewünschten Zahlen zu produzieren, statt sich mit den fundamentalen Ursachen zu beschäftigen, die diesen zugrunde liegen. Das Ziel des Projekts für die Ablösung der Budgetsteuerung war somit im Wesentlichen auch der Kampf gegen die „finanzielle Monokultur" im Unternehmen. Der Fokus im Unternehmen sollte zukünftig auf die Maßnahmen zur Strategieumsetzung gesetzt werden, statt ausschließlich auf die kurzfristigen Finanzzahlen.

Interessanterweise gab es im Management der Unternehmensgruppe keinerlei Protest gegen die geplante Abschaffung der Budgetsteuerung, obwohl man hier zunächst Opposition vermutet hatte. Lediglich auf Werksebene gab es einige leichte „Bauchschmerzen". Dies deckt sich übrigens mit einer Beobachtung des Autors: die Umsetzung und Abschaffung der Budgetsteuerung in den den marktnahen Funktionen nachgelagerten Unternehmenseinheiten, insbesondere der Fertigung, scheint mit größeren Schwierigkeiten verbunden zu sein und hier gibt es hinsichtlich der anwendbaren Konzepte noch Handlungsbedarf. Das ist auch nicht weiter verwunderlich, da die Notwendigkeit zu flexibleren Agieren „Beyond Budgeting" meist zuerst in den markt- und kundennahen Bereichen entsteht. Beyond Budgeting hat deshalb nicht zufällig seinen Ursprung vor allem im Servicebereich (z.b. bei Banken wie Swenska Handelsbanken) und bei konsumentennahen Fertigungs- und Handelsunternehmen (Boots, Ikea, Aldi). Konsequenterweise ist der nächste Schritt bei der Entwicklung und Verbreitung von Beyond Budgeting also die Einbeziehung der nachgelagerten Bereiche – insbesondere der Fertigung. In mindestens einem der Beyond Budgeting Unternehmen, das dem Autor bekannt ist, wurde im letzten Jahr genau dafür ein Projekt aufgesetzt. Es bleibt abzuwarten und spannend, was daraus wird.

Das Projekt zur Abschaffung der Budgetsteuerung im französichen Fallbeispiel wurde im Herbst 1999 offiziell angekündigt und zum 1. Januar 2000 gestartet. Das Projekt wurde durch ein Steering-Committee gesteuert, das aus den Directeurs Administrative et Financiers der damaligen Sparten, also deren Finanzchefs, dem Contrôleur de Gestion Central, dem Zentralcontroller der Gruppe, und einem Projektleiter aus dem Management zusammengesetzt war.

Seit 1999 wurde im Unternehmen kein Budget mehr erstellt. Stattdessen wurde die bislang übliche Budgetsteuerung (auf Basis von Jahresbudgets) durch einen flexiblen Steuerungsprozess ersetzt, der vor allem die Umsetzung der Unternehmensstrategie besser unterstützen sollte. Dieser gliedert sich in 3 Hauptprozesse:

- Strategische Planung (Zeithorizont: 5 Jahre)
- Maßnahmenplanung (Zeithorizont: 1-2 Jahre)
- Rolling Forecasting (über 5 Quartale)

Die Managementorganisation des Unternehmens

Die Unternehmensgruppe besteht aus ca. zwanzig einzelnen Einheiten, die als Unternehmen („entreprise") bezeichnet werden, die jeweils durch ein lokales Managementteam („Comité Directeur") geleitet werden. Die Unternehmensgruppe selbst wird durch den Konzernvorstand („Comité de Direction Génerale Groupe") gesteuert, der in die Planung und Steuerung des operativen Geschäfts der einzelnen Unternehmen eingreift, um sicherzustellen, dass die Gruppenstrategie umgesetzt und wichtige Gruppenprogramme zur Verbesserung der Gesamtproduktivität und der Führungs- und

Steuerbarkeit des Gesamtunternehmens umgesetzt werden. Die Unternehmen, also die operativen Einheiten, agieren ansonsten selbstständig und sind auch voneinander relativ unabhängig, außer was einige wenige Shared Services betrifft. Der Konzernvorstand wird bei seiner Arbeit von den Sparten unterstützt, die eine Zwischenebene darstellen. Ihre Aufgabe ist die Koordination der Aktivitäten der Unternehmen der Sparte, die Allokation von Kapital und Ressourcen auf die Einzelunternehmen und die Beurteilung der Performance. Die Bedeutung der Sparten hat seit Beginn des Projektes allerdings abgenommen, was damit zusammenhängen dürfte, dass der Vorstandvorsitzende den operativen Einheiten möglichst weitgehende Autonomie einräumen wollten und gleichzeitig aber die zentrale Steuerung auf Gruppenebene bezüglich Gesamtstrategie und der wichtigsten gruppenweiten Maßnahmen und Programme forcieren wollte. Das Projekt zur Ablösung der Budgetsteuerung umfasste alle Einheiten der Unternehmensgruppe, allerdings mit unterschiedlichen Schwerpunkten, abhängig von der Konzernebene und der Projektphase.

Strategische Planung

Das Unternehmen ist in einer reifen Branche tätig. Wachstum ist nur möglich, indem Wettbewerbern Marktanteile abgenommen werden. Technologische Durchbruchsinnovationen, die größere Wachstumssprünge erlauben würden, sind nicht mehr zu erwarten. Die Lösung kann deshalb nur in kontinuierlicher Produktinnovation (Fokus: Erhöhung des Kundennutzens) bestehen, die durch eine kontinuierliche Prozessinnovation ergänzt wird (Fokus: Produktivitätsverbesserungen). Hinzu kam, dass das Unternehmen bei seiner Ausgründung als eine Organisation mit sehr heterogenen Aktivitäten galt, die sowohl einer Reorganisation als auch einer Rationalisierung der Abläufe bedurfte. Aus dieser Notwendigkeit für eine vollständige strategische Neuausrichtung als auch für ein effektives kontinuierliches Change Management erklärt sich auch die erklärte Absicht des Vorstandsvorsitzenden, die strategische Steuerungsfähigkeit des Unternehmens zu verbessern, die sich auch in der herausgehobenen Rolle des strategischen Planungsprozesses des Unternehmens wiederspiegelt.

Die strategische Planung erfolgt rollierend, erstreckt sich über einen Zeitraum von 5 Jahren und wird jährlich aktualisiert. Der Prozess wird durch einen Orientierungsbrief des Konzernvorstandes angestoßen, in dem den operativen Einheiten die Konzernziele hinsichtlich Rentabilität und Cash Flow vorgegeben werden. Diese Ziele sind nicht verhandelbar und sollen eine Herausforderung für die Unternehmen darstellen. Um dies sicherzustellen, werden bei der Zieldefinition sowohl die Markterwartungen (beispielsweise der Investoren), die erzielten Ergebnisse der Wettbewerber (Benchmarks) und die Entwicklung der Ist-Werte der Vergangenheit herangezogen. Die Ziele werden dann auf Basis der allgemeinen Wachstums- und Rentabilitätziele der Gruppe, des individuellen Marktumfeldes und auf Basis der Wettbewerbsposition der einzelnen Unternehmen individuell je Unternehmen kalibriert. Damit soll sichergestellt werden, dass die Ziele zwar herausfordernd sind, sich aber immer noch in einem realistischen Rahmen bewegen. Diese wirtschaftlichen Ziele werden durch weitere durch die strategischen Change Management Programme der Gruppe definierten Ziele ergänzt. Aufgabe der einzelnen Unternehmen ist es dann, eine eigene Strategie unter der Berücksichtigung dieser Rahmenbedingungen zu definieren, wobei außerdem die vom Vorstand definierte Unternehmens-Mission, die strategische Vision für die Gruppe und die Unternehmenswerte („Valeurs et Esprit du Groupe") zu beachten sind.

Mission, Vision und Werte bilden die Basis für die Strategien und stellen ein wichtiges Instrument in der Gruppe dar, das Kohärenz im Wollen (Strategien) und Handeln (Steuerung) herstellen soll. Man ist davon überzeugt, dass eine gemeinsame Mission, Vision und Werte die Definition von aufeinander abgestimmten Strategien vereinfacht und den Prozess effektiver macht. Dabei werden die Mission, Vision und die Werte auf jeder Ebene im Unternehmen, beginnend mit dem Konzernvorstand, über die Spartenleitungen bis zu den einzelnen Unternehmen als erster Schritt des Strategieplanungsprozesses definiert bzw. überprüft, wobei die jeweils die durch die nächsthöhere Ebene definierten Ziele zu berücksichtigen sind. Dabei soll die Mission die Antwort auf die Frage liefern „Wofür sind wir (heute) da?". Die Vision stellt die Antwort auf die Frage dar „Wie sieht meine Einheit in 5 Jahren aus?". Und die individuell je Unternehmen ausgestaltbaren bzw. interpretierbaren Werte leiten sich aus den für die gesamte Gruppe definierten ab.

Während des Strategieplanungsprozesses werden einmal im Jahr in jeder Einheit die strategischen Wahlmöglichkeiten und Hypothesen diskutiert, die sich aus den individuellen Möglichkeiten unter Berücksichtigung der Vorgaben durch die Gruppe bzw. Sparte (wenn es sich um eine operative Unternehmenseinheit handelt) ergeben. Die Geschäftsleitung jedes Unternehmens definiert dann die strategischen Szenarien, die es diesem erlauben, die vorgegebenen Ziele zu erreichen, und bei denen es über die dazu erforderlichen Mittel und Möglichkeiten verfügt. Bestimmte Ziele werden demnach zentral definiert, während die aktions- und handlungsbestimmenden Szenarien und Strategien das Ergebnis der Entscheidungen der lokalen Akteure bleiben. Die konkreten strategischen Pläne werden somit auf der Ebene der operativen Unternehmen definiert. Dies geschieht, unter Berücksichtigung der verabschiedeten Mission, Vision und der Werte in drei Schritten:

1. Die Key Value Driver (KVD) werden durch die Mitglieder des Managementteams gemeinsam identifiziert. Diese stellen die wichtigsten Aktionshebel und Meilensteine dar, deren Erreichen dem Unternehmen die erfolgreiche Umsetzung seiner Strategie gestattet und zu dauerhaften Wettbewerbsvorteilen führt. Sie sind in ihrer Anzahl bewusst limitiert und stellen die zu erreichenden operativen Ziele dar, um dem Unternehmen die dauerhafte Wettbewerbsfähigkeit zu sichern und ihm das Erreichen der definierten Vision zu ermöglichen. Es geht also nicht darum, alles zu erfassen, also eine geschlossene Rechnung zu erstellen wie im traditionellen Budget, sondern sich auf die 20% der Variablen zu konzentrieren, die 80% des Ergebnisses und des Wertes des Unternehmens beeinflussen. Bei der Definition der KVD fließen Überlegungen zum Wettbewerbsumfeld, der internen Produktivitäts- und Prozessanalyse (Definition der kritischsten Prozesse und deren Verbesserung mit dem Ziel, den Kundennutzen zu erhöhen und die Kosten zu reduzieren), der generellen Herausforderungen für das Unternehmen, die in der ein oder anderen Weise Innovations- und Kompetenzaufbau erfordern, einer globalen Risikoanalyse und natürlich die zentral vorgegebenen Ziele, die durch die Zentrale definierten gruppenweite Maßnahmen und Programme als auch die für den Bereich HR oder Einkauf zentral definierten Rahmenbedingungen ein. Jedem KVD wird dann ein „Sponsor" im Managementteam zugeordnet.

2. Sobald die Key Value Driver definiert sind, erstellt jedes Mitglied im Managementteam eine Liste von strategischen Initiativen für den eigenen Bereich („actions stratégique" - AS) für die nächsten 5 Jahre. Während die KVD die Absicht definieren, **was** erreicht werden soll, legen die AS fest, **wie** dies erfolgen soll, also durch welche Aktivitäten und Initiativen. Die AS werden dann entsprechend ihrer Bedeutung für das Unternehmen gewichtet. Nur die 20% wichtigsten werden ausgewählt und dafür konkrete Ziele definiert.

3. Jede AS muss eine positive Auswirkung auf das Unternehmensergebnis haben. Für jede AS wird deshalb eine Planung erstellt, die die Auswirkungen in jedem Jahr des Planungshorizontes auf Umsatz, operatives Ergebnis, Cash Flow und auf gebundene Kapital ausweist. Damit wird es möglich, das Portfolio aller Initiativen hinsichtlich ihrer Auswirkungen auf das Unternehmensergebnis und der erforderlichen Ressourcen zu optimieren.

Der strategische Planungsprozess basiert damit auf einem Ansatz, der Kaplan und Nortons Balanced Scorecard Konzept sehr ähnlich ist (vergl. Kaplan/Norton 2001). Der Begriff Balanced Scorecard wurde aber im vorgestellten Unternehmen im Zusammenhang mit dem neuen Planungs-und Steuerungssystem nicht verwendet, sondern wurde regelrecht tabuisiert, da man glaubte, das dieser für die operativen Einheiten und Manager mit für sie negativen Vorstellungen verbunden ist und es so für das neue Verfahren Akzeptanzprobleme geben würde.

Maßnahmenplanung

In dieser zweiten Phase des Unternehmensplanungs- und Steuerungsprozesses geht es darum, festzulegen, welche konkreten Aufgaben und Maßnahmen in den kommenden Monaten zu erledigen sind („plans d'action"). Es werden wieder nur diejenigen ausgewählt, die die größten Auswirkungen auf Ergebnis und Wettbewerbsfähigkeit haben. Dazu müssen die Prioritäten auf der Ebene des operativen Tagesgeschäfts definiert werden. Während die strategische Planungsphase eher einem Brainstorming mit Langfristorientierung gleicht, geht es jetzt darum, die Maßnahmen systematisch und konkret über einen eher kurzfristigen Zeithorizont (1-2 Jahre) zu planen. Die aus der strategischen Planung hervorgegangenen Ziele und Initiativen werden dazu vom Managementteam auf die nächsten fünf Quartale heruntergebrochen. Dabei soll der Zusammenhang zwischen den langfristigen strategischen Zielen, den KVD, den strategischen Initiativen und den kurzfristigen Maßnahmen erhalten bleiben.

Um dies sicherzustellen, hat das Unternehmen ein Werkzeug entwickelt, das Einflussmatrix („matrice d'impact") genannt wird. Dessen Anwendung wird den operativen Einheiten empfohlen, um die Entscheidungsqualität bei der Strategieumsetzung zu verbessern. Aufgabe dieser Einflussmatrix ist es, die operativen Einheiten dabei zu unterstützen, aus den beschlossenen strategischen Initiativen kurzfristige Maßnahmenpläne abzuleiten. Dazu werden die Key Value Driver und die strategischen Initiativen, die auf der horizontalen der Matrix abgebildet werden, mit den operativen Prozessen, die zu ihrer Realisierung beizutragen haben (Vertikale) in Beziehung gesetzt (s. Abbildung 4). Diese Maßnahme, die die Rolle eines Scharniers zwischen den langfristigen Zielen und Initiativen und ihrer Umsetzung im kurzfristigen Zeithorizont spielt und die hier als erster Schritt der Maßnahmenplanung dargestellt wird, wird gegenüber den operativen Einheiten auch oft als die letzte Phase des strategischen Planungsprozesses dargestellt. Egal wie man es sieht, Tatsache ist, dass sich in der Einflussmatrix die Absicht des Unternehmens ausdrückt, auf jeden Fall sicherzustellen, dass die langfristige Vision des Unternehmens mit den kurzfristigen Maßnahmenplänen verknüpft wird und so operativ geschehen kann, was strategisch gewollt ist.

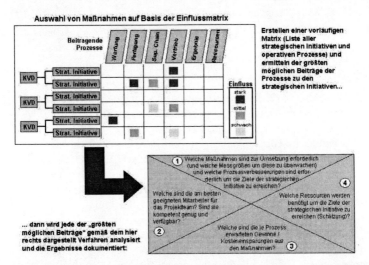

Abbildung 4: Die Einflussmatrix („matrice d'impact") zur Sicherstellung der Verzahnung von langfristig orientierten strategischen Key Value Drivern und Initiativen mit der kurzfristige Maßnahmenplanung

Mit Hilfe der Einflussmatrix versuchen die Mitglieder des lokalen Managementteams zunächst den Beitrag, den die einzelnen operativen Prozesse zur Umsetzung der strategischen Initiativen leisten können, abzuschätzen. Sobald dazu eine einheitliche Meinung und Entscheidung getroffen wurde, werden konkrete Aufgaben und Aktivitäten für die jeweiligen Prozessbereichen definiert. Mit diesem Top-Down-Vorgehen bei der operativen Planung stellt man sicher, dass die freien Ressourcen, die nicht durch das laufende Tagesgeschäft gebunden sind, und die die Manövriermasse der lokalen Geschäftsleitung für das Change Management und die Weiterentwicklung des Unternehmens darstellt, tatsächlich für die wichtigsten Aufgaben aus strategischer Sicht eingesetzt werden.

Die Einflussmatrix stellt darüber hinaus auch sicher, dass nur solche Maßnahmen in Angriff genommen werden, die auch wirklich einen Effekt im Hinblick auf die Unternehmensperformance und den Unternehmenswert haben und dass die für einen erfolgreichen Abschluss der Maßnahmen erforderlichen Ressourcen auch tatsächlich vorhanden sind (Mitarbeiter mit den entsprechenden Kompetenzen und Finanz- und Sachmittel). Damit soll vermieden werden, dass wertvolle Ressourcen auf Maßnahmen und Projekte verschwendet werden, die nur wenige Einfluss auf das Gesamtergebnis haben bzw. vorzeitig abgebrochen werden müssen, da sich erst später herausstellt, dass die erforderlichen Ressourcen für einen erfolgreichen Abschluss gar nicht vorhanden sind. Die Einflussmatrix soll vor allem dabei helfen

- sicherzustellen, dass die beschlossenen strategischen Initiativen auch umgesetzt werden
- dass diejenigen Prozesse für die Maßnahmenplane ausgewählt werden, die den meisten Effekt je Initiative erbringen
- für jeden Schlüsselprozess die entsprechenden Verbesserungsmaßnahmen zu identifizieren und die Messgrößen für die Zielerreichung aus Sicht der strategischen Initiative zu definieren
- das Projektteam für jede Initiative zu definieren
- die erforderlichen Ressourcen für jede Initiative zu ermitteln
- die beabsichtigen Effekte/Kosteneinsparungen zu ermitteln
- sicherzustellen, das die einzelnen Umsetzungsmaßnahmen miteinander konsistent sind

Um die Verbindung zwischen langfristigen Zielen und kurzfristigen Maßnahmen sicherzustellen, wird die Strategie, beginnend bei den KVD und strategischen Initiativen, systematisch in Maßnahmenpläne unter Berücksichtigung der operativen Gegebenheiten (Relevanz der operativen Prozesse für die Strategieumsetzung, Verfügbarkeit von Ressourcen) heruntergebrochen. Die Auswirkungen der Maßnahmen auf den Umsatz, das operative Ergebnis, den Cash Flow und das gebundene Kapital wird je Geschäftsjahr abgeschätzt. Für jede Maßnahme wird ein Verantwortlicher benannt, meist ein Mitglied des Managementteams. Der Maßnahmenfortschritt wird quartalsweise ermittelt, indem die Ist-Werte sowohl mit den definierten Zielen als auch mit den Vorjahreswerten verglichen werden. Die Auswirkungen auf Umsatz, operatives Ergebnis, Cash Flow und gebundenes Kapital werden außerdem für die folgenden fünf Quartale geschätzt.

Sollten größere Abweichungen projektbezogen als auch bezüglich der vergangenen bzw. der prognostizierten Ergebnisse auftreten, werden Korrekturmaßnahmen („plans d'action correctifs – PAC") aufgesetzt. Die Steuerung erfolgt damit mehrdimensional, indem sowohl die Maßnahmen inhaltlich als auch hinsichtlich ihrer finanziellen Auswirkungen betrachtet werden – und zwar in dieser Reihenfolge. Damit wird auch erreicht, dass sich der Fokus in der Unternehmenssteuerung mehr auf die Zukunft als auf die Vergangenheit richtet. Der Forecastingprozess spielt dabei eine wichtige Rolle.

Forecasting

Ziel des Forecastingprozesses ist es, die Manager des Unternehmens dazu zu animieren, zukünftige Entwicklungen im Umfeld zu antizipieren und, auf Basis der strategischen Vision des Unternehmens, darauf möglichst frühzeitig zu reagieren - bevor mögliche negative Entwicklungen ihre Auswirkung entfalten können. Es soll dabei nicht darum gehen, erfolgte Abweichungen als Anlass zu nehmen, Vergangenes zu diskutieren, sondern zu einer gemeinsamen Entscheidung zu gelangen, was unternommen werden soll, um Dinge in Zukunft zu verbessern bzw. zu verändern. Dies kann dann zu kleineren Korrekturmaßnahmen aber auch zu größeren Aktionen führen. Der Forecastingprozess vollzieht sich dabei in drei Phasen:

Von der Zentrale werden die neuesten Hypothesen bezüglich Rohstoffpreisentwicklung, Wirtschaftswachstum und Marktentwicklung, Inflation etc. an die operative Einheiten kommuniziert. Deren Finanzchefs stellen dann die Forecasts des letzten Quartals zur Verfügung. Dies umfasst die Kennzahlen, die den Fortschritt der einzelnen Maßnahmen aufzeigen, den sogenannten „fil de l'eau", das heißt die wahrscheinliche zukünftige Entwicklung der Ergebniskennzahlen, wenn keine Maßnahmen bzw. Korrekturmaßnahmen ergriffen werden und man die Dinge einfach weiter laufen lässt wie bisher.

Diese Daten werden dann im zweiten Schritt von den Mitgliedern der Managementteams und von den operativ Verantwortlichen bzw. den Verantwortlichen für die Maßnahmen in den Unternehmen analysiert und auf Basis der zu diesem Zeitpunkt bekannten Entwicklungen aktualisiert, indem auch die Auswirkungen möglicher Korrekturmaßnahmen berücksichtigt werden, mit denen sichergestellt werden soll, dass die vereinbarten Ziele doch noch erreicht werden. Vom Managementteam jedes Unternehmens werden dann die dem Gesamtforecast zugrundeliegenden Chancen und Risiken identifiziert und deren mögliche Auswirkungen auf die Ergebniskennzahlen gewichtet.

Im dritten Schritt werden schließlich die einzelnen Unternehmens-Forecasts auf Sparten- und Gruppenebenen konsolidiert, indem diese auf Basis der jeweiligen Chancen- und Risiken gewichtet werden.

Im Rahmen des Forecastprozesses werden die wirtschaftlichen Ergebnisse hinsichtlich des sogenannten „fil de l'eau" (d.h. wenn man weiter macht wie bisher – in anderen Unternehmen wird das auch „base case" oder „do nothing" genannt), hinsichtlich der Auswirkungen der geplanten Maßnahmen, und hinsichtlich der Auswirkungen der Korrekturmaßnahmen separat prognostiziert und dargestellt. Erst damit wird eine Optimierung und die Entscheidung über die Fortsetzung der Maßnahmen bzw. über Korrekturmaßnahmen möglich. Die Ermittlung erfolgt im Bottom-Up-Verfahren, indem die jeweils Verantwortlichen selbst die entsprechenden Zahlen liefern und an die jeweils höhere Ebene weiterleiten.

Das Ergebnis: Das Unternehmen hat die starre, rein finanzorientierte Budgetsteuerung erfolgreich durch ein dynamisches Performance Management ersetzt

Wenn auch die traditionelle Budgetsteuerung in dem im vorgestellten Fallbeispiel beschriebenen französischen Unternehmen abgeschafft wurde, bedeutet das nicht, dass das Unternehmen steuerlos und unkontrollierbar wurde. Vielmehr hat der Vorstandsvorsitzende die Budgetsteuerung mit ihren Mängeln, die aus seiner Sicht in einer Phase des Unternehmens, in dem dieses auf Durchbruchveränderungen angewiesen ist, untragbar geworden sind, durch ein alternatives Steuerungssystem zu ersetzen.

Bei dem neuen System geht es weniger darum, alle Vorgänge und Maßnahmen im Rahmen der Gesamtplanung immer und auf allen Ebenen gleichzeitig zu berücksichtigen, sondern sich bewusst nur auf die wesentlichen zu konzentrieren. Während im Rahmen der traditionellen Budgetplanung alle Aktivitäten und alle Aufwendungen berücksichtigt werden, unabhängig davon ob diese von strategischer Relevanz sind oder nicht, versucht man sich mit dem neuen System innerhalb der jeweiligen Perspektive nur auf das Wesentliche zu beschränken. Eine umfassende gleichzeitige Steuerung aller Faktoren wird ersetzt durch eine partielle Steuerung der Faktoren, die im jeweiligen Kontext (also abhängig von der Ebene im Unternehmen oder vom Steuerungsbereich – nämlich strategische oder operative Steuerung) die relevantesten sind und den größten Effekt auf Ergebnis und nachhaltigen Unternehmenserfolg versprechen.

Ein weiterer wichtiger Aspekt des vom Vorstandvorsitzenden initiierten Steuerungssystems „Beyond Budgeting" ist der Wechsel der Perspektive weg von der Vergangenheitsbetrachtung und hin zur Zukunftsbetrachtung und -gestaltung. Auch bei der traditionellen Budgetsteuerung ist im Rahmen der Abweichungsanalyse ein „Exception Reporting", also eine Konzentration auf das Wesentliche üblich, indem man nur die größten Abweichungen bzw. die größten Kostenblöcke beachtet. Der Unterschied ist, dass es sich dabei um eine selektive Abweichungsanalyse ex post handelt, während man im Rahmen der Beyond Budgeting Steuerung versucht, diese durch eine Abweichungs-Analyse ex ante im Rahmen der Strategieplanung, der Maßnahmenplanung und des Forecasting zu ersetzen.

Damit soll das Unternehmen in die Lage versetzt werden, die Zukunft in einem sich dynamisch verändernden Umfeld zu gestalten. Der vermeintliche Verlust der vollständigen Kontrolle, etwa über die Kosten, wird durch ein System der kontinuierlichen Analyse von KVDs, Maßnahmen und Businessplänen, der Einfluss-Matrix und der Ergebnisforecasts ersetzt, die sicherstellen sollen, das wichtige Elemente nicht übersehen werden. Das Beyond Budgeting Steuerungssystem im Fallbeispiel des französischen Unternehmens setzt also vor allem und zuerst bei der strategischen Steuerung an, und betrachtet das finanzielle Ergebnis als Produkt dieser Anstrengungen. Man versucht hinter die Zahlen zu blicken und zu greifen, weniger durch sie hindurch, wie dies bei der traditionellen Budgetsteuerung üblich ist.

Das vorgestellten Beispiels demonstriert, dass es nicht ausreicht, die strategischen Ziele eines Unternehmens zu definieren, diese herunterzubrechen und Verantwortliche zu definieren, um die Strategie des Unternehmens erfolgreich zu realisieren. Denn für eine erfolgreiche Strategieumsetzung geht es weniger darum, die Ziele selbst zu steuern und zu managen als vielmehr die zur Zielerreichung erforderlichen Maßnahmen und Aktivitäten laufend an Umfeldveränderungen anzupassen und diese über die verschiedenen Unternehmenseinheiten hinweg zu koordinieren, sowohl geschäftsseitig und inhaltlich als auch hinsichtlich ihrer Ergebnisauswirkung und Ressourceninanspruchnahme. Dies mag zunächst banal erscheinen. Tatsache ist jedoch, dass es in den meisten Unternehmen so nicht geschieht. Der Grund dafür ist darin zu suchen, dass heute zu sehr die Zahlen im Vordergrund stehen und so den Blick auf die Vorgänge, Aktivititäten und Prozesse dahinter, die ja erst die in den Zahlen abgebildeten Ergebnisse schaffen, verdecken. Will man Beyond Budgeting auf den Punkt bringen, geht es, wie die oben vorgestellten Fallbeispiele zeigen, im letzten darum, die über Jahrzehnte gewachsene Zahlenkultur in den Unternehmen in ihre Grenzen zu verweisen und die Dinge und Aktivitäten, die wirtschaftliche Produktivität erst schaffen, wieder in den Vordergrund zu rücken.

Die Umsetzung von Beyond Budgeting

Die Bandbreite der beschriebenen Beispiele von Boots, Handelsbanken und dem französischen Unternehmen zeigen deutlich, dass es das Beyond-Budgeting-Konzept, das 1:1 auf das eigene Unternehmen angewendet werden kann, nicht gibt. Jedes Unternehmen setzt eigene Akzente und Schwerpunkte – abhängig von Branche, Unternehmenskultur und individuellen Erfolgsfaktoren. Die Entwicklung eines individuellen neuen Unternehmensführungs- und -steuerungssystems muss deshalb zunächst mit einer Analyse der eigenen Stärken und Erfolgsfaktoren beginnen. Der Erfolgsfaktor von Boots, als Akteur in der konsumentenorientierten Retailbranche, liegt bei der marktnahen nachfrageabhängigen flexiblen Steuerung der Marketing- und Verkaufsaktivitäten. Swenska Handelsbanken ist als Dienstleister vor allem auf ein möglichst schnellen und selbstständiges Eingehen der Mitarbeiter auf die konkreten Kundenwünsche angewiesen. Dazu wird die erforderliche Unternehmens- und Führungskultur benötigt. Beim vorgestellten französischen Fallbeispiel steht die Steuerungsfähigkeit aus strategischer Sicht aufgrund der gegeben Marktsituation im Vordergrund (Erfordernis zur laufenden Innovation auf allen Ebenen und in allen Bereichen). Somit wird es bei der Umsetzung von Beyond Budgeting unternehmensspezifische Schwerpunkte und Vorgehensweisen geben. Viele der beschriebenen Elemente des Modells reichen allerdings weit über den Bereich des Controllers hinaus. Ein umfassender Ansatz bei der Einführung des Beyond-Budgeting-Konzepts ist ohne das Commitment des gesamten

Managementteams nicht machbar. Häufig sind zudem Personal- und Change Management Experten gefordert, aktiv zu werden.

Aus den Diskussionen des Autors mit den Mitgliedern des Beyond Budgeting Round Table und mit Vertretern von Unternehmen, die sich ernsthaft mir der Implementierung des Beyond Budgeting Modells und mit der Reform ihres Unternehmessteuerungs- und Führungssystems auf Basis der Eingangs beschriebenen Überlegungen beschäftigen, ergeben sich zwei sehr unterschiedliche Vorgehensweisen zur Umsetzung des Beyond Budgeting Modells:

Der Ansatz im Bereich Controlling und Unternehmenssteuerung. CFOs, Finanzchefs und Controller sind in der Regel die ersten im Unternehmen, die zu der Überzeugung gelangen, das das bisherige Steuerungsmodell in Zukunft nicht mehr trägt. Umfeldveränderungen geschehen immer schneller, auf der anderen Seite werden die Unternehmerorganisationen immer größer und neigen, im Rahmen der traditionellen Budgetplanung und – steuerung, zu einer deutlichen Bürokratisierung und internen „Politisierung". Interne Bürokratie und externe Anpassungsfähigkeit widersprechen sich aber. Dieser Wiederspruch schlägt als erstes bei den „Hütern des Budgets", nämlich den Controllern auf. Nach Erfahrungen des Autors, herrscht deshalb in diesem Kreis bereits ein hohes Problem-bewusstsein vor. Allerdings ist Controlling eine Stabsfunktion. Controller können nur beraten und versuchen, wenn die beschriebnen Probleme auch für Manager im Tagesgeschäft konkret und sichtbar werden, argumentativ Stellung zu beziehen und für entsprechende Reformen zu werben. Deshalb bleibt beim Controlling-getriebenen Ansatz nur der Weg, im Management immer wieder für die entsprechenden Veränderungen in der Führung zu werben und im eigenen Bereich, nämlich im Controlling, die kontinuierliche Weiterentwicklung der Tools und Verfahren in Richtung eines dynamischen Performance Management voranzutreiben.

Ein durchgreifender, fundamentaler Change Management Ansatz, der vom Top-Management, in der Regel vom CEO selbst initiiert wird. Vorraussetzung ist meist eine Unternehmenskrise (s. Beispiel Swenska Handelsbanken) oder eine grundsätzliche Neuausrichtung des Unternehmens (s. französischen Fallbeispiel oben). Ansatzpunkt ist die Vision einer Unternehmerpersönlichkeit, die die Notwendigkeit zu einem grundsätzlichen Wandel der Managementkultur und damit auch der sie prägenden Managementprozesse und –verfahren sieht. Hier gehen die Reform der Controllingverfahren und der Managementprozesse in der Regel Hand-in-Hand mit einer Reform der Unternehmenskultur, der Führungsphilosophie, der Unternehmenswerte und auch der Art, wie man Mitarbeiter und untergeordnete Manager in Zukunft führen und motivieren will.

Letztere Vorgehensweise erscheint aus der Sicht der Reformbefürworter als die vielversprechendere Vorgehensweise. Sie erfordert aber auch kurzfristig die meiste Energie und den größten Einsatz seitens des Managements und der Mitarbeiter. Ohne die Initiative des Vorstandssprechers und die Unterstützung der gesamten Geschäftsleitung wird es nicht funktionieren. Mittel- bis langfristig wird man dabei allerdings die schnellsten und grundlegendsten Veränderungen erreichen – sofern man den Bogen nicht überspannt. Dieses Vorgehen wird damit aber eher die Ausnahme darstellen.

Die meisten „Beyond Budgeting Fälle", die wir in den nächsten Jahren beobachten werden, werden deshalb eher in einer inkrementellen Verbesserung der Performance-Managementsysteme ihren Ausgang nehmen, als in einer revolutionären Umwälzung wie etwa im Fall Swenska Handelsbanken im Jahre 1970. Wenige Pioniere werden aber auch das Thema Führungssystem auf innovative Weise angehen und hier beispielhaft agieren und demonstrieren, wie die Unternehmen von morgen nicht nur gesteuert, sondern auch geführt werden.

Fazit

Auch wenn das vom BBRT beschriebene Beyond Prinzipien Modell erstmals ein geschlossenes Konzept als Alternative zum Budgetary Control Model beschreibt, findet sich kaum oder nur sehr wenige Unternehmen, die dieses Konzept bereits vollständig umgesetzt haben. Wie so häufig bei betriebswirtschaftlichen Innovationen, ist das Konzept aus der Praxis entstanden, indem einige wenige Pionierunternehmen auf ihre individuellen Anforderungen hin auf ein Problem reagiert haben, das sich inzwischen als ein allgemeines herausgestellt hat. Das Ergebnis sind sehr heterogene und unterschiedliche Fallbeispiele, von denen einige hier beschrieben wurden. Ähnlich wie in den 30er Jahren des letzten Jahrhunderts die Budgetsteuerung bei den Budgetary Control Pionieren sehr unterschiedlich umgesetzt wurde, hat es danach erst einer intensiveren Bearbeitung der Thematik durch die akademische Wissenschaft bedurft, um ein allgemein anwendbares Budgetsteuerungssystem zu entwickeln, das dann ab den 60er Jahren die Grundlage zu seiner weiten Verbreitung dargestellt hat. Der Verdienst des BBRT ist es, aus den bislang untersuchten Fallbeispielen ein Set von allgemeinen Prinzipien abzuleiten, die als Grundlage für ein systematische Vorgehen bei der Einführung und dem „Betrieb" eines neuen Unternehmenssteuerungssystems „Beyond Budgeting" dienen kann. Viel Arbeit ist hier allerdings noch zu leisten und viele Detailfragen sind noch offen. Hatten die ersten Pioniere, die als die erste Beyond Budgeting Welle bezeichnet werden können, die grundlegenden Ideen durch ein pragmatisches auf Versuch-und-Irrtum gegründetes Vorgehen entwickelt, bedarf es nun einer zweiten Welle, bei der Unternehmen die Erfahrungen der ersten Welle nutzen und versuchen systematisch ein Steuerungs- und Führungssystem "Beyond Budgeting" zu implementieren. Erst aufgrund der dann gemachten Erfahrungen dürfte die Grundlage für eine breite Anwendung geschaffen sein.

Literaturhinweise

IIOST (Institut International d'Organisation Scientifique du Travail): Conférence internationale du contrôle budgétaire, Genf 1930

Chandler, A. Jr/Deams, H. : Administrative coordination, allocation, and monitoring: a comparative analysis of the emergence of accounting and organization in the USA and Europe, in: Accounting, Organizations and Society, Band 4 (1979), Nr. 1-2, S. 3-20

Daum, J.H. (1): Neue Management Konzepte für eine neue Ära: Beyond Budgeting, in: Beyond Budgeting Information Center unter www.juergendaum.de/bb.htm, 2001-2003

Daum, J.H. (2): Intangible Assets oder die Kunst, Mehrwert zu schaffen, Bonn 2002

Daum, J.H.(3): Beyond Budgeting: Ein Management- und Controlling-Modell für nachhaltigen Unternehmenserfolg, in: Der Controlling Berater, 2002, Heft 7, S. 397-430

Hope, J; Fraser, R.: Beyond Budgeting... Breaking through the barrier to 'the third wave', in: Management Accounting, Dezember 1997, S.20.

Hope, J.; Fraser, R.: Beyond Budgeting, in: Strategic Finance, Oktober 2000 (http://www.strategicfinancemag.com/2000/10e.htm)

Hope, J.; Fraser, R.: Beyond Budgeting White Paper, CAM-I BBRT 1999, 2000, 2001, 2002

Kaplan, R.S.: The Evolution of Management Accounting, in: The Accounting Review, Band LIX (1984), Nr. 3, Juli, S. 390-418

Kaplan, R.S./Norton, D.P.: Die strategiefokusierte Organisation. Führen mit der Balanced Scorecard, Stuttgart 2001

Leroy, T.: La conference du contrôle budgétaire, in : Mon Bureau, August 1930, S. 339-340

McKinsey, J. : Budgetary Control, New York 1922

Schaudwet, C.: Ende der Planwirtschaft, in: Wirtschaftswoche, Nr. 34, 15.8.2002, S. 65-67.

Sloan, A.: My Years with General Motors, New York 1963

Taylor, F.W.: The Principles of Scientific Management, New York 1911

Ohne Budgets Managen bei Svenska Handelsbanken – Ein Interview mit Lennart Francke, CFO Svenska Handelsbanken, Stockholm[1]

Jürgen H. Daum / Lennart Francke[2]

Seit 1970 gibt es bei Svenska Handelsbanken, einer schwedische Universalbank mit Niederlassungen in ganz Skandinavien und in Großbritannien, keine Budgets mehr. Trotzdem ist die Bank eine der erfolgreichsten Banken Europas und hat alle skandinavischen Mitbewerber hinsichtlich jeder bankspezifischen wesentlichen Performancemessgröße wie Return on Equity, Cost-to-Income Ratio und Kundenzufriedenheit geschlagen – und zwar konsistent, seit über 30 Jahren. Im Interview mit Jürgen H. Daum vom Dezember 2002 erläutert Lennart Francke, Executive Vice President und Leiter der Abteilung Group Control & Accounting von Svenska Handelsbanken, den „Handelsbanken Way" und wie die Unternehmensgruppe ohne Budgets geführt und gesteuert wird.

Jürgen Daum: Herr Francke, fürchten Sie nicht, ohne Budgets die Steuerungsfähigkeit und die Kontrolle über Ihr Unternehmen zu verlieren?

Lennart Francke: Den wirtschaftlichen Erfolg in der ganzen Handelsbankengruppe möglichst gut steuern zu können, ist natürlich auch für uns absolut erforderlich. Ich würde sogar sagen, dass dies in einer so dezentralen Organisation wie der unseren noch notwendiger ist als in anderen Unternehmen. Bestandteil dieses dezentralen Organisationskonzeptes ist es deshalb, dass alle Organisationseinheiten als Profit Center definiert sind.

Dies umfasst die 560 Filialen, die regionalen Zentralen und die Serviceabteilungen der Konzernzentrale, wie Human Ressources, Rechnungswesen und Controlling, die zentrale Kreditabteilung und andere. Zudem haben wir

---

[1] Dieses Interview ist in gekürzter Form erschienen in: Zeitschrift für Controlling & Management, Sonderheft 1, Mai 2003, S. 91-93.
[2] Lennart Francke ist Executive Vice President und Leiter Group Control & Accounting bei Svenska Handelsbanken, Stockholm. Er ist seit über 20 Jahren in verschiedenen Führungspositionen bei Svenska Handelsbanken tätig, unter anderem 4 Jahre als Auslandsmanager und Mitglied des Managementteams der Regionalbank Ost-Schweden; als Leiter der Filiale Gustav Adolf Torg, Stockholm; als stellvertretender Leiter der Abteilung Corporate Finance von Handelsbanken Investment Banking; als Gebietsleiter und Mitglied des Managementteams der Regionalbank Süd-Schweden; als stellvertretender Leiter der zentralen Kreditabteilung; als Executive Vice President und Leiter der zentralen Kredit Abteilung; und, seit 2001, als Executive Vice President und Leiter der Abteilung Central Control & Accounting und damit in der Rolle des CFO.

ein gemeinsames Rechnungswesensystem für die gesamte Gruppe. Damit können wir die Erlöse und Aufwendungen aller Profit Center in der gesamten Gruppe ermitteln und überwachen. Mit einem solchen Rechnungswesen und Management-Informations-System brauchen sie kein Budgetsystem um die Steuerungsfähigkeit des Unternehmens zu gewährleisten.

Wir sehen das Fehlen von Budgets in keinster Weise als Einschränkung, die uns die Führung und Steuerung aus Managementsicht erschweren würde.

Weshalb hat Dr. Jan Wallander, der „Architekt" des Handelsbanken Management Modells von Anfang der 1970er Jahre, die Budgetsteuerung überhaupt abgeschafft?

Das Abschaffen des Budgetprozesses war nur eines der Dinge, die Herr Wallander in Angriff nahm, als die Position des Vorstandsvorsitzenden der Bank übernahm. Es war ein Teil des gesamten Konzepts, durch das er die Strategie und die Organisation dieser Bank vollständig verändert hat. Und er hatte eine Reihe guter Gründe das zu tun.

Die Bank wurde zu dieser Zeit nicht sehr gut gemanagt. Sie wies ein ziemlich schlechte Profitabilität auf und hatte eine ganze Anzahl operativer Probleme, die Ende der sechziger Jahre ans Licht traten. Dies war auch der Grund, dass der Aufsichtsrat der Bank den CEO ausgewechselt hat.

Herr Wallander brachte nicht nur seine Erfahrung als CEO einer kleineren schwedischen Provinzbank ein, sondern auch seine Erfahrungen als Wissenschaftler, die er während seiner Tätigkeit für eine Prognoseinstitut, das mit der schwedischen Wirtschaft verbunden war, gesammelt hatte. Und sowohl als Wissenschaftler als auch als ein Banken-CEO ist er zu dem Schluss gelangt, dass man für das erfolgreiche führen einer Universalbank einen anderen Ansatz benötigt, jenseits der traditionellen Methoden wie Bankorganisationen gemanagt wurden. Dies ist letztlich der Grund, weshalb er den Betrieb der Bank und wie die Bank geführt wurde komplett verändert hat.

Davor war die Bank sehr zentralistisch organisiert und er hatte sie dann vollkommen dezentralisiert. Auch wurde die Bank vorher in erster Linie aus Produktsicht, also auf Basis eines Produktmarketingkonzeptes geführt. Er führte stattdessen ein vollständig am Kunden ausgerichtetes Marketingkonzept ein – was damals revolutionär war.

Und weshalb genau wollte er keine Budgets mehr nutzen?

Herr Wallander war aufgrund seiner Erfahrungen sowohl als Bank CEO als auch als Wissenschaftler zu der Überzeugung gelangt, dass es unmöglich ist, genaue Prognosen darüber zu erstellen, was in einem komplexen kommerziellen Markt geschehen wird. Deshalb beschloss er, dass es besser ist, dies erst gar nicht zu versuchen.

Er war überzeugt, dass es besser ist, ein Unternehmen auf Basis dessen zu steuern, was in der Realität geschieht, statt auf Basis eines Budgets, das viele Monate vorher erstellt wurde und das so eher einer Fiktion gleichkommt. Wenn Sie ein Budget haben, neigen Sie dazu, sich zu sehr darauf zu konzentrieren und nicht mehr zu sehen, was in der Realität wirklich geschieht. Sie werden nicht so flexibel reagieren als ohne einen solchen detaillierten Plan. Die Budgetierung war für ihn nichts als ein unproduktiver Verhandlungsprozess und das Ergebnis ist mindestens irrelevant, wenn nicht gar ein Hindernis, um ein Unternehmen und seine Performance erfolgreich zu managen.

Denn jeder verhandelt nur um seine Zahlen. Jeder versucht zu Budgetzahlen zu gelangen, von denen man bereits vorher weiß, dass man sie übertreffen kann. Das Ergebnis ist keinesfalls eine realistische Einschätzung der zukünftigen Entwicklung, sondern ein verhandeltes Ergebnis. Es ist damit etwas Künstliches, etwas das in den meisten Fällen überhaupt nichts mit der Markt- und Geschäftsrealität zu tun hat. Deshalb sagte er, dass Budgets vollkommen überflüssig sind; er nannte es sogar ein „überflüssiges Übel".

Aber wie stellen Sie die notwendige Konsistenz sicher und wie koordinieren Sie die Aktivitäten in einer größeren Organisation wie Handelsbanken ohne ein Budgetsystem? Sich dabei nur auf das Rechnungswesen zu verlassen, dürfte wohl nicht ausreichen.

Handelsbanken ist mittlerweile eine komplexe Organisation. Es besteht so sicherlich auch bei uns die Notwendigkeit zur Koordination.

Das wichtigste Instrument, um die Konsistenz im Unternehmen und aller Aktivitäten in der Organisation sicherzustellen, ist für uns eine wohl definierte und gelebte Unternehmenskultur aufrecht zu erhalten, damit alle Mitarbeiter der Bank immer wissen, was letztlich die Ziele unserer Aktivitäten sind. Wir haben diese Unternehmenskultur in einer Broschüre mit dem Titel „Our Way" niedergeschrieben. Herr Wallander hat die erste Version vor fast 30 Jahren selbst verfasst und sie wurde seit damals ungefähr alle fünf Jahre von seinen CEO-Nachfolgern überarbeitet und aktualisiert.

Es stellt eine wichtige Basis unserer Art, wie wir die Bank managen, dar, die Unternehmenskultur und die Unternehmensziele zu erhalten wie sie in dem Büchlein "Our Way" beschrieben sind.

Können Sie uns einige dieser Ziele nennen?

Das wichtigste unserer Unternehmensziele, das für die gesamte Handelsbanken-Gruppe gilt, ist es, eine Profitabilität zu erhalten, die über dem Durchschnitt der relevanten Vergleichsgruppe anderer Banken in Skandinavien liegt. Und Profitabilität sollte – wir haben das immer schon über die gesamten dreißig vergangen Jahre gesagt – als Eigenkapitalrendite gemessen werden.

Was wir also tun ist, dass wir in jeder Periode unsere Eigenkapitalrendite mit der Eigenkapitalrendite unsere Peers, der anderen Banken in Skandinavien vergleichen. Aber es ist wichtig zu erwähnen, dass wir uns dabei kein Ziel in Form einer absoluten Eigenkapitalrendite von sagen wir 15 oder 20 Prozent setzen. Wir sagen nur dass unser Ergebnis besser als das der Peer-Group sein soll.

Und welche sind die anderen wichtigen Aspekte der Handelsbankenkultur?

Die dezentrale Organisation. Diese spiegelt sich in unserem Universalbank-Konzept wieder das mit den Account-Managern beginnt, die alle einer definierten Bankfiliale zugeordnet sind und die für die gesamte Geschäftsbeziehung mit dem Kunden zuständig sind, sowohl mit gewerblichen Großkunden, mit mittelständischen Unternehmen als auch mit Privatkunden.

Ein weiterer wichtiger Aspekt ist das ständige Bemühen um möglichst niedrige Betriebskosten, als auch eine stark ausgeprägte Kreditkultur. Wir verfolgen für die gesamte Gruppe eine einheitliche Kreditpolitik was bedeutet, dass der lokale Account Manager auch der Kreditrisiko-Verantwortliche für das Gesamtrisiko ist, das wir je mit einem einzigen Kunden eingehen.

Der Filialmanager vor Ort ist für alle Marketingaktivitäten verantwortlich. Er kann diese so gestalten wie er meint, dass es für seinen lokalen Markt und für die konkreten Kunden, die die Filiale hat, am besten ist.

Wir ermitteln auch regelmäßig die Profitabilität unserer Kunden, die Produktprofitabilität kommt erst an zweiter Stelle. Unsere Produktmanager haben nicht das Recht, Vertriebsziele für die Filialen zu definieren und den Filialleitern vorzuschreiben, welche neuen Produkte aus unserem Produktsortiment sie im kommenden Jahr zu verkaufen haben. Es ist immer die Sache des lokalen Filialmanagers zu entscheiden, welche Produkte seine Kunden wirklich benötigen und welche er folglich anbietet. Dies sind einige der wichtigsten Punkte, die unsere Unternehmenskultur ausmachen.

Und welche sind die anderen Elemente des Handelsbanken Beyond Budgeting Management Modells?

Außer unserer Unternehmenskultur, die sehr ausgeprägt und im ganzen Unternehmen bekannt und gelebt wird, ist das weitere und zweite Element die Art, wie wir Performance ermitteln und messen.

Wir ermitteln die Performance der Profit Center der Bank immer relativ. Wir vergleichen die Ist-Werte und –Ergebnisse nicht mit einem Budget, einem fixen Plan oder einem absoluten Ziel. Wir vergleichen die Ist-Ergebnisse einer Einheit immer mit den Ist-Werten einer anderen vergleichbaren Einheit. Herr Wallander legte bereits Anfang der 70er Jahre fest, dass wir die Ergebnisse der verschiedenen Bereiche unseres Bankgeschäfts mit den Ergebnissen der gleichen Bereiche anderer Banken und anderer Akteure in den Finanz- und Kapitalmärkten vergleichen, dass wir sie aber nicht mit einem Budget vergleichen werden.

Wir betreiben also jede Menge internes und externes Benchmarking im Rahmen unseres Performance Management Prozesses. Vor allem das interne Benchmarking spielt eine Schlüsselrolle im Hinblick auf das für uns so wichtige Filialnetzwerk.

Weshalb?

In unserer Bank ist das Filialnetzwerk wesentlich wichtiger als in vielen anderen Banken vergleichbarer Größe. Dies hängt damit zusammen, dass wir uns in hohem Maße auf die Account-Verantwortung, die lokale Marktverantwortung, und die Profit Center-, also Ergebnis-Verantwortung des Filialleiters verlassen. Wir dezentralisieren und delegieren ja quasi das gesamte Ertragsmanagement der Bank an unsere Filialen. Sie sind letztlich für das Gesamtergebnis der Gruppe verantwortlich, das ja in Summe in ihren lokalen Märkten erwirtschaftet wird.

Deshalb ist es für uns so wichtig, dass wir in der Lage sind, die einzelnen Filialen miteinander zu vergleichen, also internes Benchmarking zu betreiben. Auf dieser Ebene beschäftigen wir uns mit externem Benchmarking nicht, denn neben der Tatsache, dass uns keine entsprechenden Daten zur Verfügung stehen, die es uns erlauben würden, unsere Filialen mit denen anderer Banken zu vergleichen, sind diese mit denen anderer Banken auch einfach nicht direkt vergleichbar.

Und wo kommt externes Benchmarking zum Einsatz?

Das externe Benchmarking spielt bei der Evaluierung der Performance der Zentralbereiche unserer Organisation, also der zentralen Serviceabteilungen eine wichtige Rolle.

Wenn wir beispielsweise versuchen, die Performance der zentralen Rechtsabteilung zu evaluieren, dann tun wir dies immer im Vergleich mit externen Rechtsanwälten. Dann prüfen wir, ob die Preise, die die Rechtsabteilung verrechnet, denen externer Rechtsanwälte gleicher Erfahrung und Qualifikation entspricht. Wir sehen dann, ob die Rechtsabteilung in der Lage ist, ihre Kosten zu decken, in dem sie diese Marktpreise verrechnet. Das ist die Art externes Benchmarking wie wir es tun.

Können Sie uns mehr darüber berichten, wie Sie die Zentralfunktionen und ihre Ressourcen managen und steuern?

Ihre Frage führt uns zum dritten Element unseres Managementsystems: nämlich dass wir einen internen Markt für interne Dienstleistungen haben.

Wenn wir beispielsweise zu entscheiden haben, wie viele Rechtsanwälte wir in unserer Konzernrechtsabteilung benötigen, ist die Antwort auf diese Frage: so viele Rechtsanwälte wie der Rest der Organisation nachfragt. Die Rechtsabteilung muss nämlich ihre Dienstleistungen an die verschiedenen Bereiche der Organisation verkaufen, die diese benötigen.

Für jede geleistete Stunde wird ein auf Marktpreisen basierender Stundensatz verrechnet. Mit den dadurch erzielten internen Erlösen muss dann die Rechtsabteilung ihre Kosten decken. Und das Ziel für sie lautet dabei nicht etwa einen Gewinn zu erzielen oder gar zu maximieren. Ihr Ziel ist es lediglich ihre Kosten zu decken und ein Ergebnis zu erzielen das soweit als möglich Null ist. Wir erwarten von den Filialen dass sie ihren Gewinn maximieren. Aber eine zentrale interne Serviceabteilung soll nur die eigenen Kosten decken – nicht weniger, aber auch nicht mehr.

Wie wird die Bank vom oberen Management geführt? Wie ist der entsprechende Managementprozess organisiert?

Die 25 Manager des engeren Führungskreises treffen sich einmal im Monat zu einem informellen Management-Review-Meeting. Davor erhält jeder der Teilnehmer ein Informationspacket, bestehend aus einer Reihe von wichtigen Kennzahlen, die zeigen, wie sich das Geschäftsvolumen, Marktanteile etc. im letzten Monat entwickelt haben.

Dann beginnt eine Diskussion, ohne feste Agenda. Die Absicht ist, im Rahmen dieser Diskussion gemeinsam herauszufinden, wie die aktuelle Situation der Bank ist und was an Gegenmaßnahmen erforderlich ist – beispielsweise um auf Marktveränderungen zu reagieren. Das Ergebnis wird anschließend an alle Filialmanager kommuniziert.

Die dabei kommunizierten Empfehlungen des Managementteams und des CEOs sollen die Aufmerksamkeit auf Dinge lenken, die ansonsten im Tagesgeschäft der Filialen übersehen werden, die aber aus der Gesamtbank-Perspektive wichtig sind. Aber die Filialleiter sind letztendlich immer noch für die Entscheidung verantwortlich, was davon in ihrem lokalen Markt wie umzusetzen ist. Nur wenn bestimmte Schlüsselkennzahlen der Filiale aus einer festgelegten Bandbreite herauslaufen, beginnt jemand beim Filialleiter nachzufragen, was dort los ist und ob er Hilfe oder Unterstützung benötigt.

Wie misst und managt Handelsbanken die Performance auf den verschiedenen Ebenen der Bank?

Wie bereits gesagt, ist es unser Gesamtunternehmensziel, auch weiterhin eine Eigenkapitalquote zu haben, die über dem Durchschnittswert der relevanten Vergleichsgruppe anderer Banken liegt.

Deshalb ist es das Ziel jeder unserer Regionen, wir nennen diese „Regionalbanken", zu versuchen, eine Eigenkapitalrendite zu erreichen, die über der anderer Regionalbanken liegt. Das bedeutet, dass wir den Regionalbanken und auch einigen der gemeinsamen Konzerneinheiten, wie Handelsbanken Markets, Handelsbanken Asset Management und einigen der Subsidiaries wie Handelsbanken Finance, Kapital zuordnen. Wir ermitteln und messen dann deren Rendite auf das eingesetzte Kapital (Return on Capital Employed).

Aber auf der Filialebene wird kein Kapital zugeordnet und wir ermitteln und messen auch keinen Return on Capital Employed. Stattdessen verrechnen wir den Filialen Kapitalkosten. Dann ermitteln wir ihre Erträge und Gesamtkosten, wobei die Kapitalkosten Teil dieser Gesamtkosten sind. Die wichtigste Schlüsselkennzahl auf Filialebene ist deshalb die Kosten-Ertrags-Relation (Cost-to-Income Ratio).

Wir kennen von allen unserer 560 Filialen die Cost-to-Income Ratio, von jeder einzelnen. Auf diese Weise vergleichen wir unsere Filialen miteinander. Wenn eine Filiale eine deutlich höhere Cost-to-Income Ratio aufweist als andere vergleichbare Filialen, dann sagt sich die zuständige regionale Bankzentrale, dass diese Filiale nicht ausreichend „performt". Dann muss sich der verantwortliche Regionalbankmanager fragen: was ist daran falsch, wie dieser Filialmanager sein Geschäft führt? Können wir den Filialmanager irgendwie unterstützen, so dass er besser Ergebnisse erzielen kann? Oder, als ultimative Frage, müssen wir den Filialmanager austauschen?

So messen und managen wir unsere Performance. Jeden Monat vergleichen wir die Performance eines Filialmanagers mit der Performance anderer Filialmanager – aber selbstverständlich nicht mit einem Budget.

Gibt es ein Incentive System für die Filialmanager, das auf der Performance ihrer Filiale basiert?

Wenn Sie der Manager einer Filiale sind die gut performt, dann können Sie selbstverständlich erwarten, dass es für Sie leichter werden wird, innerhalb der Bank einen besseren Job, eine noch interessantere Aufgabe angeboten zu bekommen, z.B. eine größere Filiale zu managen, Bezirksleiter oder noch besser, Leiter einer Regionalbank zu werden. Es gibt also bei uns ein Incentive System, aber ohne die Filialleiter über das Gehalt zu incentivieren. Sie alle haben einfach nur ein festes Monatsgehalt.

Das Incentive System besteht also darin, dass der Manager weiß, wenn er gute Ergebnisse abliefert, dass es für ihn einfacher wird in der Bank Kariere zu machen.

Aber Sie haben ein allgemeines Bonus- oder Erfolgsbeteiligungsmodell, an dem alle Mitarbeiter teilhaben.

Das ist richtig. Und wie ich bereits gesagt habe, das Unternehmensziel ist eine Eigenkapitalrendite das die Eigenkapitalrendite unser Peer Group bei den Banken übertrifft. Und wenn wir in einem Geschäftsjahr dieses Ziel erreichen, dann greift das Erfolgsbeteiligungsmodell: ein Teil des Gewinns, der den durchschnittlichen Gewinn bzw. die Eigenkapitalrendite der definierten Vergleichsgruppe der übrigen Banken überschreitet, wird an alle Mitarbeiter ausgeschüttet.

Aber diese Ausschüttung erfolgt nicht direkt in bar. Sie erfolgt an eine Fondgesellschaft, die sich im Besitz der Mitarbeiter befindet. Die Anteile der Mitarbeiter, die durch die Ausschüttungen ständig wachsen, werden inklusive der angefallenen Überschüsse an diese mit Beginn ihres Ruhestandes ausgezahlt. Und die Gewinnanteile werden zu gleichen Teilen an alle Mitarbeitern der Bank ausgeschüttet. Wir erhalten alle den gleichen Anteil, den gleichen Betrag. Und diese Erfolgsbeteiligungsmodell hat in unserer Bank für jetzt dreißig Jahre hervorragend funktioniert.

Ich glaube aber es ist wichtig festzuhalten, dass dieses Erfolgsbeteiligungsmodell nicht wirklich als Incentive-System fungiert. Es fungiert mehr als ein Konzept das sicherstellen soll, dass alle Mitarbeiter das Gefühl haben, zur Bank zu gehören. Es ist in ihrem Interesse, dass die Bank erfolgreich arbeitet. Es ist eine Art Berechtigungssystem. Es bedeutet dass alle Mitarbeiter berechtigt sind, am Gewinn auf gleiche Weise teilzuhaben, wie die Aktionäre und andere Stakeholder am Gewinn der Bank teilhaben. Ich glaube dass dies wichtig ist, damit unsere Leute motiviert und stolz darauf sind, Mitarbeiter von Handelsbanken zu sein.

Was machen die Controller bei Handelsbanken? Was ist Ihre Aufgabe und die Ihrer eigenen Abteilung?

Ich habe drei wichtige Aufgaben. Die erste ist, dass wir in meiner Abteilung für die externe Rechnungslegung zuständig sind, also für all die Zahlen, die wir im Jahresabschluss und in den Quartalsberichten veröffentlichen. Meine Abteilung verantwortet und managed das gesamte Rechnungswesen der ganzen Gruppe.

Die zweite Rolle meiner Abteilung ist das Konzerncontrolling. Etwas zehn Personen arbeiten im Bereiche Management Control, was bedeutet dass sie interne Analysen durchführen – nicht der Filialen, aber der Regionalbanken und der gemeinsamen Konzern-Investment Center, wie die Subsidiaries und einige der Konzernbereiche wie Handelsbanken Markets[3].

Eine weitere Aufgabe besteht darin, wenn der CEO den Regionalbanken und den zentralen Investment Centern den Jahresbesuch abzustatten, ihm eine Broschüre zusammenzustellen, die aus verschiedenen Perspektiven zeigt, wie die entsprechenden Einheiten seit dem letzten Besuch performt haben – hinsichtlich Eigenkapitalrendite und anderen Schlüsselkennzahlen, aber auch bezüglich anderer operativer Aspekte. Das sind die typischen Aufgabe für das Konzerncontrolling.

Und was ist die Aufgabe der Regionalcontroller, die es ja bei Svenska Handelsbanken auch gibt?

Die Controller der Regionalbanken haben die wichtige Aufgabe die Performance der Regionalbank und aller ihrer Filialen zu überwachen und es dadurch dem Regionalmanagement zu ermöglichen, die Performance der Region zu managen.

---

[3] Handelsbanken Markets ist ein Geschäftsbereiche von Handelsbanken, der verantwortlich ist für Handelsgeschäfte in allen Skandinavischen Währungen, fixed income products and equities, investment banking services and international banking.

Sie analysieren die Performance der lokalen Filialen in ihrer Region. Und sie erstellen Listen, aus denen hervorgeht, welche Filialen am besten und welche am schlechtesten performen und dann fragen sie, was mit den Filialen im unteren Teil der Liste nicht stimmt.

Wie sieht die Verbindung zwischen der Arbeit des Konzerncontrolling und derjenigen der regionalen Controllingabteilungen aus?

Für die meisten unserer operativen Einheiten wird das Rechnungswesen durch unser zentrales Rechnungswesensystem abgewickelt – ein Prozess der hochautomatisiert ist. Die Zahlen für die Regionalbanken beispielsweise, stammen aus dem zentralen Rechnungswesensystem. Für deren Erstellung, die in unserer Verantwortung liegt, benötigen wir nicht viel Unterstützung seitens der Regionalcontroller. Das liegt daran, weil sowohl das Konzerncontrolling als auch die Regionalcontroller mit dem gleichen System arbeiten.

Aber eine zusätzliche wichtige Aufgabe bleibt für uns, nämlich die Berichte und Zahlen der Susidiaries und der Filialen um Ausland und anderer Einheiten, die nicht auf dem Rechnungswesensystem der Mutter operieren, einzusammeln und zu konsolidieren. Wir kommunizieren mit diesen Einheiten dann jedes Quartal und für bestimmte Bereiche auch monatlich, um die entsprechenden Zahlen zu beschaffen.

Benötigen Sie als ein Unternehmen, das auf andere Art gemanagt wird als die meisten übrigen Unternehmen, andere Kompetenzen von Controllern und Finanzexperten?

Wir benötigen für unsere Controllingaktivitäten in dieser Bank die gleiche Art Kompetenz bei Rechnungswesenexperten und bei neuen Mitarbeitern, die in einer unserer Controllingabteilungen anfangen, wie sie auch in anderen Unternehmen benötigen werden.

Der einzige Unterschied besteht darin, dass die Menschen, die bei uns anfangen, nichts mit einem Budget oder Budgetierungsprozess zu tun haben werden. Diese Art von Aufgaben fällen in unserer Controllingabteilung nicht an. Wir tun es nämlich einfach nicht. Und wir sparen eine enorme Menge an Arbeitszeit indem wir nicht budgetieren. Im Endeffekt bedeutet dies, dass unsere Controller viel mehr Zeit darauf verwenden können, die wahre Performance zu analysieren, indem die aktuelle Performance mit der des letzten Jahres oder mit der anderer vergleichbarer Einheiten verglichen wird.

Und das ist eine Vollzeitaufgabe für einen Controller, herauszufinden wo die starken Seiten und wo die schwachen Seiten der verschiedenen Einheiten in unserer Organisation liegen. Und sie müssen gute Rechnungswesenkenntnisse haben, um das herauszufinden. Deshalb glaube ich, dass die Fähigkeiten und Kompetenzen die Controller bei uns haben müssen sich im wesentlichen nicht von anderen Unternehmen unterscheiden.

Die meisten Unternehmen budgetieren noch. Was sollten Unternehmen tun, die nun zu einem Managementsystem „Beyond Budgeting" wechseln möchte, so wie das Handelbanken getan hat?

Managen ohne Budgets hat in unserer Bank von Beginn an funktioniert. Wir haben das Budget nicht einmal im ersten Jahr vermisst, weil die neue Art der Performancemessung und des Benchmarkings so viel besser war im Vergleich zu dem, wie wir vorher gearbeitet haben. Deshalb haben wir von Anfang an das Budget eigentlich nie vermisst. Wir haben nie gesagt: schade, dass wir kein Budget haben mit dem wir uns vergleichen können. Im Gegenteil, wir waren glücklich, kein Budget zu haben, von Beginn an.

Ich glaube also, dass es im Allgemeinen nicht besonders schwierig ist, das Budget abzuschaffen. Sie müssen nur die Entscheidung wagen.

Sie sehen also kein größere Herausforderung beim Übergang?

Doch, ich denke es gibt aber eine größere Herausforderung dabei. Und die besteht darin, dass Sie sich auf Leute verlassen müssen, wenn sie eine dezentrale Organisation erfolgreich führen wollen. Das wirklich Schwierige ist, eine Organisation tatsächlich zu dezentralisieren und „los zu lassen" und sich selbst – als Top-Management – zu sagen: wenn wir gute Leute dort draußen haben und sie wissen, welches die Unternehmensziele sind und sie über die Werkzeuge für eine gute Geschäftsführung verfügen, und sie auch wissen, dass wir ihre Performance auf realistische Weise messen, nämlich indem wir diese mit anderen vergleichbaren Einheiten vergleichen, dann werden sie einen guten Job machen.

Und wenn sie dann eine solche dezentrale, von Selbstverantwortung geprägte Profit Center Organisation haben, dann benötigen sie sicherlich kein Budget mehr.

Sie meinen also, dass die größte Herausforderung darin besteht, Vertrauen in die Organisation und in die Menschen darin zu haben?

Das ist richtig. Das ist die größte Herausforderung. Die größte Herausforderung ist nicht, die richtigen Performance Management- und Controlling-Werkzeuge zu finden. Die größte Herausforderung ist, auf einer Vertrauensbasis im Unternehmen arbeiten zu können. Und die Leute müssen wissen, welches die Unternehmensziele sind und was zu tun ist.

Herr Francke, vielen Dank für das interessante Gespräch.

Beyond Budgeting bei Borealis: Interview mit Thomas Boesen, Co-Architekt des Borealis Beyond Budgeting Steuerungssystems

Jürgen H. Daum / Thomas Boesen[1]

Borealis, mit Konzernsitz in Kongens Lyngby bei Kopenhagen in Dänemark, ist mit einem Umsatz von 3,7 Milliarden Euro (in 2000) und 5200 Mitarbeitern einer der führenden Polyolefinplastik-Hersteller Europas und die Nummer sechs weltweit. Das Unternehmen produziert Plastikmaterialien (Polyethylen, Polypropylen), die man in tausenden von Alltagsprodukten finden kann - von Plastiktüten, Saftflaschen und Wasserrohren, bis zu Armaturenbrettern in Autos und Stromkabeln. Daneben werden Petrochemikalien produziert (Ethylen, Propylen, Phenole & Aromate). Man versteht sich selbst als Polyolefinunternehmen mit integrierter Cracker- und Polymerproduktion.

Das Unternehmen operiert damit in einer Branche, die starken Schwankungen in ihrer wirtschaftlichen Entwicklung unterworfen ist. Das Geschäft ist sehr zyklisch. Besonders hat man mit sich dauernd verändernden Rohstoff- und Fertigproduktpreisen zu kämpfen. Zudem ist das Unternehmen zu laufender Innovation gezwungen, um in einem reifen Markt, der von „Commodities" dominiert wird, im Wettbewerb bestehen zu können. Das Unternehmen hat seinen Fertigungsschwerpunkt in Europa, unterhält aber auch eine Produktionsstätte in den USA, betreibt zudem Joint-Ventures in Singapur, Brasilien und Abu Dhabi und verfügt über ein weltweites Vertriebsnetz.

Borealis ist 1994 durch die Fusion der Petrochemiesparten zweier skandinavischer Ölunternehmen entstanden: Statoil in Norwegen und Neste in Finnland. Die heutigen Eigentümer sind Statoil (50%), die österreichische OMV (25%) und die International Petroleum Investment Corporation (IPIC) mit Sitz in Abu Dhabi (25%). Direkt nach der Fusion hatte man ein Budget für die neue Organisation erstellt und festgestellt, dass dieses bereits nach wenigen Wochen von der Realität im volatilen Petrochemie-Geschäft überholt war. 1995 hat man deshalb beschlossen, die traditionelle

---

[1] Thomas Boesen ist Manager Business Planning and Investments in der Konzernzentrale bei Kopenhagen, Dänemark. Als Mitglied eines Teams, das von Bjartes Bogsnes, damals Vice President Corporate Control, geleitet wurde, hatte er 1995 das Borealis „Beyond Budgeting"-Steuerungssystem mitentwickelt..

Budgetplanung durch ein geeigneteres alternatives Steuerungssystem zu ersetzen und hat dieses über die letzten Jahre verfeinert.

Thomas Boesen ist Manager Business Planning und Investments in der Konzernzentrale bei Kopenhagen, Dänemark. Als Mitglied eines Teams, das von Bjartes Bogsnes, damals Vice President Corporate Control, geleitet wurde, hatte er 1995 ein alternatives Set an „Beyond Budgeting"-Steuerungsmechanismen mitentwickelt. Im folgenden Gespräch, das im Juni 2003 statt fand, wollte ich mehr darüber erfahren, weshalb man 1995 das Budget abgeschafft und wie man bei der Entwicklung und Implementierung des alternativen Steuerungssystems vorgegangen ist.

Jürgen Daum: Borealis gilt als einer der Pioniere von Beyond Budgeting und hat 1995 das Budget abgeschafft. Was war das Problem mit der traditionellen Budgetierung und weshalb hat Borealis damals die Budgetierung abgeschafft?

Thomas Boesen: Wenn wir über das Budget und das Abschaffen des Budgets sprechen ist es wichtig zunächst zu definieren, welches der Zweck das Budget für ein bestimmtes Unternehmen erfüllt. Und das gilt allgemein. Es ist wichtig zu definieren, nach was für einem Nutzen Sie im Hinblick auf ein Management-Werkzeug oder –prozess suchen, um eine Entscheidung treffen zu können, ob dieses verändert oder durch etwas anderes ersetzt werden muss.

Beim Budget ist das etwas komplizierter, da man normalerweise das Budget bzw. seinen Zweck nicht in Frage stellt. Das liegt daran, dass wir so sehr an dieses gewöhnt sind. Es ist ein Werkzeug, das keiner im Unternehmen selber ausgewählt hat, noch muss es nachweisen, dass es seinen Zweck erfüllt. Es wurde für sie ausgewählt. Budgets zu verwenden ist etwas, das Unternehmen immer schon getan haben. Und als Ergebnis, weil wir uns so daran gewöhnt haben, stellen viele Unternehmen es nicht mehr in Frage und fragen auch nicht, was der Zweck eines Budgets ist.

Wenn sie das aber fragen würden, dann würden sie wahrscheinlich antworten, dass der Zweck darin besteht, einen Finanzplan zu erstellen, die Kosten zu im Griff zu behalten, und sich Ziele zu setzen. Und wenn Sie dann darüber nachdenken, wie gut das Budget für diese Ziele oder Aufgaben geeignet ist, werden Sie feststellen, dass es nicht gut dafür geeignet ist und dass es heute nicht das richtige Werkzeug für Unternehmen ist, um ihr Geschäft erfolgreich zu managen.

Weshalb?

Es gibt eine ganze Reihe von Gründen. Lassen Sie uns mit der Inflexibilität des Budgets beginnen. Nachdem Borealis 1994 gegründet wurde, hatten wir ein große erste gemeinsame Budgetrunde im neunen Unternehmen. Und als dann das Budget fertig und genehmigt war, haben wir festgestellt, dass sich die Annahmen und Bedingungen, unter denen wir das Budget erstellt hatten, sehr schnell verändert haben. Das Budget war nach nur wenigen Wochen im neuen Jahr bereits überholt. Der ganze Aufwand, den wir in die Erstellung des Budgets gesteckt hatten, war umsonst und hatte keinen Wert für uns geschaffen. Stattdessen ist das Ergebnis unserer Arbeit sehr schnell im Regal gelandet – ungenutzt. Das Budget war nach einer sehr kurzen Zeitspanne als Management-Werkzeug unbrauchbar geworden. Diese Erfahrung war für uns der Startpunkt, um das Budget grundsätzlich zu hinterfragen. Und wir hatten den Vorteil, als neues Unternehmen, dabei wirklich „out of the box" zu denken. Wir haben uns gefragt: was können wir anders machen? Wie sollen wir steuern, wie sollen wir Controlling in einem Umfeld wie dem unseren betreiben, das sich so schnell verändert?

Und wie genau kam es zu der Entscheidung die Budgetierung abzuschaffen?

Nach dieser ersten und gescheiterten Budetierungserfahrung haben wir entschieden, dass wir etwas verändern müssen und haben uns hin gesetzt und uns überlegt, wofür wir eigentlich das Budget verwenden, was der Zweck ist. Wir benutzten das Budget für die Finanzplanung und zur Kostenkontrolle und -steuerung, aber auch, um Performance-Ziele zu definieren.

Und wir stellten fest, dass das ein Wiederspruch in sich selbst ist. In der Finanzplanung versuchen Sie mit sich selbst so ehrlich wie möglich zu sein in Bezug auf das, was wahrscheinlich geschehen wird, so dass Sie die Cash Flows so genau wie möglich planen können. Andererseits wollen Sie bei der Zieldefinition so ambitioniert wie möglich sein, man soll auch ein paar Risiken dabei eingehen, die Ziele sollen „streched Targets" sein. Das ist ganz klar ein Wiederspruch und mit dem Budget und es wird keiner dieser Zwecke effektiv bedient: Ihre Forecasts tendieren dazu ungenau zu sein, da Manager motiviert sind, die Zahlen zu manipulieren, die ja gleichzeitig dazu dienen, ihren Zielerreichungsgrad zu messen. Aus diesem Grund wird es sehr schwierig sein, ehrliche Forecasts und Ziele, die wirklich ambitioniert sind, zu erhalten.

Manager werden immer versuchen für sich die niedrigsten Ziele zu verhandeln, die sie bekommen können. Und wir stellen fest, dass das Budget auch für die Kostenkontrolle nicht das richtige Werkzeug ist. Es kann wohl eine effektive Obergrenze für Kosten schaffen – und selbst dies ist aufgrund des „Gaming" im Budgetierungsprozess fraglich – aber es schafft auch eine Untergrenze. Denn das bereits existierende Kostenniveau wird beim Budgetierungsprozess nicht mehr hinterfragt. Man schaut gewöhnlich auf die Kosten des Vorjahrs, und das ist dann Ihr Startpunkt für das Budget des Folgejahres. Und sobald die Leute dann ein Budget haben, versuchen Sie dieses auch auszugeben, da sie wissen, dass nur die tatsächlich angefallenen Kosten die Basis für die nächste Budgetrunde darstellt, wenn sie wieder versuchen werden Ressourcen zu bekommen.

Und wie ich bereits gesagt habe, das Jahresbudget war zu unflexibel für unser Umfeld. Einmal im Jahr zu planen und dann Ressourcen und Ziele im voraus für 12 Monate zuzuteilen bzw. herunterzubrechen und zu fixieren, ist nicht der richtige Weg ein Unternehmen in einem hochvolatilen und dynamischen Markt wie das unsere zu managen (siehe Abbildung 1).

Wir glaubten stattdessen, dass es besser ist, sich mit den Finanzen, der Ressourcenzuteilung und den Resourcenverbräuchen auch während des Jahres zu beschäftigen, statt dies nur einmal im Jahr während der Budgetrunde zu tun. Wir waren auch überzeugt, dass aus dem gleichen Grund eine Abweichungsanalyse der Ist-Performance gegen ein Budget nicht viel Sinn macht. Was kann Ihnen eine Abweichung der Ist-Performance gegen ein Budget wirklich sagen, wenn Sie die Budgetzahlen mehrere Monate vorher erstellt haben und diese Zahlen zum Zeitpunkt der Abweichungsanalyse bereits überholt sind?

Wir dachten also dass es besser wäre die Ist-Zahlen mit etwas anderem als einem Budget zu vergleichen, zum Beispiel mit der letzten Periode, mit derselben Periode des Vorjahres, mit einem gleitenden Durchschnitt des Quartals oder des Jahres oder noch besser, mit dem Wettbewerb, sofern Benchmarkdaten vorhanden sind. Und diese Art von Überlegungen haben uns schließlich zu der Entscheidung veranlasst, die Budgetierung abzuschaffen.

Petrochemical Industry Profitability Index in W Europe

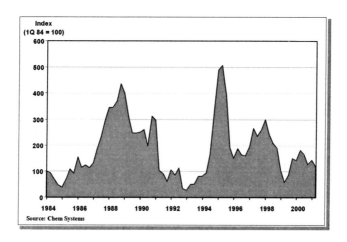

Abbildung 1: Petrochemical Industry Profitability Index für West-Europa – ein deutlicher Indikator für die Volatilität des Geschäftsumfeldes von Borealis[2]

Das Abschaffen der Budgetierung, also eines Prozesses, den Controller und Manager von beiden Vor-Unternehmen ihr ganzes Berufsleben lang gewohnt waren, war doch wohl ein ziemlich radikaler Schritt. Wie war dies möglich?

Wir hatten dafür eine ziemlich einmalige Gelegenheit im Jahr 1994, als das Unternehmen durch eine Fusion gegründet wurde. Als die beiden Unternehmen zusammen kamen, habe wir uns sowieso alle Prozesse und Systeme der beiden Unternehmen angesehen, um ein einziges gemeinsames neues Verfahren zu definieren, wie wir die Dinge in Zukunft handhaben wollen. Einer unserer bei der Gründung definierten Werte war „ein Unternehmen zu schaffen, das neu, anders und besser sein sollte". Uns wurde klar, dass die Fusion eine einzigartige Gelegenheit darstellte, eine neue Kultur

---

[2] Quelle: Vortrag von Thomas Boesen „Beyond Budgeting at Borealis – Sharing 7 Years of Experience" beim First Annual Beyond Budgeting Summit, 1-2 Juli 2003, London/UK UK (siehe auch den Bericht des Autors über den Summit unter http://www.juergendaum.com/news/07_04_2003.htm

und eine neue Art zu entwickeln, das Unternehmen zu managen. Wie ich vorher gesagt habe hat uns das in die Lage versetzt, wirklich „Out-of-the box" zu denken und die Dinge auf andere Weise als bislang üblich anzugehen. Dieses Klima an Willen zur Veränderung war ein wichtiger Wegbereiter für die Transformation weg vom Budget- und hin zu einem Beyond Budgeting-Ansatz für die Steuerung und das Controlling unseres Geschäfts.

Und wie sind Sie beim Design, der Entwicklung und Implementierung des alternativen Management Modells "Beyond Budgeting" vorgegangen?

Wie gesagt war der erste Schritt, klar für unser Unternehmen und unser Geschäft die verschiedenen Zwecke zu definieren, denen das Budget gedient hat. Wir stellten fest, dass wir ein Budget hatten, weil wir eine aggregierte Finanz- und Steuerplanung machen. Wir hatten ein Budget, um Ziele zu definieren und die Performance entsprechend zu managen. Wir hatten Budgets, weil wir glaubten, damit unsere Fixkosten steuern und kontrollieren zu können. Und wir wollten damit Verantwortung an die entsprechenden Manager auf den untergeordneten Ebenen delegieren.

Dann sagten wir, nun, wenn wir kein Budget mehr hätten, wie würden wir dann diese verschiedenen Zwecken gerecht werden? Wir schauten uns dann jeden einzelnen an und fragten uns: welche Werkzeuge, Prozesse oder Prinzipien können wir anstatt des Budgets nutzen, so dass wir in der Lage sind, diese Ziele ohne Budget zu erreichen?

Und was haben Sie als Ersatz für das Budget implementiert?

Für die aggregierte Finanz- und Steuerplanung haben wir uns entschieden, statt des Budgets, Rolling Forecasts zu verwenden. Für das Festlegen von Zielen und für das Performance Management haben wir die Balance Scorecard implementiert. Für das Controlling der Fix-/Gemeinkosten, haben wir das Budget durch Trendreporting ersetzt, das am Anfang auf einem Prozesskostenansatz basierte, später dann auf Benchmarking. Und für die Priorisierung und die Freigabe von Investitionsprojekten haben wir einen neuen, flexibleren Ansatz eingeführt. Was wir also letztlich getan haben ist, dass wir für jeden der Zwecke, die das Budget als ein einziges Werkzeug erfüllte, ein separates Werkzeug eingeführt haben. Statt alles in ein einziges Packet zu packen – das Budget, das sich als zu ineffektiv erwies, haben wir das Budget in vier neue Instrumente aufgebrochen, die jedes für seinen Bereich die beschriebenen Zwecke besser erfüllt als das Budget (siehe Abbildung 2).

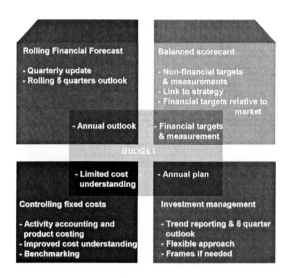

Abbildung 2: Die vier neuen Werkzeuge, die das Budget bei Borealis ersetzt haben – die Grundpfeiler des Borealis Beyond Budgeting Modells[3]

Können Sie uns mehr über diese neuen Werkzeuge erzählen?

Einer der kritischsten Punkte für uns war, das Forecasting von der Zieldefinition bzw. der Performance-Beurteilung zu trennen. Zusätzlich folgte nun das Forecasting nicht mehr der Management-Struktur, sondern der Legalstruktur der Organisation. So sind die Leute, die für die Zielerreichung verantwortlich sind, nicht mehr dieselben, die die Forecasts abzugeben haben. Die Forecasts haben keinen Einfluss mehr auf die Management-Vergütung und so besteht wenig Anreiz, das System auszutricksen. Dies hat uns mehr Objektivität im Finanzforecasting gebracht.

Ein weiteres wichtiges Ziel für den neuen Ansatz im Finanzforecasting war es, das Ergebnis relevanter und aktueller zu machen. Deshalb sind wir zu einem rollierenden Ansatz übergegangen, statt diese Übung nur einmal im

---

[3] Quelle: Vortrag von Thomas Boesen „Beyond Budgeting at Borealis – Sharing 7 Years of Experience" beim First Annual Beyond Budgeting Summit, 1-2 Juli 2003, London/UK (siehe auch den Bericht des Autors über den Summit unter http://www.juergendaum.com/news/07_04_2003.htm.

Jahr zu machen. Dies hat es uns erlaubt, unsere Finanz- und Steuerpläne an neue Geschäftsbedingungen in kürzeren Abständen anzupassen. Außerdem haben wir versucht, den Prozess zu vereinfachen. Wir hatten uns entschieden, uns im Forecasting uns nur auf die Dinge zu konzentrieren, die wirklich relevant sind und zu viele Details zu vermeiden. Das beschleunigt den Prozess, macht diesen effizienter und bringt dabei genauere Ergebnisse, die zwar weniger detailliert sind – aber es ist ja letztlich der Gesamttrend der zählt.

Wie funktioniert der Financial Rolling Forecast in der Praxis? Wie muss man sich dies vorstellen?

Beim Entwurf des Financial Forecasting Prozesses haben wir die Schlüssel-Treibergrößen für unser Finanzzahlen identifiziert. Der Forecasting-Prozess konzentriert sich nun auf diese Treiber und vermeidet es so, zu viele Ressourcen für das Forecasting der Details zu binden. Denn wir haben festgestellt, dass wir nicht alle Details benötigen, die bei der Budgetierung üblich sind.

Am Anfang dachten wir, dass mehr Details uns mehr Komfort verschaffen, dass also genauere Forecasts entstehen würden. Stattdessen tendiert man aber dazu, sich im Detail zu verlieren. Zu viele Details verwirren. Man konzentriert sich nicht mehr auf die Schlüsseltreiber, wenn man zu detailliert wird. Deshalb haben wir dann auf Details verzichtet indem und haben uns auf die wichtigsten Treiber der Finanzperformance konzentriert.

Dazu mussten wir die richtigen Leute identifizieren, die die relevanten Treiberdaten liefern konnten, wie zum Beispiel Marktpreise, Kosten, Mengen und Lagerbestände. Unser Ziel war, genauere und ehrlichere Forecasts zu bekommen. Dies hat uns, wie gesagt, gezwungen, die Leute, die Forecasts-Daten liefern, von denen zu trennen, die verantwortlich für das Erreichen vereinbarter Ziele sind.

Wir bekommen jetzt Schlüsseltreiber-Daten für die Finanzperformance von wenigen ausgewählten Experten aus dem Business. Ihre wesentliche Kompetenz besteht darin, einen Forecast für ihre individuelles Element abzuliefern. Zum Beispiel bekommen wir Informationen über Preisentwicklungen von einer Business-Intelligence-Gruppe in der Zentrale. Dort hat man sowieso die aktuellste Sicht auf die Preise im Markt und ihre höchstwahrscheinliche Entwicklung zu einem bestimmten Zeitpunkt.

Wir bekommen eine Aktualisierung hinsichtlich Informationen zu Währungskursen, Inflationsraten und Darlehn von Corporate Finance. Unsere Operations-Planer haben eine sehr gute Sicht auf die aktuellen und zukünftig möglichen Lagerbestände, auf die Lagerbestände im Markt, wie sich der Bedarf entwickeln wird usw.. Von unseren Fertigungsstandorten erhalten wir aktualisierte Daten zu Abschreibungen und Fix-/Gemeinkosten.

Aber die wichtigsten Informationen für den Rolling Financial Forecast sind Informationen zu Veränderungen von Mengen und natürlich von Preisen – sowohl von Rohmaterial als auch Fertigprodukten. Diese Elemente sind diejenigen, die letztlich wirklich die Veränderung unserer zukünftigen Finanzperformance treiben. Deshalb konzentrieren wir uns auf diese und verwenden Kalkulationsmodelle, bei denen die Input-Parameter diese wenigen Schlüsseltreiberdaten sind. Das beschleunigt den Prozess und mit nur wenigen involvierten Personen wird er einfacher, denn man geht direkt zu den Experten und vermeidet all irrelevanten Details. Um unsere Rolling Financial Forecasts zu erstellen, nutzen wir die objektivsten Informationen, die wir in der Organisation finden können und wir haben den Prozess so weitgehend vereinfacht.

Wie oft erstellen Sie Rolling Financial Forecasts?

Wir aktualisieren die Forecasts vierteljährlich und schauen dabei fünf Quartale in die Zukunft, so dass wir immer gut ein Jahr im voraus sehen. Wir erstellen manchmal Forecasts auch öfter, nämlich wenn wir sehen, dass es Veränderungen bei den Schlüsseltreibergrößen gibt. Dann erstellen wir einen Forecast außerhalb des normalen Zyklus. Der Standard ist, fünf Quartale in die Zukunft zu schauen, aber manchmal schauen wir auch acht Quartale in die Zukunft, abhängig vom Zweck des neuen Forecasts. Wir verwenden sehr wenige Ressourcen um unsere Rolling Financial Forecasts zu erstellen. Vor einigen Jahren habe ich das selbst gemacht. Ich habe die ganzen Daten konsolidiert und habe nur einige Tage gebraucht, vielleicht zwei, um alles fertig zu stellen.

Lassen Sie uns nun auf den Zielsetzung- und Performance Management Prozess zurück kommen. Sie erwähnten, dass sie dafür den Balanced Scorecard Ansatz verwenden. Wie funktioniert das und wie steht dies mit den übrigen Werkzeugen in Beziehung?

Separat vom Financial Forecasting Prozess wurde die Balance Scorecard eingeführt, um unser Performance Management zu verbessern und zu erweitern. Wir wollten den Performance Management Horizont über die Finanzzahlen hinaus für die Leute erweitern, die die Geschäftsperformance wesentlich vorantreiben.

Mitarbeiterbefragungen haben uns gezeigt, das Fabrikarbeiter Probleme hatten, die Unternehmensstrategie zu verstehen und ihre eigenen Anstrengungen und Aktivitäten damit in Beziehung zu setzen. Der CEO besuchte vielleicht ein Werk und erzählt von unserer Wachstumsstrategie und unserer innovativen Technologie, aber wir waren nicht in der Lage, diese Ziele in etwas zu übersetzen, das für die Arbeiter Sinn machte. Dies veranlasste uns, uns mit dem Balanced Scorecard Konzept zu beschäftigen, um den Mitarbeitern ihr eigenes Set an Zielen geben zu können, das aber mit der Unternehmensstrategie im Einklang steht. Als ersten Schritt im Prozess der Implementierung der Balanced Scorecard haben wir die Schlüssel-Ziele für die Gesamtorganisation identifiziert. Der Vorstand hat diese dann freigegeben. Danach haben wir diese Ziele in die Organisation heruntergebrochen – die Ziele selbst, nicht die Messgrößen in Form der Key Performance Indicators (KPIs).

Der Grund war, dass die Ziele mehr Hintergrundinformationen sowohl für die Kommunikation als auch für die Erklärung liefern, was es genau ist, was wir zu erreichen versuchen. Denn wenn wir nur KPI-Messgrößen runterbrechen, würden wir einen wichtigen Teil des Prozesses auslassen: nämlich die strategische Kommunikation. Auf Basis der verschiedenen Konzernziele mussten nun die verschiedenen Einheiten diese Konzernziele interpretieren und artikulieren – entsprechend der Relevanz für ihren spezifischen Bereich. Basierend auf den Konzernzielen als Rahmen, mussten sie nun ihre eigenen Ziele definieren. Sobald die Ziele der jeweiligen Einheit klar sind, folgt die Auswahl der KPIs, wobei auf solche KPIs fokussiert wird, die für den jeweiligen Bereich relevant sind und die den richtigen Fokus auf die Zielerreichung setzen.

Und wie werden nun die Forecasts und die Scorecard im Rahmen des Management Prozesses verwendet?

Nun, sie können es so sehen, dass die Balanced Scorecard das Schlüssel Performance Management- und Kommunikations-Werkzeug zwischen einem Manager und seinem oder ihrem Vorgesetzten ist. Ein Manager genehmigt die Balance Scorecard seiner direkten Mitarbeiter. Und das ist der Management-Vertrag mit ihnen. Danach gibt es vierteljährliche Meetings mit ihnen, um die Performance zu verfolgen. Der Manager möchte sehen, wie es voran geht mit dem Erreichen der Ziele, die in der Balanced Scorecard definiert wurden. Sowohl hinsichtlich des aktuellen Standes, der Vorschau und hinsichtlich der Aktivitäten, die die Mitarbeiter unternehmen, um ihre Ziele zu erreichen.

Ist das Anreizsystem an die Balanced Scorecard gekoppelt?

Ja. Aber zu Beginn galt dies nur für wenige Top Manager. Später haben wir dies an mehr Manager in der Organisation rausgerollt – Incentives basierend auf der Balanced Scorecard. Als wir dies getan haben, haben wir festgestellt, dass es einige Vorteile bringt, aber gleichzeitig auch Nachteile.

Es ist eine gute Sache, weil Sie eine einheitliche Ausrichtung in der Organisation erhalten. Incentives werden über die gesamte Organisation hinweg mit der Unternehmensstrategie verknüpft. Der Nachteil ist, dass sie einen anderen fixen Performance-Vertrag erhalten, genau wie das Budget einer war. Boni werden immer noch jährlich ausbezahlt, was bedeutet, dass sie die Balanced Scorecard, genau wie vorher das Budget, für ein ganzes Jahr fixieren, was nicht gut ist. Idealerweise sollte sie flexibler sein, um als effektives Management-Werkzeug in einem so dynamischen Umfeld wie dem unseren dienen zu können. Wir denken laufend darüber nach, wie wir unsere Werkzeuge und Konzepte verbessern können. Wir haben die Balanced Scorecard nun sieben Jahr im Einsatz und wir entwickeln ihre Anwendung immer weiter.

Und wie behalten Sie die Fix/-Gemeinkosten im Griff?

Obwohl das wie ein Wiederspruch klingt, über Kostenmanagement ohne ein Budgets zu sprechen, ist es genau das, was wir vor hatten: die Kosten auf Basis von 12-monatigen gleitenden Druchschnittswerten auf Basis von Prozesskosten zu verfolgen, statt auf Basis eines Budgets. Indem die Kosten auf Basis von Aktivitäten bzw. Prozessen verfolgt wurden, statt auf Basis von Budgetzeilen, konnten wir eine wesentliche besseres Verständnis des Geschäfts entwickeln. Als wir das Activity Based Management (ABM) eingeführt haben, war es unser Hauptziel, bessere oder genauere Ergebnisinformationen für unsere Produkte und Kunden zu erhalten. Und wir haben ein großes Activity Based Management Projekt in Angriff genommen und haben die Vollkosten für alle unsere Kunden und Produkte ermittelt. Auf Basis der Ergebnisse haben wir einige wichtige Entscheidungen getroffen, zum Beispiel den Kundenservice für alle unsere kleinen Kunden an Dritte zu vergeben.

Das Activity Based Management System über diese erste Analyse hinaus aufrecht zu erhalten, wurde dann aber zu einem Problem. Das Top Management, als auch die Linien-Manager, sahen nicht viel Sinn darin, die gesamte Inputarbeit aufrecht zu erhalten, die für den Activity Based Management Prozess erforderlich war. Und sie hatten recht: in Bezug auf den Aufwand, der notwendig war, um das System aufrecht zu erhalten, im Vergleich zum Nutzen, den sie sahen, hat es keinen Sinn gemacht, mit diesem System weiter zu machen.

Zu dieser Zeit haben wir begonnen, etwas Benchmarking auf Basis von Kosten zu betreiben, und wir sahen, dass dies sinnvoller ist. Außerdem sind für unsere Branche, die Petrochemie, gute Benchmarkdaten erhältlich. Aufgrund der Vorteile, die wir bereits sahen, haben wir uns entschieden, das Benchmarking nicht nur für Kosten zu betreiben, sondern es auf andere Performance-Messgrößen auszuweiten, zum Beispiel auf die Kundenzufriedenheit.

Finanzbenchmarking gab es schon immer, aber nun konnten wir auch andere Dinge benchmarken, wie die Effizienz interner Prozesse, oder das Klima in der Organisation, die Motivation der Mitarbeiter für Eigeninitiative usw.. Mit dem Activity Based Management hatten wir uns für unseren Benchmark-Ansatz eine gute Grundlage geschaffen, da es einfacher ist, Benchmark-Studien unserer Performance gegenüber dem Wettbewerb durchzuführen, wenn die Kosten auf die Aktivitäten bereits herunter gebrochen waren.

Wie stellen Sie fest, ob sie hinsichtlich der Ressourcenverbräuche und der Kosteneffizienz auf der Zielgeraden liegen?

Wenn Sie kein Budget haben, um sich damit zu vergleichen, dann müssen Sie sich mit etwas anderem vergleichen. Sie können sich mit dem Vormonat vergleichen, Sie können sich mit dem selben Monat des Vorjahres vergleichen, Sie können sich mit einem gleitenden Durchschnitt vergleichen. Aber es ist besser und wertvoller, sich mit dem Wettbewerb zu vergleichen. Dies ist der Grund, weshalb wir heute so viel Benchmarking betreiben. Wir erhalten Benchmarks für einige Finanzzahlen jedes Quartal, für andere nur jährlich, und andere Daten erhalten wir nur jedes zweite Jahr. Wir brechen diese Daten dann in verschiedene Elemente herunter, so dass wir wissen, wie wir im Bereich Utilities, oder Wartung oder bei all den übrigen Elemente performen. Das ist alles Teil der großen laufenden Benchmark-Studie, an der die meisten unserer Wettbewerber ebenfalls teilnehmen.

Das vierte Werkzeug, das Sie eingeführt haben, ist eine neue Art des Investment-Managements. Was ist der Unterschied zur alten Art des Investment-Managements?

Das erste was wir hier geändert haben war, dass wir die Verantwortung für die Freigabe von Investitionsprojekten in die Geschäftsbereiche und weiter hinunter in die Organisation transferiert haben. Dies wurde möglich, da diese Bereiche nun auch ein Kapitalrendite-Ziel hatten, das als eine Art automatische Begrenzung für (zu hohe) Investitionen wirkt. Außerdem hatten die Leute in der Organisation, durch die bessere Koppelung mit der Unternehmensstrategie durch die Balanced Scorecard, ein viel klareres Bild unserer strategischen Prioritäten.

Was wir also letztlich im Bereich Investment-Management verändert haben ist, dass wir uns von jährlichen zentralen Investitionsbudgets verabschiedet und die Kontrolle in die Hände der Leute gelegt haben, die dem Markt und den Kunden am nächsten sind. Kleine Investitionen unter 10 Millionen Dänischen Kronen (DKK), oder etwa 1 Million Euro, benötigen keine Freigabe außerhalb der Sparte, dem Werk oder dem Geschäftsbereich, in dem sie getätigt werden sollen. Diese Investitionen werden durch den vierteljährlichen Rolling Forecast verfolgt und Anpassungen erfolgen nur, wenn sich die Gesamtinvestitionssumme aus dem Erwartungsrahmen heraus bewegt. Mittlere Investitionen, solche zwischen 10 und 50 Millionen DKK (zwischen 1 und 7 Millionen Euro), müssen eine vordefinierte „Hurdle-Rate" übertreffen, die von Corporate Finance für eine bestimmte Periode definiert wird. Alle Investitionen über 50 Millionen DKK (7 Millionen Euro), die wir strategische Investitionen nennen, erfordern eine Freigabe durch den Vorstand.

Als wir dann später unsere Organisation geändert haben, konnten wir allerdings dann keine Kapitalrendite für diese Einheiten mehr errechnen. Wir mussten deshalb unseren Ansatz verändern. Wir wollten aber im Bereich Investment-Management immer noch so flexibel wie möglich bleiben. Das war wichtig, denn in einer Branche, wo aufgrund der Anlagenintensität Investitionen eine so wichtige Rolle spielen, ist es kritisch, die vorhandenen Mittel in die Projekte investieren zu können, die den größten Nutzen generieren, und dass man in der Lage ist, das Investitionsverhalten möglichst dynamisch an die Marktveränderungen anzupassen.

Die Lösung war ein Portfolio-Management-Ansatz im Bereich Investitions-Management. Wir installierten eine Investment-Koordinations-Gruppe, an der alle wichtigen Geschäftsbereiche beteiligt sind, und die sich regelmäßig trifft, um das Investitions-Portfolio zu überprüfen, Projekte freizugeben, von denen man glaubt, dass sie Nutzen stiften – und das für das gesamte Unternehmen. Wir prüfen die Investitionsvorschläge nicht nur hinsichtlich der finanziellen Renditeaussicht, sondern auch, wie gut sie zu unserer Strategie passen. Eine wichtige Konsequenz des neuen Ansatzes war es, dass Investitionsanträge und –freigaben nun auch während des Jahres stattfinden. Wir sind nicht mehr beschränkt auf die Zeit der jährlichen Budgetrunde. Dies hat uns ein Mehr an Flexibilität verschafft. Wir können nun unser gesamtes Investitionsvolumen und unser Investitionsverhalten während des Jahres an die aktuelle wirtschaftliche Situation und an im Markt auftretende Chancen anpassen. Gute Investitionsideen, die erst spät aufkommen, haben nun die Chance, doch realisiert zu werden.

Kann man einen solchen "Beyond Budgeting" Ansatz auf gleiche Weise auf der Konzernebene, in einer Vertriebseinheit oder an einem Fertigungsstandort anwenden? Oder sehen Sie hier einen Unterschied?

Ja, ich sehe ganz klar einen Unterschied. Und ich denke es sollte einen solchen Unterschied geben.

Das heißt die Werkzeuge sollten an die verschiedenen Einheiten der Organisation angepasst werden?

Absolut. Zum Beispiel auf der Konzerneben, was ist dort Ihre Hauptsorge? Ihre Hauptsorge ist dort, dass Sie die richtigen Finanzzahlen abliefern. Wie erreichen Sie hier Ihre „Komfortzone"? Durch ein passendes Managementsystem das die Finanzperformance vorantreiben hilft – der Fokus liegt hier also im Finanzbereich. Wenn Sie im Vertrieb sind, was ist dann Ihre Hauptsorge? Ihre Hauptsorge ist es, die Kunden im Auge zu behalte, sicher zu stellen, dass Sie für den Kunden Wert schaffen, sicher zu stellen, dass Aufträge herein kommen. Und wie stellen Sie das am besten sicher? Wie bekommen Sie das am besten hin? Sind die Fix-/Gemeinkosten für Sie von Interesse? Nein, nicht wirklich, denn wenn Sie für eine weitere Einheit Gemeinkosten zwei weitere Einheiten an Erlösen generieren können, dann sollten sie diese Extraeinheit ausgeben. Fix-/Gemeinkosten sollten also nicht Ihre Treibergröße sein, wenn sie im Vertrieb sind. Allerdings muss der Vertrieb nachweisen, dass man im Kostenwettbewerb bestehen kann. Dies sind die verschiedenen Aspekte die Sie bei der Auswahl der richtigen Management-Prinzipien und –werkzeuge für die verschiedenen Funktionen und Einheiten beachten müssen.

Wenn sie das Ergebnis des Abschaffens der Budgetierung im Jahr 1995 aus der Rückschau zusammenfassen sollten, was würden Sie sagen war der größte Nutzen ohne Budgets zu arbeiten?

Der erste klare Nutzen des Arbeitens ohne Budgets ist, dass Sie Ihre Zeit und Ihre Ressourcen für etwas verwenden, das relevant ist. Auch wenn wir mehr Werkzeuge haben als früher – den Rolling Financial Forecast, die Balanced Scorecard, das Benchmarking und das Rolling Investment Planning – verwenden wir heute viel weniger Ressourcen für die Planung und das Controlling unseres Geschäfts, denn diese Werkzeuge sind besser für den jeweiligen Zweck geeignet. Gleichzeitig haben wir nicht diesen riesigen Konsolidierungsaufwand, den Sie haben, wenn Sie mit einem hohen Detaillierungsgrad, wie im traditionellen Budgetprozess arbeiten, wo Sie dann sicherstellen müssen, dass alles auf Detailebene zusammenpasst. Wir sind auch die internen nicht-wertschaffenden Verhandlungsprozesse aller Art los geworden, die Sie normalerweise in einer Budgetrunde haben. Die neuen Werkzeuge haben uns geholfen, uns auf die Dinge und Aktivitäten zu konzentrieren, die tatsächlich Wert schaffen.

Das heißt der Hauptnutzen bestand in einem wesentlich geringerem Aufwand, um die Management-Prozesse im Unternehmen zu unterstützen.

Das war nur ein Nebeneffekt, aber nicht das Hauptziel und der Hauptnutzen. Der Hauptnutzen des Abschaffens der Budgetierung war nicht, weniger Leute für den Prozess zu binden. Er besteht eher darin, dass diese Ressourcen sich heute auf Aktivitäten konzentrieren, die wirklich Wert schaffen und dass die neuen Werkzeuge besser geeignet sind, unsere Art von Geschäft zu steuern und zu „controllen", als der alte traditionelle Budgetansatz.

Im Prozess des Abschaffens der Budgetierung, was war dabei die größte Herausforderung? Was würden Sie heute anders machen, würden Sie noch einmal damit beginnen?

Es war keine besondere Herausforderung, dass Budget los zu werden, denn jeder hat sofort zugestimmt, dass das Budget keinen Wert schafft. Es hat allerdings einigen Aufwand und einiges an kreativen Denken erfordert zu entscheiden, wie wir vorgehen und wie wir das traditionelle Budget durch etwas anderes ersetzten sollten.

Das ist eher die Herausforderung, würde ich sagen. Und Sie sind, das versteht sich fast von selbst, abhängig von der Unterstützung durch das Top Management. Manchmal denkt das Top Management, dass das Budget ihr einziges Hilfsmittel ist, um die Organisation zu steuern. Das ist natürlich falsch. Wie Sie gesehen haben, verfügen wir über eine Menge anderer, spezifischerer und passenderer Werkzeuge und Methoden, um die Organisation zu steuern - hinsichtlich der Ziele die Balanced Scorecard, hinsichtlich Performance und Kosten das Benchmarking, hinsichtlich der Finanzplanung das Rolling Financial Forecasting und hinsichtlich der Investitionsplanung und -freigabe das Rolling Investment Portfolio Management. Aber wenn das Top Management trotzdem fest an Budgets glaubt, kann es dennoch eine Herausforderung sein, sie von etwas anderem zu überzeugen.

Können Sie uns etwas zur aktuellen Situation bei Borealis sagen? Im Jahre 1998 wurde die österreichische OMV Miteigentümer an Borealis und man hat dann von Ihnen eine Art Budget verlangt hat, was nun „Business Planning" genannt wird. Können Sie uns sagen, was das für den Borealis Beyond Budgeting Ansatz bedeutet hat?

Ja, das ist richtig, OMV wurde 1998 zum Miteigentümer an Borealis, zusammen mit einem weiteren Investor, der IPEC, International Petroleum Investment Company. Wenn Sie eine neue Beteiligung erwerben wie Borealis im Fall von OMV und IPEC, dann wollen Sie sich mit Ihrem Investment in die eigene Komfortzone bewegen. Sie wollen dass Ihre Beteiligung eine gute Investition wird und das sie Ihnen zufriedenstellende Renditen liefert. Deshalb ist es nur natürlich, dass man nach der Transaktion jede Menge Bedarf an Informationen, an detaillierten Geschäftsinformationen hatte.

Aber sie haben nicht eingegriffen in das Geschäft, in unsere Art, wie wir das Unternehmen managen. Sie haben nach bestimmten Daten verlangt, die Output unseres Management-Prozesses sind, und die man als Input für den eigenen budgetbasierten Management-Prozess benötigte – was für uns o.k. war.

Wir haben deshalb das, was wir als Business Planning Prozess bezeichnen, zusätzlich implementiert. Es ist ein jährlicher Prozess mit dem wir ein, drei oder manchmal auch fünf Jahre in die Zukunft schauen. Zusätzlich gibt es das sogenannte Value Creation Planning, das 10 Jahre in die Zukunft schaut. Diese zwei neuen Prozesse komplettieren heute die bereits vorhandenen vier Beyond Budgeting Werkzeuge. Wir haben also versucht, die richtige Balance zwischen diesen verschiedenen Anforderungen zu finden. Diese beiden neuen Management-Prozesse sind vollständig mit unserem internen „Beyond Budgeting" Managment System integriert. Die Ergebnisse der zwei neuen Top Level Management Prozesse werden zum Beispiel in Balanced Scorecard Ziele für das Folgejahr im Rahmen des internen Zielvereinbarungsprozesses übersetzt.

Sie benutzen also immer noch die vier Beyond Budgeting Werkzeuge, aber zusätzlich eine Art High-Level "Quasi Budgeting", was Business Planning genannt wird, um die Informations- und Steuerungsbedürfnisse Ihrer Eigentümer zu befriedigen. Hat die Budgetierung durch die Hintertür bei Borealis wieder Einzug gehalten?

Wenn wir in diesem Zusammenhang über Budgetierung oder Nicht-Budgetierung reden, dann glaube ich, dass dies am Ende eine Frage der

Semantik ist. Der wirklich kritische Punkt ist, wie Sie Ihr Geschäft steuern, wie Sie die Organisation an einheitlichen Zielen ausrichten und wie Sie das Verhalten verändern.

Bei der Budgetierung werden Ressourcen normalerweise im kleinsten Detail gemanagt und Ressourcen werden durch einen künstlichen Verhandlungsprozess zugeteilt, der in hohem Maße durch Tricksereien dominiert ist und wo Sie gewöhnlich keine objektive Basis haben, um das notwendige Ressourcenvolumen zu bestimmen. Bei uns erfolgen Ressourcenzuteilungsentscheidungen stattdessen während des ganzen Jahr kontinuierlich und rollierend. Wir versuchen uns auch auf das Wesentliche zu konzentrieren und zu vermeiden, zu detailliert zu werden, was es den Leuten leichter macht, ihre Aktivitäten mit der Gesamtstrategie des Unternehmens in Verbindung zu bringen. Und die Objektivität für die Definition des Ressourcen- oder Kostenniveaus schaffen wir, indem wir diese mit externen Benchmarks vergleichen.

Wenn ich Sie also richtig verstehe, dann nutzen Sie das Business Planning für die eher finanzorientierte Management-Kommunikation mit der nächsten Ebene, die die Eigentümer-Ebene ist. Aber Sie nutzen für die interne Steuerung weiterhin die vier Beyond Budgeting Werkzeuge.

Ja. Die vier Tools haben sich als sehr effektiv auf jeder Ebene in der Organisation erwiesen, natürlich jeweils angepasst an den Zweck auf des jeweiligen Bereichs, so wie wir das eben in Bezug auf den Vertrieb, die Fertigung oder die Konzernebene diskutiert haben. Die vier Werkzeuge dienen also immer noch, wie vorher, als die Hauptinstrumente der internen Steuerung und des Controlling der Borealis-Gruppe.

Das Business Planning gibt uns zusätzlich eine aggregierte und mittelfristige Sicht auf unser Geschäft auf der Konzernebene, aber nicht nur aus einer finanziellen Perspektive. Es ist mit den anderen vier Werkzeugen verknüpft. Teile der übrigen vier Werkzeuge werden im Business Planning verwendet, um beispielsweise den Eigentümer einen besseren Einblick in unser Geschäft aus einer Investorperspektive zu gewähren. Dies ist der Zweck des Business Planning. Wir nutzen es zum Beispiel auch, um zu zeigen, wie einige Schlüsselprojekte Wert für die Organisation schaffen können. Es ist ein Business Planning, das sich sehr am Projektportfolio Konzept orientiert.

Beyond Budgeting, das Wegbewegen vom festen Jahresbudget, von etwas, an das sich Generationen von Managern und Controllern gewöhnt haben, ist zuerst in den Skandinavischen Ländern aufgetreten, in Unternehmen wie

Svenska Handelsbanken und Borealis. Glauben Sie dass Beyond Budgeting auch in anderen Ländern und anderen Kulturkreisen funktionieren kann?

Definitiv ja. Ich denke dass Beyond Budgeting in den Skandinavischen Ländern als erstes aufgetaucht ist, weil Skandinavier schon immer dazu neigen, Prozeduren und Konzepte zu hinterfragen, in denen sie keinen Wert sehen. Menschen in Skandinavien tendieren dazu, eine Forderung aus der Zentrale, zum Beispiel einer bestimmten Prozedur zu folgen, viel schneller und öfter zu hinterfragen, wenn sie meinen, dass der Prozess keinen Sinn macht, als dies in anderen Ländern geschieht,. Das könnte der Grund sein, weshalb die Beyond Budgeting Bewegung in Skandinavien begann. Leute in Skandinavien haben vielleicht als erste versucht, alternative Lösungen zu finden, um das feste Jahresbudget zu ersetzen, weil sie es als erstes gewagt haben, das traditionelle Budget in Frage zu stellen – ein Verhalten das in der Tat eine kulturelle Eigenheit der Skandinavier sein könnte.

Aber das traditionelle feste Jahresbudget ist in jedem Unternehmen und in jedem Land heute nicht mehr passend. Das Beyond Budgeting Konzept anzuwenden hat nichts mit einer bestimmten Kultur zu tun. Ich glaube das nicht. Die Diskussion um die Budgetierung und Beyond Budgeting hat sich mittlerweile weltweit verbreitet. Und ich denke Sie werden andere Unternehmen aus anderen Ländern und anderen Kontinenten sehen, die das Beyond Budgeting Konzept anwenden werden. Am Ende geht es bei Beyond Budgeting eigentlich um eine einfache Lektion, nämlich darum, dass wir mehr unseren gesunden Menschenverstand nutzen sollten, wenn wir unsere Management und Controlling-Werkzeuge auswählen und entwerfen. Wir sollten einem unflexiblen Prozess nicht allein deswegen beibehalten, weil es schon immer so gemacht wurde.

Was würden Sie anderen Unternehmen empfehlen, die das feste Jahresbudget los werden möchten? Wo liegt dabei die größte Herausforderung?

Ich denke, Sie sollten zuerst ihr Budget anschauen, wie wir es getan haben, und sich fragen, wofür man dieses hat, was der Zweck ist. Dann sollte man sich fragen: Wenn wir kein Budget mehr hätten, wie können wir diesen Zweck trotzdem erreichen? Ich denke dies ist der Schlüssel und man lügt sich selbst in die Tasche, wenn man glaubt, man würde das Risiko minimieren und hätte eine besser Kontrolle über das Unternehmen, wenn man ein Budget hat. Budgets kann man von einen auf den anderen Tag abschaffen. Wenn das neue System ohne Budgets nicht erfolgreich ist, kann man immer zurück zum Budget. Ich würde sagen, das Budget zu entfernen, ist eine Chance mit nur kleinem Risiko, aber mit einem hohem möglichen Nutzen.

Ihre Empfehlung ist also: "just try it"?

Ja, und nutzen Sie Ihren gesunden Menschenverstand. Finden Sie heraus, was auf ihre konkreten Bedürfnisse passt. Schauen Sie sich ihre jeweilige Organisation an und stellen Sie einige Schlüsselfragen: Was für eine Art von Organisation haben wir da? Welches sind die Schlüssel-Steuerungs-Elemente in dieser Organisation? Wie steuern wir diese Organisation um Wert zu schaffen? Ist das mit dem Budget möglich? Wie geht das ohne Budget?

Unglücklicherweise hören machen Unternehmen dabei auf halbem Weg auf. Sie implementieren einige der neuen Werkzeuge, aber sie werden die alte Art der Steuerung, nämlich das Budget, nicht los. Das Budget aber verhindert wirkliche Veränderung und dass die Organisation ihr volles Potential erreicht.

Herr Boesen, vielen Dank für das interessante Gespräch.

3. Auf dem Weg zum Beyond Budgeting: Konzepte, Erfahrungen bei der Implementierung, und Zukunfts-Perspektiven

Neben den Beyond Budgeting Pionieren wie Svenska Handelsbanken und Borealis, gibt es eine ganze Reihe von vormals budgetbasiert geführten Unternehmen, die sich aktuell um die Entwicklung und Implementierung effektiverer und flexiblerer Unternehmenssteuerungssysteme bemühen.

Eines der Unternehmen, das bereits vor Jahren mit der Übernahme durch die Boots Gruppe mit der Umstellung von einer deutsch-geprägten Budgetkultur auf das englische „Beyond Budgerting" Steuerungsmodell der britischen Boots-Gruppe konfrontiert wurde, ist der deutsche Zweig von Boots Healthcare International, einer Sparte von Boots. Dies ist das Gegenstand eines Interviews mit Matthias Steinke, CFO von BHI Deutschland, in diesem Kapitel.

Und auch die beiden Nahrungsmittelkonzerne Unilever und Nestlé beschäftigen sich intensiv mit dem Thema und der Einführung eines „Dynamic Forecasting" bzw. eines „Dynamic Performance Management Beyond Budgeting" – wie die folgende Podiumsdiskussion und der Beitrag von Steve Morlidge von Unilever zeigt.

Einen sehr interessanten Weg bei der Neugestaltung des Unternehmenssteuerungssystems hat Siemens Belux, eine ergebnisverantwortliche Region im Siemens-Konzern, genommen. Guy Bourdon, Chief Consultant bei Siemens Belux erläutert im Interview mit Jürgen H. Daum, wie man durch die Einführung eines „Policy&Strategy Prozesses" und die Nutzung des Management Cockpit War Rooms, eine vollkommen neue Ausrichtung der gesamten Management- und Entscheidungsprozesse in der Unternehmenssteuerung erreicht hat: nämlich an der Strategie und und am Markt- und Kunden.

Was ist beim Übergang von der Budgetsteuerung zu einem Beyond Budgeting Ansatz zu beachten? Welche sind die typischen Aktionsfelder, bei der Neugestaltung der Steuerungssysteme in Richtung eines „Beyond Budgeting"? Welche Erfahrungen machen dabei Controller und Manager? Und was sagt dazu der BBRT und welche Ansatzpunkte werden empfohlen?

Dies ist Gegenstand der Beiträge in diesem Kapitel und des Artikels von Niels Pfläging vom BBRT Südamerika.

Wie Beyond Budgeting umsetzen? - Eine Diskussion zwischen Experten von Borealis, Nestlé, Unilever und SAP[1]

Jürgen H. Daum [2] /Rainer Gunz[3] / Jean-Daniel Luthi[4] / Steve Morlidge[5]

Mit welchen Chancen und Herausforderungen sind Unternehmen auf ihrem Weg bei der Implementierung flexiblerer und effektiverer Unternehmenssteuerungs- und Performance Management Systeme konfrontiert? Das Abschaffen des Budgets – ist das ein realistisches und erreichbares Ziel? Warum wird ein so radikales Vorgehen in Unternehmen überhaupt in Betracht gezogen? Wo kann man ansetzen?

Drei Experten von Unternehmen, die entweder bereits über einige Jahre an Erfahrung mit einem Beyond Budgeting Steuerungssystem verfügen, oder sich kürzlich auf diesen Weg begeben haben, diskutieren mit Jürgen H. Daum die praktischen Konsequenzen dieses Steuerungsansatzes.

Die folgende Podiumsdiskussion fand im Rahmen des 5. SAP CFO Leader's Club Meeting der SAP Schweiz am 24. Juni 2003 in Zürich statt.

Jürgen Daum: Herr Luthi, Nestlé ist der größte Nahrungsmittelkonzern der Welt. Kann man eine so große Organisation überhaupt ohne ein Budget managen?

Jean-Daniel Luthi: Wenn wir über Budgets oder das Abschaffen von Budgets reden, müssen wir, denke ich, erst einmal genau definieren, was wir unter einem Budget verstehen. Abhängig davon mit wem Sie in der Organisation sprechen, kann das Verständnis, was ein Budget ist, sehr unter-

---

[1] Der vorliegende Beitrag ist in gekürzter erschienen unter dem Titel „Auf dem Weg zu „Beyond Budgeting - Eine Diskussion zwischen Experten von Borealis, Nestlé, Unilever und SAP" in: Controlling – Zeitschrift für Erfolgsorientierte Unternehmensführung, 16. Jg., Heft 3, März 2004, S.165-170
[2] Jürgen H. Daum ist Management Berater, Finance & Unternehmenssteuerungs-Experte und Chief Solution Architect der Business Solutions Architects Group EMEA bei der SAP, Walldorf. Er berät CFOs und Controller Europäischer Unternehmen in den Bereichen Finance Transformation und Unternehmenssteuerung. Er ist Autor von „Intangible Assets oder die Kunst, Mehrwert zu schaffen" (dt.: Galileo-Press 2002, engl.: John Wiley & Sons, 2003). Er veröffentlicht regelmäßig Beiträge in Fachzeitschriften und spricht auf Konferenzen im In- und Ausland. Vor seiner Zeit bei SAP war er kaufmännischer Leiter eines mittelständischen Unternehmens.
[3] Dr. Rainer Gunz ist Leiter Controlling und Kostenrechnung, Borealis GmbH, Wien
[4] Jean-Daniel Luthi ist Senior Vice President und Group Controller der Nestlé S.A., Vevey, und leitet das sogenannte "Dynamic Forecasting" Projekt bei Nestlé
[5] Steve Morlidge ist "Change Leader" und Projektleiter für "Dynamic Performance Management" bei Unilever Plc - Unilevers Beyond Budgeting Projekt Er ist auch der Vorsitzende des europäischen Zweigs des BBRT.

schiedlich ausfallen. Ohne ein klares gemeinsames Verständnis kann es deshalb gefährlich sein, über das Abschaffen des Budgets zu reden, da Sie nicht wissen über was Sie reden und was die Konsequenzen sind. Vor einigen Jahren, als ich gerade Group Controller bei Nestlé geworden war, sollte unser CEO bei einer Konferenz unserer Market-Heads sprechen, das sind die Geschäftsführer unserer Landesgesellschaften. Kurz vor seiner Rede sagte er zu mir, „Seien Sie nicht zu besorgt, aber ich werde jetzt ankündigen, dass wir das Budget abschaffen werden". Ich war etwas überrascht, das können Sie sich vorstellen, und ich fragte ihn, „werden Sie sagen, dass wir alles abschaffen werden, was wir bis jetzt hatten um unser Geschäft und unser Ergebnis zu steuern"? Er sagte, „nein, natürlich nicht". Dann sagte ich „dann sollten sie das spezifizieren. Denn eine so pauschale Ankündigung von Ihnen, wenn Sie sagen das Budget werde abgeschafft, wird dazu führen, dass man Sie beim Wort nehmen wird, aber jeder wird dies auf seine Weise interpretieren".

Jürgen Daum: Sie meinten, dass keiner wissen würde, was die Ankündigung genau bedeutet, was abgeschafft wird und was bestehen bleibt.

Jean-Daniel Luthi: Genau. Sie müssen sich also fragen: wofür verwenden Sie das Budget? Benutzen Sie es für die Vorschau, als Kommunikationsinstrument für die Kommunikation zwischen der Zentrale und den Markets - in beiden Richtungen, um Verantwortung zu delegieren, um Ziele zu definieren, oder für alle die genannten Punkte? Ich denke das ist das erste was Sie definieren müssen. Und erst dann können wir entscheiden, ob wir ohne Budget auskommen oder nicht.

Wir als Nestlé, ein multinationales Unternehmen mit etwa 175 Berichtseinheiten weltweit, wir müssen eine Vorstellung davon haben, wo es für uns hingeht. Wir müssen wissen, ob unsere Strategie, unsere Vision, Wirklichkeit wird in der Welt und ob wir unsere Unternehmensziele erreichen werden. Und dafür benötigen wir entsprechende Instrumente und Verfahren.

Vor vielen Jahren, als ich mit meiner Karriere bei Nestlé begann, waren die Kommunikationseinrichtungen, die man hatte, nicht sehr gut. Ich rief über mehrere Jahre nie in der Schweiz von Indonesien aus an, wo ich der CFO einer lokalen Nestlé Firma war. Sie bekamen einfach keine Verbindung, Sie konnten nicht anrufen. Zu dieser Zeit war das Jahresbudget bzw. die Budgetplanung und –steuerung der einzige Weg, um eine Verständigung zwischen Zentrale und den Ländern herzustellen. Und es war in Ordnung, einmal im Jahr das Budget zu erstellen und sich dabei auf die Finanzzahlen zu konzentrieren, denn unsere Länderorganisationen agierten mehr oder weniger unabhängig voneinander and hatten jeweils ihre eigene lokale Strategie. Auch das Marktumfeld war zu dieser Zeit stabiler.

Aber heute, wenn sich die Dinge oft so schnell verändern, müssen Sie als Unternehmen reaktiver werden. Und mit den heute offenen globalen Märkten genügt es nicht, eine Strategie für einzelne Länder zu haben. Ich stimme deshalb zu, dass das traditionelle Jahresbudget heute nicht mehr das richtige Instrument ist, um ein Unternehmen wie Nestlé zu steuern und zu managen. Wir brauchen stattdessen etwas das es uns erlaubt, dynamischer zu agieren und uns nicht nur auf die Finanzzahlen zu fokussieren, sondern die Konzernstrategie zu managen. Aber ich kann mir nicht vorstellen, ohne irgend etwas auszukommen, kein Steuerungswerkzeug mehr zu haben, wenn es das ist, was Sie mit „ohne Budget" meinen.

Jürgen Daum: Herr Morldige, was ist Ihre Meinung? Ist es möglich ohne Budgets zu steuern und was bedeutet eigentlich Beyond Budgeting?

Steve Morlidge: Ich unterstütze voll, was Herr Luthi gerade gesagt hat. Das Budget und der traditionelle Budgetierungsprozess institutionalisiert in Unternehmen Instrumente und Verfahren, die zu einem fixen Performance-Vertrag führt – zwischen Zentrale und den operativen Geschäftsbereichen, zwischen Geschäftsbereichsleitern und operativen Managern und so weiter. Es schafft damit ein Set an miteinander verknüpften fixer Jahrespläne, zu denen man typischerweise durch einen Verhandlungsprozess gelangt. Dieser Verhandlungsprozess hat oft wenig mit Kunden und Marktnachfrage zu tun und das Ergebnis wird dann auf zu deterministische Weise mit der Incentivierung verknüpft. Ressourcen werden zentral zugeteilt und im vorraus, Incentives werden im voraus festgelegt, und als Folge ist jeder im Unternehmen nur darauf fokussiert, seine Budgetzahlen zu erreichen - nicht damit, Kunden zufrieden zu stellen, den Wettbewerb zu schlagen, oder auf Marktveränderungen so schnell wie möglich zu reagieren, indem man diese als Chancen für Wachstum und zum Schaffen von Wettbewerbsvorteilen nutzt.

Beyond Budgeting bedeutet also im Kern, den fixen jährlichen Performance-Vertrag abzuschaffen. Und jeder Schritt weg von diesen starren und festen, auf unflexible Weise mit einander verknüpften Prozessen ist ein Schritt Richtung Beyond Budgeting. Es gibt dafür das Extrembeispiels von Svenska Handelsbanken. Dort schuf man in den letzten 30 Jahren eine Organisation, die quasi selbstanpassend ist, wo Kundenorientierung, Unternehmertum, sofortige Reaktion auf Marktentwicklungen und auf neue Kundenbedürfnisse zu einem natürlichen Verhalten jeden Mitarbeiters wurde, und wo dieses nun Bestandteil der Unternehmenskultur, so zu sagen der Organisations-Gene geworden ist. Und man arbeitet gerne bei Handelsbanken. Das Unternehmen und seine Kultur hilft dem Mitarbeitern sich persönlich zu entwickeln und ihr volles Potential zu nutzen, sowohl zum Nutzen des Unternehmens als auch für sie selbst.

Aber nicht jedes Unternehmens kann, aus den verschiedensten Gründen, dem Beispiel von Handelsbanken folgen und diesen Erfolg kopieren. Aber trotzdem glaube ich, dass jeder Schritt weg vom fixen „vertragsbasierten" Managementsystem nicht nur gut für das Geschäft ist, weil es Ihnen erlaubt, flexibler zu werden, sondern Ich denke auch, dass dies humanere Arbeitsplätze schafft.

Einer der Gründe für das was ich im Moment (als Projektleiter des Dynamic Performance Management Projekts bei Unilever und als Vorsitzender des Europäischen BBRT) tue ist, dass ich nicht bereit bin, weiter zu tolerieren, dass so viele talentierte Menschen zu viel Lebenszeit darauf verwenden, etwas wirklich so sinnloses zu tun wie die Budgetplanung und die Einhaltung der Budgets - wohl wissend, dass sie damit keinerlei Wert für das Unternehmen geschaffen wird. Ist es möglich wie Handelsbanken zu sein? Theoretisch ja, aber jeder Schritt weg von wo wir heute stehen ist gut. Das ist mein Standpunkt.

Jürgen Daum: Herr Dr. Gunz, Borealis hat bereits einiges an Erfahrung gemacht, ohne ein Budget aus zu kommen. Borealis begann, als einer der Beyond Budgeting Pioniere, im Jahre 1995 die Budgetierung ab zu schaffen. Was waren für Sie dabei die wichtigsten „Lessons Learned".

Rainer Gunz: Lassen Sie mich zunächst festhalten, dass Beyond Budgeting nicht bedeutet, dass Sie keine Grenzen und keine Ziele mehr haben.

Als man bei Borealis entschieden hatte, mit dem Budgetieren auf zu hören, war unsere Vision nicht, einfach das Budget ab zu schaffen und nichts mehr zu haben. Wir haben uns vielmehr als erstes gefragt, welche Zwecke das Budget für uns erfüllt hatte, welches die Probleme des Budgetansatzes dabei waren und dann versuchten wir Werkzeuge zu entwickeln, die besser geeignet sein sollten, diese unsere Zwecke zu erfüllen.

Eines der ersten Dinge die uns klar wurden war, dass wir die finanzielle Vorschau, den sogenannten Financial Forecast, von der Zielsetzung und dem Performance Management trennen müssen. Sie werden niemals eine genaue und ehrliche Vorschau erhalten, wenn die Boni und die Leistungsbeurteilung der Leute, die den Forecast zu liefern haben, irgendwie mit dem Forecast verknüpft sind. Wir führten deshalb einen rollierenden Financial Forecast ein, der nicht nur über das Geschäftsjahr hinaus reichte, sondern implementierten diesen als ein unabhängiges Instrument und Prozess, unabhängig vom Zielsetzungsprozess und vom Performance Management.

Insgesamt haben wir das traditionelle Budget durch vier separate Instrumente ersetzt: durch den rollierenden Financial Forecast, durch die Balanced Scorecards für das Performance Management, durch das rollierende Investment Management und durch das Benchmarking. Dies hat es uns erlaubt, flexibler zu werden und verlässlichere Zahlen zu erhalten, also das sogenannte „Gaming" mit den Zahlen zu reduzieren.

Beyond Budgeting bedeutet also keinesfalls, dass Sie ohne Steuerungsinstrumente auskommen müssen – im Gegenteil. Es bedeutet vielmehr Instrumente zu entwickeln und zu implementieren, die besser geeignet sind, Sie beim managen und steuern Ihres Unternehmens zu unterstützen, als das mit dem traditionellen fixen Jahresbudget heute möglich ist. Und es hat für unser Unternehmen über mehrere Jahre gut funktioniert.

Aber es geht dabei in erster Linie um das Denken, das damit verbunden ist, um den Mindset, weniger um die Instrumente. Letztlich geht es um die Frage: Haben Sie einen festen, fixen Performance-Vertrag, oder können Sie mit beweglichen, relativen Zielen leben? Das bedeutet mit Zielen, die auf Benchmarks basieren, die von Faktoren und Entwicklungen außerhalb des Unternehmens abhängen.

Die wichtigste Aufgabe ist es dann, den Menschen im Unternehmen zu erklären und sie dazu heraus zu fordern, bewegliche Ziele zu akzeptieren. Ein bewegliches, relatives Ziel, auf Basis eines vereinbarten Benschmarks, bedeutet, dass Manager zu dem Zeitpunkt, zu dem sie einer Zielvereinbarung zu stimmen, noch nicht wissen, wo Sie letztendlich in Bezug auf das Ziel genau landen werden, was also das Ziel am Ende in absoluten Zahlen ausgedrückt sein wird.

Dazu müssen Sie quasi einen Denkschalter umlegen, wenn Sie von der traditionellen Budgetierung her kommen. Sie müssen verstehen dass es wichtig ist, das Ziel zu sehen, aber dass Sie noch keine absolute Zahl im Voraus wissen müssen. Das hilft den Menschen dabei, ihr bestes zu geben, indem sie auf den Wettbewerb schauen, was der macht, auf den Markt, wie dieser sich entwickelt, und nicht auf ein Budget, das ja nur eine intern orientiertes Commitment ist, das die Realität nicht wieder gibt.

Jürgen Daum: Herr Luthi, bei Nestlé wurde entschieden, ein Konzept, das Sie "Dynamic Forecasting" nennen, zu implementieren. Damit soll wohl das alte fixe Jahresbudget ersetzt werden und es soll zukünftig als eine wesentliche Grundlage des Performance Management Prozess dienen. Können Sie uns erläutern, wie Sie zur Entscheidung für „Dynamic Forecasting" gekommen sind und wie das funktionieren wird?

Jean-Daniel Luthi: Wie ich bereits erklärt habe, ist für uns das Hauptziel, wenn wir über Dynamic Forecasting reden, flexibler beim managen der Performance unseren Unternehmens zu werden. Und das beginnt mit der Strategie.

Wir hatten einen sogenannten langfristigen Plan, der auf die Strategie fokussieren sollte. Die Absicht dabei war, ein Strategiedokument zu haben, das wirklich auf die Strategie fokussiert, nicht ein Drei- oder Vierjahres-Budget, das auf Zahlen fokussiert. Meine Erfahrung ist jedoch, wenn Sie Strategie und Planung mit einander vermischen, dass früher oder später die Planung das Ruder übernimmt.

Und das ist genau das, was bei uns nach einigen Jahren passiert ist. Wir fokussierten dabei nur noch auf die Zahlen, nicht mehr auf die Strategie. Und wir sahen darin keinen großen Wert. Wir brauchen dafür keine Zahlen. Unsere Market-Heads kennen ihr Geschäft. Sie wissen wo sie stehen und sie können ihre Strategie mit Worten beschreiben, sie können darüber sprechen, wenn sie diese unserem Senior Management präsentieren. Als ich also vorgeschlagen habe, den Langfristplan ab zu schaffen, hat das Management sofort zugestimmt.

Unsere Dynamic Forecasting beginnt also zunächst mit der Strategie. Das wird an der Unternehmensspitze diskutiert und wird dann nach unten kommuniziert. Es ist ein Top-Down-Prozess. Sobald die Strategie verabschiedet ist, übersetzen wir diese in strategische Ziele, in langfristige und mittelfristige Ziele und Meilensteine. Und diese Ziele werden dann einmal jährlich aktualisiert, denn Sie verändern Ihre Strategie ja nicht laufend – normalerweise.

Wenn Sie aber ihre Strategie, die Meilensteine und Ziel nach unten kommunizieren: sind Sie sicher dass die Leute das verstehen und dies tatsächlich glauben? Wie wissen Sie das? Vielleicht sagen sie: „Hey, der Chef träumt wohl". Sobald die strategischen Ziele kommuniziert wurden, beginnen wir deshalb mit einem Bottom-Up Forecasting. Wir fragen die Leute, welches ihr Forecast ist, was tatsächlich im Rahmen der kommunizierten Ziele möglich ist. Und dann diskutieren wir diese langfristigen Ziel-Vorschläge und treffen schließlich eine Entscheidung.

Jürgen Daum: Welches sind die übrigen Elemente des Dynamic Forecasting bei Nestlé – neben dem Strategiemanagement?

Jean-Daniel Luthi: Das ist der Forecasting Prozess – was uns zu einem anderen Problem des traditionellen Budgets führt. Denn dieses endet immer am 31. Dezember – bzw. am letzten Tag Ihres Geschäftsjahres, wenn Sie ein abweichendes Geschäftsjahr haben.

Einer unsere Manager sagte einmal, das ist wie wenn Sie am 31. Dezember sterben würden und dann am 1. Januar wieder geboren werden. Aber das wirkliche Leben ist anders, die Dinge entwickeln sich und verändern sich laufend. Sie sollten also nicht nur bis zum Jahresende voraus schauen. Und dabei wird uns ein rollierender Forecast helfen, rollierend mehrere Quartale in die Zukunft voraus zu schauen – jenseits des 31. Dezembers.

Und meine Meinung ist, aus den gleichen Gründen wie sie Rainer Gunz genannt hat, dass Manager, die für die Zielerreichung verantwortlich sind, keine Forecasts erstellen sollten. Sie würden dabei immer denken: „Was erwartet mein Chef von mir?" Wenn sie einen Forecast abliefern, der über die vereinbarten Ziele hinausgeht, fürchten sie, dass ihr Chef bei der nächsten Zielvereinbarungsrunde mehr fordern wird. Sie bekommen also niemals einen objektiven Forecast von diesen Managern.

Ein anderes Problem ist die Konsistenz der Forecast-Informationen. Im Enterprise Computing sind wir es heute gewohnt, integrierte Transaktionssystem zu haben. Wir haben uns dabei an das Prinzip der einen Zahl gewöhnt. Wir haben beispielsweise nicht mehrere Zahlen für „Volume": eine für den erwarteten Absatz bzw. die Nachfrage, eine andere als Basis für den Einkauf von Rohmaterial, eine andere für die Produktion. Wir würden im Chaos enden. Sie wollen also nur eine einzige Zahl pro Sachverhalt über alle diese Prozesse hinweg haben.

Und beim Forecasting ist es dasselbe – wir benötigen dabei das Prinzip der einen Zahl. Forecasts müssen deshalb so erstellt werden, dass diese Art der Konsistenz, auf Basis des Prinzips der einen Zahl, möglich wird.

Jürgen Daum: Welche Rolle spielen die Forecasts im Performance Management Prozess?

Jean-Daniel Luthi: Diese Forecasts zeigen die Lücke, die Lücke zwischen Ihren Zielen oder vereinbarten Meilensteinen und zwischen den Schätzungen Ihres Forecasts, die ja zeigen, wo Sie voraussichtlich landen werden, wenn Sie nichts verändern. Sie zeigen negative Lücken, aber auch positive, die möglicherweise neue Chancen repräsentieren.

Weshalb sollten Sie sich an Ihr Budget halten, wenn es neue Chancen und Möglichkeiten gibt? Sie wollen diese ja nutzen. Deshalb müssen Sie tolerant sein. Sie müssen diese Lücken zu lassen. Und Sie müssen auch eine Lücke zu lassen, für die Sie im Moment vielleicht keine Erklärung haben. Als der verantwortliche Manager werden Sie dann daran arbeiten. Sie werden die Lücke analysieren und Sie werden dann entscheiden, was Sie damit tun werden. Und drei Monate später berichten Sie dann darüber wieder.

Das Erstellen dieser Forecasts sollte auch nicht zu kompliziert sein. Es soll möglichst einfach sein. Warum nicht damit beginnen, die Zahlen des Vorjahres zu kopieren? Das ist, was ich vorgeschlagen habe. Jemand sagte dann, „Aber das ist falsch, wir können das nicht tun". Aber wenn Sie sagen dass es falsch ist, machen Sie ja bereits einen Forecast! Verstehen Sie, was ich meine? Das wird Sie nicht auf die Zahlen fokussieren lassen, sondern auf die wirklichen Geschäftsaktivitäten Ihrer Business Unit oder Ihres Markets. Es fokussiert ihre Aufmerksamkeit auf die Dinge, die sich verändern müssen.

Wenn Sie Ihren Forecast nicht manipulieren, wenn Sie diesen nicht verfälschen, weil Ihr Chef möchte, dass Sie etwas besseres zeigen, dann zeigen Sie die Lücken. Und das schafft Konflikt. Und wir möchten kreativen Konflikt haben. Wir sollten keine Angst vor Konflikten haben. Denn wir müssen die zu Grunde liegenden Trade-Offs aktiv managen, wollen wir Erfolg haben. Wir müssen die Prioritäten managen. Das ist es was zählt.

Jürgen Daum: Warum haben Sie das neue Verfahren Dynamic Forecasting genannt?

Jean-Daniel Luthi: Wir haben uns entschieden das Verfahren Dynamic Forecasting zu nennen, da Sie mit Namen vorsichtig sein müssen. Zuerst hatten wir es Rolling Operative Plan genannt. Aber wir haben bereits einen Operating Plan und jeder hatte davon ein anderes Verständnis. Wir wollten signalisieren: das ist etwas neues.

Es wurde bereits von Rainer Gunz vorher erwähnt: bei Beyond Budgeting geht es nicht um eine andere Art des Reportings. Es geht um eine Veränderung der Denkweise. And dafür wird diese Art von Signal benötigt, das Sie nur durch einen neuen Namen schaffen können.

Jürgen Daum: Bedeutet das, dass Sie mit dem jährlichen Operative Plan aufgehört haben?

Jean-Daniel Luthi: Wir haben immer noch einen sogenannten Operative Plan. Wir benutzen diesen um die Top-Down-Ziele für die Boni zu definieren. Dies basiert immer noch auf dem Kalenderjahr, das immer noch die Grundlage des Bonus- und Vergütungssystems darstellt. Wir haben also immer noch ein Bonussystem, das auf jährlicher Zielerreichung basiert. Aber der zugrundeliegende Prozess ist weitgehend ein Top-Down Prozess. Es unterliegt kaum einem Verhandlungsprozess. Er unterscheidet sich stark von den Aktivitäten, die Ihnen als Manager erlauben, diese Ziele zu erreichen. Hier wollen Sie hören, ob die Organisation einen Plan hat, um diese Ziele zu erreichen und welche Maßnahmen wir ergreifen, um sie tatsächlich zu erreichen. Vielleicht versuchen manche Manager ihre Ziele durch kurzfristige Maßnahmen zu erreichen die auf Kosten der Langfristzielerreichung des Unternehmens gehen. Dies wird aber durch den Rolling Forecast ans Licht gebracht. Der Rolling Forecast wird so als Barriere gegen derartiges nicht erwünschtes Verhalten wirken.

Jürgen Daum: Herr Dr. Gunz, nachdem Sie die Beyond Budgeting Instrumente bei Borealis implementiert hatten, was hatte sich gegenüber früher, gegenüber der traditionellen Budgetsteuerung verändert?

Rainer Gunz: Als wir das traditionelle Budget abschafften, haben wir uns auf die Hauptpunkte, auf die für uns kritischen Dinge konzentriert. Eines dieser kritischen Dinge war beispielsweise und ist heute noch das Investitions-Management.

In unserer kapitalintensiven Branche ist es wichtig, den allgemeinen Anlagenbestand niedrig zu halten. Auch ist es wichtig, in die richtigen Bereiche zu investieren, in diejenigen, die unsere Strategie und das Wachstum unseres Geschäfts am besten unterstützen. Da sich die Geschäftsbedingungen oft so schnell verändern, hatten wir als eine Schlüssel-Anforderung definiert, dass wir einen flexibleren Ansatz im Investitions-Management benötigen, der es uns erlaubt, unser gesamtes Investitionsvolumen dynamisch, auch während des Geschäftsjahres, an sich verändernde wirtschaftliche Bedingungen an zu passen. Außerdem wollten wir in der Lage sein, die Prioritäten in unserer Investitionspolitik zu verändern, wenn wir glauben dass dies notwendig ist.

Wir implementierten deshalb einen rollierenden Investitions-Management-Prozess, der es uns erlaubt, unsere Investitionsprojekte laufend mit unserer Geschäftsstrategie in Übereinstimmung zu bringen, mit dem aktuellen Geschäftspotential, und mit Chancen, die sich plötzlich zeigen. Mit diesem Ansatz ist es nun auch möglich, dass profitable Investitions-Ideen die erst spät auftauchen, dennoch eine Chance auf Realisierung haben. Früher war das nach Abschluss der Budgetrunde und der jährlichen Investitionsplanung nicht mehr möglich. Wir müssen nun auch die Investitionsprojekte nicht mehr im Voraus frei geben. Wir tun dies jetzt stattdessen zum spätest möglichen Zeitpunkt, was uns ebenfalls mehr Flexibilität verleiht.

Jürgen Daum: Welche Vorteile brachten Ihnen die übrigen Instrumente, die Sie genannt haben?

Rainer Gunz: Die Balanced Scorecard verlieh uns eine breitere Perspektive im Bereich Performance Management als das traditionelle Budget, das ja ausschließlich auf die Finanzzahlen fokussiert hat. Dies gab uns die Möglichkeit, die Treiber-Perspektive zu integrieren, uns also mehr auf die Treiber der Geschäfts- und Finanzperformance zu konzentrieren, auf Dinge wie Intangible Assets oder andere nicht-finanzielle Geschäftstreiber, statt nur auf die Finanzergebnisse zu schauen.

Der Rolling Financial Forecast sollte ein anderes Problem lösen, dasselbe das Jean Daniel Luthi bereits erwähnt hat: um aus dem Jahreszeithorizont auszubrechen, der immer kürzer und kürzer wird, wenn Sie sich dem Jahresende nähern, und der Schritt für Schritt Ihre Sicht im Performance Management immer mehr einengt und so Schritt für Schritt ihre Handlungsoptionen reduziert. Wir sagten deshalb, dass wir kontinuierlich eine Sicht auf acht Quartale in der Zukunft haben wollen, so dass wir mehr als das aktuelle Jahr sehen und mindestens zwei Jahre vor uns haben, wenn wir auf unsere Schätzungen schauen und wenn wir über unsere Prioritäten oder über Korrekturmaßnahmen nachdenken.

Beim Erstellen der Rolling Financial Forecasts konzentrieren wir uns nur auf die allerwichtigsten Treiberinformationen, Variablen wie beispielsweise Veränderungen bei Preisen, Währungskursen, Volumen etc.. Wir errechnen dann den Forecast auf Basis eines Modells, wobei wir diese Treiberinformationen als Input-Parameter verwenden. Dies beschleunigt den Prozess und erlaubt es uns, jedes Quartal einen Forecast mit einem Minimum an Ressourceneinsatz erstellen zu können. Das ist ein viel einfacherer und schnellerer Prozess als die Budgetierung. Es gibt keine Iterationen, die Ergebnisse des Forecasts müssen nicht erst freigegeben werden. Und da wir nun jedes Quartal einen neuen Forecast haben, können wir viel besser den Finanzbedarf oder die Liquidität planen. Er gibt uns auch Frühwarn-Informationen, die rechtzeitig Strategieanpassungen auslösen können.

Jürgen Daum: Wie passt das vierte Instrument, Benchmarking, dabei ins Bild?

Rainer Gunz: Benchmarking bedeutet Vergleich, und zwar relativer Vergleich. Sie vergleichen sich mit Ihrer Peer Group, Ihrer Vergleichsgruppe – normalerweise ist das eine Gruppe relevanter Wettbewerber.

Und um nichts anders geht es ja beim Thema Unternehmens-Performance: es ist eine relative Größe. Investoren und andere Unternehmens-Stakeholder vergleichen Ihre Performance mit derjenigen anderer, vergleichbarer Firmen. Wenn der gesamte Markt sich nach oben bewegt, werden alle Firmen, beispielsweise in der Petrochemie, bessere Ergebnisse zeigen. Ein Ergebnis das genau mit dem Marktzuwachs zu nimmt, ist dann fundamental keine bessere Performance. Es resultiert nur daraus, dass der Markt insgesamt sich nach oben bewegt.

Wenn Sie in den Augen eines Investors eine bessere Performance zeigen wollen, dann müssen Sie höhere Ergebniszuwächse als ihre Wettbewerber haben. Dasselbe gilt ebenso umgekehrt, wenn der Markt sich nach unten bewegt. Das ist das Grundprinzip von Benchmarking.

Wenn aber Investoren Unternehmen auf diese Weise beurteilen und Ihre Performance auf diese Weise bewerten, dann sollten Sie Ihre Performance intern nach dem gleichen Prinzip managen. Das ist der Grund, weshalb wir Benchmarking betreiben. Wir benchmarken die Effizienz von operativen Prozessen, Aktivitäten und Kosten auf unterschiedlichen Ebenen. Für uns ist Benchmarking auch die Vorrausetzung dafür, dass wir relative Ziele definieren können, die sich mit den Umfeld-Entwicklungen bewegen. Es ist die Basis für die Definition von soliden und akzeptablen Zielen.

Ein solches Ziel kann beispielsweise sein, in einem bestimmten Bereich „Best in Class" oder im ersten Quartil der Vergleichsgruppe zu sein. Nur mit einem solchen Benchmarking-Ansatz sind Sie in der Lage, sich selbst anpassende Ziele relativ zum Wettbewerb zu definieren. Und kontinuierliches Benchmarking macht die Unterschiede zwischen Ihrer eigenen Sicht auf ihre Unternehmen und derjenigen von Außenstehenden, eines Wettbewerbers bzw. allgemein aus einer Marktsicht, transparent und motiviert Sie folglich dazu, wichtige Fragen zu stellen.

Außerdem stellt das Benchmarking eine wichtige Grundlage unserer Performance Management Instrumente und Prozesse dar: es liefert die Maßgrößen, um im Rahmen des Rolling Financial Forecasts zu zeigen, ob sich die Dinge in die richtige Richtung bewegen, es hilft uns dabei, herausfordernde Ziele zu definieren und die Ziele und Messgrößen in der Balanced Scorecard zu priorisieren. Und schließlich hilft es uns, Investitionsprojekte aus einer Markt-/Wettbewerbssicht zu priorisieren.

Jürgen Daum: Sie haben nun vor einiger Zeit ein fünftes Instrument, das sogenannten Rolling Business Planning, eingeführt. Können Sie uns erläutern weshalb und wofür?

Rainer Gunz: Die Wiedereinführung des 3-Jahres-Business-Plans kann als die Antwort auf mehrere Anforderungen gesehen werden.

Als die OMV und IPIC 1998 Investoren bei Borealis wurden, fragten sie nach so etwas wie einem Budget, das sie als Input für ihre eigene Budgetplanung und für ihr eigenes Finanzberichtswesen verwenden können. Darüber hinaus, waren die neuen Eigentümer and auch das neue Management nicht mit der Gesamtperformance der Firma zufrieden gewesen. Beides hatte Auswirkungen auf unseren Beyond Budgeting Ansatz.

Wir wollten vermeiden, dass wir die guten Effekte unserer vier Instrumente verlieren. Deshalb kamen wir zu einer Lösung, die beiden Anforderungen gerecht wird: die flexible Steuerung unseres Geschäfts innerhalb von Borealis, wo erforderlich, basierend auf den vier Instrumenten, und ein diszipliniertes, finanzorientiertes Management interner Bereiche. Mit dem 3-Jahres Business Plan können wir auch unsere Eigentümer mit den Zahlen versorgen, die diese brauchen, um ihr Investment zu überwachen und um das Geschäft aus einer Shareholder-Value Perspektive zu steuern.

Der Business Planning Prozess ist mit den anderen vier Steuerungs-Instrumenten integriert: mit der Finanzvorschau, die durch den Rolling Financial Forecast produziert wird, mit den Kostenzielen, die durch das Benchmarking definiert werden, mit finanziellen und nicht-finanziellen Zielen und Messgrößen die in der Balanced Scorecard verwendet werden und mit den Ergebnissen unseres Investitions-Management Prozesses.

Business Planning ist ein rollierender Prozess der 3 Jahre in die Zukunft reicht. Und ähnlich wie der Operational Plan bei Nestlé, den Jean-Daniel Luthi erwähnt hat, benutzen wird den Business Plan auch zum Definieren der Jahresbonus- und Incentiveziele für das Management.

Was wir also versucht haben ist, das beste aus beiden Welten zu kombinieren: einen internen Beyond Budgeting Management Ansatz, der uns die notwendige Flexibilität gibt, die wir in unserem Geschäft benötigen, kombiniert mit der Möglichkeit das Geschäft aus einer finanziellen Gesamtsicht und aus einer Eigentümerperspektive zu überwachen und zu steuern.

Jürgen Daum: Herr Morldige, was ist ihre Meinung als BBRT-Mitglied und amtierender BBRT-Vorsitzender im Hinblick auf die benötigten Controlling-Instrumente? Was würden sie Unternehmen bzw. Ihren CFOs und Controllern raten, die erste Schritte in Richtung Beyond Budgeting tun möchten? Welches sind die wichtigsten Instrumente und Werkzeuge für den Anfang?

Steve Morlidge: Das ist die Frage, die mir am häufigsten gestellt wird. Und es gibt dabei eine Gefahr, nämlich die Gefahr, dass Sie denken, dass Sie einfach ein neues Controlling-Instrument einsetzen und das damit die Sache erledigt ist. Ich sehe diese Haltung vor allem in der Berater-Szene. Berater sind oft zu schnell dabei zu sagen, um Beyond Budgeting zu machen, brauchen etwas davon, diese Software, sie brauchen eine Balanced Scorecard, oder sie brauchen jenes. Und die Leute, die Berater im Beyond Budgeting Bereich führen, stehen unter jeder Menge Druck entsprechende Vorgehensweisen empfehlen zu können, um daraus ein Geschäft für ihre Firmen machen zu können.

Das ist keine gute Entwicklung, denn bei Beyond Budgeting geht es *nicht* um Instrumente Es geht vielmehr – und das wurde bereits mehrfach gesagt – um einen bestimmten Mindset, um eine bestimmte Denke, nämlich darum zu versuchen, von einer festen Sicht der Welt zu einer dynamischen Sicht der Welt zu kommen. Sie müssen zuerst diesen Schritt tun. Das ist wie einen Schalter in Ihrem Kopf um zu legen, wie das Rainer Gunz eben gesagt hat.

Sobald Sie das getan haben, ist die Frage der Controlling-Instrumente kein großes Problem mehr. Aber der größte Schritt ist es, diesen Schalter um zu legen und anderen Menschen in Ihrer Organisation dabei zu helfen, dies zu verstehen und das gleiche zu tun, diese Veränderung der Perspektive durch zu führen.

Ich glaube dass die meisten kompetenten Finanzleute und Controller, sobald Sie entschieden haben, diese Veränderung durch zu führen, Wege finden werden, damit es funktioniert. Sie werden die richten Instrumente finden, entwickeln und implementieren. Wenn wir dann etwas Hilfe anbieten, ist das wohl o.k.. Aber wie ich gesagt habe, im Grundsatz geht es bei Beyond Budgeting nicht um (Controlling-)Instrumente.

Im Bereich Instrumente ist es jedoch am einfachsten, und das ist meine Erfahrung aus dem Beyond Budgeting Round Table, mit dem Performance Messen zu starten. Es ist sehr einfach zu sagen, was wir machen werden ist, nur noch Gesamtjahressummen statt Größen wie „aufgelaufen" und „yearto-go" zu verwenden. Es ist sehr einfach zu sagen, wie hören damit auf, Abweichungsanalysen gegenüber dem Plan durch zu führen, stattdessen machen wir Abweichungsanalysen gegenüber dem Vorjahr oder wir wechseln von Abweichungsanalysen zur Darstellung von Zeitreihen, beispielsweise machen wir unsere Kostensteuerung auf der Basis von gleitenden Durchschnittswerten. Das sind einfache Maßnahmen, die Sie ergreifen können.

Und unsere Erfahrung ist, dass dies dabei hilft, den Prozess zur Veränderungen des Mindset zu beginnen, vor allem wenn Sie es auf die richtige Weise präsentieren.

Der Bereich jedoch, wo eine einzige Veränderung den größten Unterschied macht, ist der Bereich der Vergütung. Aber es ist nicht der einfachste Bereich. Ich würde gerne daran glauben, dass Sie als ehrbarer Mensch die Dinge tun, die gut für das Geschäft sind, unabhängig davon, was Sie bezahlt bekommen. Aber alle Erfahrung zeigt, dass Vergütungssysteme funktionieren. Menschen tun das, wofür sie bezahlt werden, auch wenn es nicht das richtige ist.

Jürgen Daum: In vielen der bekannten Beyond Budgeting Fallstudien zielte das Konzept vor allem auf die marktnahen Einheiten, wo die Notwendigkeit für eine flexible Reaktionsfähigkeit in Richtung Kunden und Markt als am drigensten eingeschätzt wird. Ich denke da beispielsweise an Handelsbanken oder Boots. Am anderen Ende der internen Wertschöpfungskette, in der Fertigung, sind Controller gewöhnlich skeptischer. Herr Dr. Gunz, Sie sind hier in der Runde der Vertreter einer Fertigungseinheit. Denken Sie dass Beyond Budgeting für alle Arten von internen Einheiten bzw. Funktionen funktionieren kann? Was könnten hier die Restriktionen sein?

Rainer Gunz: Nun, die Fertigungsseite ist hier vielleicht etwas problematischer als eine Vermarktungseinheit. Aber auch hier können Sie die Flexibilität verbessern.

Auf der einen Seite gibt es hier den Geschäftsprozess selbst, von der Nachfrageplanung, über die Fertigung bis zum Verkauf – hier geht es um die Frage der Verbesserung des Supply Chain Management, es geht darum, diesen Prozess flexibler zu machen.

Im Bereich Unternehmenssteuerung, das auf die Firma aus einer General Management Perspektive schaut und natürlich auch die Fertigungsstandorte mit einbeziegt, da können Sie relative, bewegliche Ziele vereinbaren, statt fixer Performance Ziele, wie bei der traditionellen Budgetplanung. Und das funktioniert auch für die Leute in der Fertigung. Das wird sowohl die Gesamteffektivität verbessern als auch die Kostenfunktion, die Qualität etc..

Eine Herausforderung könnte allerdings aus der Managementstruktur im Unternehmen entstehen. Wenn Sie eine eins-zu-eins-Beziehung zwischen Fertigungseinheiten und Vermarktungseinheiten haben, dann sehe ich keine größeren Probleme. Wenn Sie aber eine Mischung haben, wenn Sie also eine Fertigungseinheit haben, die mehrere Vermarktungseinheiten bedient, dann haben Sie das Problem, dass Sie die Verantwortung für das Ergebnis nicht wirklich aufteilen können. Dann wird das zum Problem. Und das war genau der Fall bei Borealis und das war beispielsweise einer der Gründe, weshalb wir hier nicht den Erfolg hatten, wie in anderen Bereichen, aus genau diesem Grund.

Jürgen Daum: Herr Morlidge, was ist Ihre Meinung dazu? Funktioniert Beyond Budgeting für jede Art von Organisation oder Einheit?

Steve Morlidge: Im Prinzip sehe ich keinen Grund, weshalb das nicht für jede Art von Organisation funktionieren sollte.

In der Tat ist beispielsweise einer unserer aktivsten Mitglieder im BBRT eine Wohltätigkeitsorganisation. Das mag Leute aus der Industrie überraschen, die es normalerweise kaum für möglich halten, dass Beyond Budgeting in einer Non-Profit-Organisation funktionieren könnte, wo das Budget, das ist ihr Eindruck, das einzige Steuerungs- und Controlling-Instrument darstellt. Aber es funktioniert in Wohlfahrtsorganisationen und es funktioniert ziemlich gut. Das wäre Nummer eins.

Nummer zwei ist, in Bezug auf den Fertigungsbereich, dass wenn ich auf mein Unternehmen schaue, dann haben unsere Fertigungsleute die Art wie wir fertigen trotz der Budgetierung grundlegend verändert, weniger weil wir budgetieren. Sie haben unsere Budgetformulare ausgefüllt, aber wenn Sie ein Werk, einen Fertigungsstandort bei Unilever heute besuchen, dann sehen Sie dort TPM (Total Productive Maintenance), wo es um die Vermeidung *jeglicher* Verschwendung geht. Es geht nicht um die Abweichung gegenüber dem Budget, sondern es geht um die Zahl Null, es geht darum, absolut *keine* Verschwendung zu verursachen.

Ein anderes Beispiel ist Kaizen, kontinuierliche Verbesserung – nicht kontinuierliche Verbesserung unter der Vorrausetzung, dass es im Budget eingeplant wurde, sondern laufende Verbesserung, ohne Grenzen.

Wenn Sie auf all diese wesentlichen Dinge schauen, die im Fertigungsbereich in unserem Geschäft geschehen sind, dann ist das auf Basis des Prinzips „laufend besser werden und den Wettbewerb schlagen" geschehen, nicht auf Basis der Verhandlung eines Budgets und des sich damit Vergleichens.

Ich denke, dass es aber immer noch offene Fragen gibt, wie beispielsweise im Bereich Transferpreise, das schon immer ein Problembereich war. Ich sehe hier keine Sofortlösung, aber ich glaube, dass es einen Ausweg gibt, mit gutem Willen und dem richtigen Mindset.

Ich glaube dass sowohl der Bereich Marketing und Vertrieb als auch die Fertigung im allgemeinen nicht die Problembereiche sind, wenn es um Beyond Budgeting geht. Dort spürt man den Druck flexibler und kundenorientierter zu werden und die Leute sind dort die ersten die zustimmen, wenn es um das Abschaffen des fixen Jahresbudgets geht.

Ich denke die problematischen Bereiche sind wahrscheinlich eher interne Einheiten, wo der Nutzen weniger offensichtlich ist und wo es wahrscheinlich ist, dass man Angst vor dem Verlust von Kontrolle und Macht hat.

Ich werde Ihnen ein Beispiel nennen, das sich auf eine interne Service-Einheit bezieht. Wir haben ein Human Ressorces Shared Service Center. Und dort erstellt man auch ein Budget. Man budgetierte, 500 Leute für die internen Kunden einzustellen. Aber die internen Kunden baten statt dessen darum 1000 Leute einzustellen und hätten gerne auch dafür bezahlt. Aber es war nicht möglich. Das Budget war bereits verhandelt und verabschiedet. Sie mussten also jemanden von Außen darum bitten, diese zusätzlichen Leute einzustellen, da das Budget sie daran hinderte, die Resourcen aufzubauen, die man benötigt hätte, um die Nachfrage zu befriedigen.

Wenn es uns also gelänge, interne Serice Einheiten, wie HR, ohne die Beschränkungen eines Budgets operieren zu lassen, dann können wir Beyond Budgeting überall zum funktionieren bringen.

Jürgen Daum: Herr Luthi, glauben Sie, dass Sie bei Nestlé für die Vermarktungseinheiten und die Fertigungseinheiten verschiedene Ansätze benötigen?

Jean-Daniel Luthi: Nein, ich denke das Gegenteil ist der Fall. Wir wollen auf jeden Fall die gesamte Organisation erreichen, da wir darauf zielen, die verschiedenen Teile der Organisation auf unsere Geschäftsziele gemeinsam auszurichten. Ich sehe also keinen Unterschied, im Gegenteil.

Jürgen Daum: Nun kommen wir zum letzten Themenbereich unsere Diskussion: Change Management. Herr Luthi, wie beabsichtigen Sie „Dynamic Forecasting" bei Nestlé zu implementieren und wie wollen Sie die notwendigen Veränderungen initiieren?

Jean-Daniel Luthi: Nun, zuallererst benötigen Sie die Unterstützung des Managements. Das Ziel ist es, den Mindset zu verändern, zu einer dynamischeren Sicht der Welt zu wechseln, wie es Steve Morlidge ausgedrückt hat. Es geht nicht einfach um ein anderes Berichtsinstrument. Das Management muss also das Konzept wirklich verstehen.

Sie haben vielleicht über die Presse von unserem sogenannten GLOBE-Projekt bei Nestlé gehört, womit wir unsere gesamten Geschäftsprozesse restrukturieren. Wir zielen damit auf die Implementierung von Best Practices und, als ein Teilprojekt, wechseln wir auch unsere Software-Anwendungen und -Werkzeuge aus.

Wir hatten Berater im Haus, um uns dabei zu helfen. Zusammen mit unseren IT-Leuten und unserem Projektmanagement haben sie mich besucht und sie sagten zu mir: „Wissen Sie, gemäß unserer Roadmap beginnt alles mit der Strategie und mit der Planung und Budgetierung. Sie sind also als erster dran. Wie sind Ihre Anforderungen?" Ich sagte, „Entschuldigen Sie, aber ich habe gerade die Funktion übernommen und ich kann Ihnen noch keine Antwort geben". „Sollen wir also ein Team dafür bilden?", fragten Sie mich. Ich sagte, „Nein. Das Team ist das Management unserer Firma. Das ist das Team."

Wenn wir damit beginnen unseren Unternehmens- und Performance-Management Ansatz zu verändern, berühren wir damit die Geschäftskultur in unserem Unternehmen, also wie das Management mit der Firma umgehen möchte, wie sie das Unternehmen führen wollen. Sie müssen also dort beginnen.

Und nicht jeder sieht sofort die Notwendigkeit für Veränderung. Sie müssen geduldig sein. Sie müssen diese Dinge immer wieder wiederholen, diskutieren und wieder diskutieren. Und sogar wenn jemand das zu verstehen scheint und zustimmt, müssen Sie immer wieder darauf zurück kommen, denn Sie werden feststellen dass das Verständnis möglicherweise nicht so ausfällt wie es eigentlich ausfallen sollte.

Jürgen Daum: Wenn ich es richtig verstanden habe sagen Sie, im ersten Schritt müssen Sie also für das entsprechende Bewusstsein im Management Team sorgen und Sie brauchen das Commitment des Management Teams. Was ist dann der nächste Schritt?

Jean-Daniel Luthi: Als nächstes mussten wir Unterstützung in der Organisation gewinnen. Der Grund, warum Sie das Budget oder das Planungssystem nicht verändern ist: Sie verändern es nicht, da es Zeit kostet und weil Sie immer viel zu beschäftigt mit anderen Dingen sind. Sie haben andere Prioritäten und die Leute denken, dass der alte Prozess so weit funktioniert ja hat. Das Ganze könnte also immer noch für die nächsten ein bis zwei Jahre funktionieren. Aber ich dachte dass das falsch ist, dass man wirklich versuchen muss, das Problem in Angriff zu nehmen.

Wir mussten also die Unterstützung der Leute aus dem operativen Geschäft gewinnen. Der nächste Schritt bestand also darin, die Idee den Leitern Finanzen und Controlling unserer Markteinheiten zu präsentieren.

In meiner Präsentation begann ich all die Probleme zu nennen, die wir mit dem aktuellen System hatten. Und alle stimmten zu. Alle stimmten zu, dass wir etwas verändern müssen. Ich sagte nicht mehr. Ich versprach nichts. Ich sagte nicht, was wir tun werden. Aber wir hatten ein gemeinsames Verständnis, dass wir etwas verändern mussten.

Danach begannen wir daran zu arbeiten und ich machte eine zweite Präsentation für das Management, um sie auf dem Laufenden zu halten und ihr Committment zu bekommen. Dann haben wir unser neues Konzept denen vorgestellt, die wir die Top 15 Market Heads nennen, also Leuten, die unser operatives Geschäft betreiben. Und sie stimmten ebenfalls zu.

Und dann schlug jemand vor, das ist klassisch, „ich denke wir brauchen einen Pilot Market" – denn dann können Sie die ganze Sache etwas verzögern. Gut war jedoch, dass jemand sofort sein Hand hob und sagte, „Jawohl, ich werde ein Pilot Market sein". Sein eigener Chef schaute ihn an und sagte, „Hey, wir haben das doch noch gar nicht diskutiert. Wir wissen doch gar nicht, auf was wir uns da einlassen". Aber da unser CEO dabei war, akzeptierte er den Vorschlag und wir hatten unseren ersten Pilot-Market. Wir haben jetzt vier Pilot-Markets, denn drei weitere Pilot-Markets haben sich freiwillig gemeldet, was für mich sehr erfrischend war.

Jürgen Daum: Was war in diesem Prozess noch kritisch - neben der Tatsache, dass Sie die volle Unterstützung der operativen Manager benötigten?

Jean-Daniel Luthi: Sie müssen die Leute aus dem operativen Geschäft in den Entscheidungsprozess mit einbeziehen.

Wir machten deshalb noch einmal eine Präsentation für die Market Heads, für die Leute aus dem operativen Geschäft. Und wir sagten Ihnen, dass wir am Ende der Präsentation mit einigen von Ihnen ein Arbeitskreis-Meeting haben werden. Außerdem sagten wir Ihnen, dass wir die Entscheidung vorwärts zu gehen, oder wann wir vorwärts gehen, von Ihrer Empfehlung abhängig machen werden. Und Sie waren sehr positiv gestimmt. Es war überraschend, wie enthusiastisch sie waren.

Sie müssen wirklich verstehen, dass es bei diesem Projekt, das wir jetzt „Dynamic Forecasting" nennen, nicht um Finanzreporting geht. Es geht vielmehr darum, das Geschäft auf eine viel flexiblere und dynamischere Weise zu managen. Deshalb mussten wir mit den Leuten aus dem operativen Geschäft reden und diese sind gewöhnlich dafür, das alte fixe Jahresbudget los zu werden und es durch etwas passenderes zu ersetzen. Oft sehen diese Leute die Notwendigkeit für eine Veränderung schneller und sie sehen diese als dringender an als die Stabsabteilungen in der Zentrale.

Tatsächlich kam der Wiederstand gegen das neue Konzept hauptsächlich aus sogenannten Zentralen, von denen, die vom eigentlichen Geschäft ziemlich weit entfernt sind. Leute aus dem operativen Geschäft sind sich normalerweise mehr bewusst über das Problem mit dem Budget als die Stabstellen in der Zentrale.

Der Grund liegt darin, dass sie neue Produkte einführen und Werbemaßnahmen planen müssen unter Bedingungen, die durch kontinuierliche Marktveränderungen geprägt sind. Auch müssen sie bereits jetzt, im Juni, mit dem Einzelhandel für nächstes Jahr in Verhandlungen treten. Und sie wollen, das dies mit einbezogen wird, dass dies irgendwie berücksichtigt wird.

Wer sollte also den Veränderungsprozess voran treiben? Ich glaube, dass die Finanzleute und Controller dies eigentlich nicht tun sollten. Das Problem ist aber, wenn Sie die Finanzleute und Controller beiseite lassen, und fragen, „Wer dann?", dann kommen Sie normalerweise auf Finance& Controlling zurück.

Warum? Vielleicht weil wir das System am besten kennen, weil wir es gewohnt sind, als „Change Agent" zu fungieren, zu kommunizieren – wir verfügen gewöhnlich über ein starkes internes Netzwerk. Aber selbst wenn der Finanzbereich für das Projekt verantwortlich ist, müssen Sie sicher stellen, dass es nicht als Finanzprojekt gilt, dass es nicht als ein Projekt für die Implementierung neuer Finanzinstrumente betrachtet wird. Das ist ein wichtiger Punkt.

Jürgen Daum: Herr Dr. Gunz, aufbauend auf Ihrer Erfahrung bei Borealis, was würden Sie anderen Unternehmen empfehlen, die flexibler werden möchten und die eine Art von Beyond Budgeting implementieren möchten?

Rainer Gunz: Wenn Sie eine Veränderung im Bereich Budgetierung erreichen möchten, dann müssen Sie darüber nachdenken, was Sie genau verändern möchten. Gemäß dem BBRT Beyond Budgeting Modell gibt es zwei verschiedene Bereiche: einer ist das Führungssystem, die Führungsprinzipien, und ein anderer ist das Performance Management.

Wenn Sie nur das Performance Management verändern möchten, dann konzentrieren Sie sich normalerweise darauf, ihren Werkzeugkasten zu verändern, neue Controlling-Instrumente zu entwickeln und zu implementieren. Und das ist der einfachere Teil.

Wenn Sie aber einen Schritt weiter gehen möchten, wenn Sie Leute wirklich „empowern" möchten, wenn Sie ein anderen Führungssystem haben möchten, dann kommen Sie in einen Bereich, wo die Dinge komplexer werden. Dann müssen Sie sich mit der Kultur in einem Unternehmens beschäftigen, mit den Soft Facts.

Normalerweise können Sie beide Bereiche auch nicht hart voreinander trennen. Wir haben bereits darüber gesprochen: auch wenn Sie nur die Instrumente verändern wollen um flexibler zu werden, erfordert dies Veränderungen auf der Verhaltensseite, im Denken.

Ich glaube, dass ein Ansatz beim Führungsmodell mehr Nutzen bringt, als nur die Verbesserung der Instrumente. Aber Sie müssen sich bewusst sein, dass dies harte Arbeit bedeutet und dass eine solche fundamentalere Veränderung nicht einfach ist und Zeit braucht. Und man braucht dazu mindestens das Top-Management, das diesen Prozess unterstützen und voran treiben muss. Aber ein guter Start ist es auf jeden Fall, von festen Zielen zu relativen Zielen zu wechseln.

Jürgen Daum: Herr Morlidge, Sie haben vorher, vor dieser Diskussion in Ihrer Präsentation erwähnt, dass Vertrauen einer der wichtigsten Erfolgsfaktoren ist, die man braucht, um sich vom Budgetierungsmodell, vom festen Performancevertrag verabschieden zu können. Viele sagen, dass die traditionelle Budgetierung stattdessen Misstrauen innerhalb der Organisation nährt. Sie gewöhnt die Leute an einen politischen Prozess und Misstrauen ist überall präsent. Wie kann man davon Abschied nehmen und zu einer Organisation werden, die auf der Basis von Vertrauen agieren kann?

Steve Morlide: Um diese Frage zu beantworten, werde ich Ihnen eine Geschichte aus meinem privaten Leben erzählen.

Meine Organisation in diesem Bereich ist meine Familie. Ich habe drei Kinder. Das älteste ist neunzehn, das jüngste zehn und die mittlere sechszehn. Wir haben eine relativ entspannte Haushaltsorganisation mit nur wenigen Regeln. Wir verlassen uns auf die Kinder, dass Sie die richtigen Dinge tun, dass sie helfen, ohne darum gebeten zu werden und so weiter.

Aber meine mittlere Tochter unterscheidet sich von den beiden anderen hinsichtlich Ihres Temperaments. Den beiden anderen lassen wir viel Freiraum und sie missbrauchen diesen nicht. Kontrolle ist für uns also kein Problem, weil wir wissen, dass wir uns auf sie verlassen können. Meine mittlere Tochter ist jedoch, wie ich gesagt aber, anders, und es ist letztes Wochenende bis zu dem Punkt bekommen, dass meine Frau über meine Tochter so verägert war, dass wir eine Familienkonferenz einberufen mussten.

Ich erzähle Ihnen das hier nicht, um mich hier meiner Familienprobleme zu entledigen. Aber für mich illustriert das sehr gut den Punkt, um den es mir hier geht. Vertrauen bedeutet los zu lassen. Aber wenn jemand dieses Vertrauen missbraucht, wie meine Tochter, dann müssen Sie etwas tun.

Und glauben Sie mir, ich hasse diese Art Auseinandersetzung, weil man sich mit ihr hinsetzten muss und ihr Dinge sagen muss, die ihr nicht gefallen. Wenn Sie ihre Kinder lieben, dann hassen Sie derartige Dinge. Aber wir mussten es tun. Also haben wir eine Vereinbarung getroffen darüber, was sie tun wird und was sie von uns bekommen wird. Wir müssen diese Vereinbarung nun überwachen und hoffentlich wird sie sich daran halten! Und eines Tages werden wir diese dann vielleicht zerreisen und in den Papierkorb werfen.

Für mich bedeutet also Vertrauen, los zu lassen und die Konsequenzen zu akzeptieren. Wenn aber diese Konsequenzen negativ sind, dann muss man aktiv werden, aber hoffentlich dabei das Kind auf den richtigen Weg zurück bringen, statt sie auf die Straße hinaus zu werfen. Der einzige Weg Vertrauen zu etablieren ist für mich, einfach damit zu beginnen. Fangen Sie damit an, lassen Sie los, und reagieren Sie auf das, was passiert.

Jean- Daniel Luthi: Manchmal ist falsches Verhalten aber auch eine Frage der Persönlichkeiten und der Übereinstimmung von Persönlichkeiten mit dem Rest der Organisation. Wenn Sie beispielsweise einen Geschäftsführer mit seinem bestimmten persönlichen Stil in eine Organisation setzen, die einen ganz anderen Stil lebt, dann wird die Organisation möglicherweise nicht mehr so funktionieren wie vorher und Leute beginnen sich fehl zu verhalten.

Es geht also hier nicht einfach darum, dass die falschen Dinge getan werden, sondern dass die Organisation vorher eine andere Führungspersönlichkeit und einen anderen Stil gewohnt war. Manchmal geht es deshalb nicht um Vertrauen, sondern um die Übereinstimmung bzw. Nicht-Übereinstimmung der Persönlichkeit eines Geschäftsführers mit dem Rest der Organisation, was das negative Verhalten verursacht. Wir sollten uns dieser Tatsache ebenso bewusst sein.

Jürgen Daum: Vielen Dank Herr Dr. Gunz, Herr Luthi und Herr Morlidge, dass Sie sich die Zeit für diese interessante Diskussion genommen haben.

Life Beyond Budgets? An Implementation Story - Beyond Budgeting at Unilever

Steve Morlidge[1]

This article describes how in Unilever we are attempting to change the conventional annual fixed budgeting process in a fundamental way. In particular it outlines how we are taking the ideas of 'Beyond Budgeting' – which will be familiar to many - and operationalising them in the context of a large, traditionally managed, company with it's own unique and venerable business culture.

> *"No wonder it's called the annual plan... it takes all year!".*
> *" Yes I <u>know</u> it's the right thing to do... but it isn't in the budget".*
> *I don't care that you gained market share.... why didn't you hit your growth target? "*
> *"You didn't spend your budget....how can you be so stupid?"*

Does this all sounds familiar?

All the evidence suggests that most of us who work in large organisations do. In survey after survey business people make the same three complaints about their budgeting system:

- *Cost and bureaucracy*: Resources are wasted in this exercise and that the benefits are dubious.

- *Bad behaviour*: In the words used in recent survey conducted by the Hackett Group 'the quality of budget data is compromised by cautious behaviour and that it fosters political agitation instead entrepreneurship'[2].

- *Inflexibility*: It takes too long (usually about six months) to complete the process and as a consequence plans are often obsolete before the results are published. Also the annual nature of the event makes businesses slow and unresponsive.

---

[1] Steve Morldige is change leader for Dynamic Performance Management at Unilever Plc, the Unilever Group's "Beyond Budgeting" project. He also is actually chairing the European arm of the BBRT.
[2] see the Hackett Study „Quo Vadis Budgeting?" from 2003

It also common to hear this refrain:

> *"this process is rubbish……..next year it will be different."*

The experience of most of us is that *despite the very best of intentions somehow nothing ever really changes.*

Why is this and what can we do about it?

The Problem...and the Solution

Perhaps the most important insight given to us by the Beyond Budgeting movement is that we are talking about a performance management *system*. A system made up of a series of interdependent and interlocking processes.

If we don't fully understand how these processes comes together to shape practices and collective behaviour and deal with the problem holistically our attempts to bring about change will be doomed to failure. Having understood the problem we then need to then find ways to build individual processes that achieve the same purpose – but without systemic failings of the old ways of doing things.

What might this involve?

Target Setting "FROM CEILING TO THRESHOLD"

In a conventional performance management system targets are expressed as annual, fixed, absolute numbers (e.g. 'E20m in 2004'), which are usually arrived at through a process of negotiation. Once targets are struck it is then the role of management to deliver a performance in line with the targets and in the process they take on the nature of a quota

In this way a target becomes a ceiling on performance.

In order to create an adaptive system – adaptive to the real world - ideally a target should be drawn from the environment; the growth of our markets, the performance of our competitors. Then, instead of trying to meet a negotiated number, we should try to beat this performance standard.

Rewards System "FROM MEET TO BEAT"

Typically incentives are linked to the achievement of targets in a mechanistic way. The argument goes that 'people need to be incentivised to meet targets'. Incentives – where the link between performance and pay are defined exactly in advance – are 'necessary to motivate people'.

All too often in practice however it is most common to see the power of incentives to motivate expressed in the wrong way - in driving people to negotiate harder for less stretching, more achievable targets! It is invariably easier to negotiate a target down then it is to lift performance up

In order to eliminate dysfunctional and damaging behaviour that we often see associated with the setting up or achievement of targets, we need to decouple incentives from fixed, negotiated targets.

There is no one 'right' way of doing this. One approach might be to base rewards on a judgement made 'after the event', in context. It is only after the event that we know what actually happened in the business environment rather than what we assumed would happen and how our performance compares to our competitors or peers.

Planning " FROM PREDICT AND CONTROL TO PROJEXT AND ACT"

For many businesses building the annual plan is effectively an exercise in target negotiation. The original purpose – the requirement to anticipate the future and put in place appropriate plans – has been forgotten. Planning arteries become clogged because of need to demonstrate why our targets (or budgets) should be lower or, if you are on the other side of the negotiation, higher.

Once agreed the plan it then becomes 'contract'. Changing it involves breaking this 'contract' and a different outcome a failure to deliver on a commitment.

However, once the critical step of decoupling targets and reward has been made, the planning process is free to do the job that it needs to do - to anticipate what the future might look like and so help ensure that we have plans in place to exploit opportunities and mitigate likely risks.

Measurement and Control "COMPLY TO PLAN TO SIGNALS FROM NOISE"

The restrictive nature of conventional planning processes is compounded by our over-reliance on one measurement tool: variance analysis. Variance analysis reduces the complexity of real life to one number - usually a simple comparison between an actual and a plan. The latter, the plan, often constitutes no more than an informed guess made perhaps twelve months prior to the event.

The world is a complex and dynamic place. In order to understand it properly we need a range of measures that help us detect those trends and patterns that are important for the health of our business.

Investment Management "FROM ENTITLEMENT TO EARN"

The process of building annual plans and negotiating targets in a conventional system requires us to fully allocate all available resources to projects or areas of the business. Once allocated in this way they become an entitlement to spend.

When we do this do we know what the money will be spent on? Do we know how effective any expenditure is likely to be? Are we aware of the alternative uses for these resources? Do we even know whether we can afford to spend resources in this way?

The answer to all these questions is usually no.

We need a dynamic resource allocation process where we make resource allocation decisions when we need to (and not before) based on a full understanding of the merits of any particular investment and those of the alternatives available to us.

Those of us who have asked a bank manager for a loan will be familiar with this kind of process.

Co-ordination "FROM PUSH TO PULL"

In anything but the smallest business annual business plans come together to form an interlocking network of fixed financial contracts, which ties the business up in a rigid structure.

Having created a flexible system of business units, able to respond quickly and flexibly to challenges thrown up by the outside world, how do we make sure that this new found freedom doesn't result in chaos?

We need to build processes to continuously co-ordinate the activities of multiple business units such that collectively they continue to work in a synergistic way.

The Challenge of Change

All this might sound like a big, radical change.

That's because it is!

It would be, even in a small company, but Unilever has a turnover close to E50 billion, a quarter of a million employees working in 250 individual business units in 150 countries all over the world.

It won't be surprising, therefore, to discover that probably the most common response to this initiative in Unilever is that 'this is too big'. 'Big' not just because of the need to change processes, but also big because it involves a shift in mindset and behaviour and not only in Finance people.

The answer to this problem lies in 'sequencing'. Managing the order in which things are done, such that change can be 'chunked' up into smaller manageable initiatives, each of which deliver some incremental benefit at acceptable risk but which, collectively and over time, come together to shift the state of the whole system.

The Unilever Experience

There are a number of ways in which this issue of sequencing can be tackled. I will offer a couple of perspectives that have been particularly helpful in tackling this issue in Unilever.

The Roadmap
The first is embodied in what we have christened our DPM 'Roadmap'. This 'roadmap' sets out, for each of the six processes, a transition process from 'fixed, annual, negotiated' to 'flexible, continuous, improvement compared to peers' based on three key steps which are shown in Figure 1.

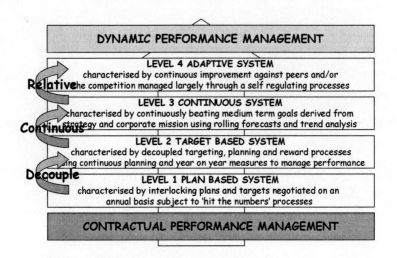

Figure 1 The Roadmap

This roadmap is based on simple logic, which, we argue, suggest a broad sequence in which changes have to take place – recognising than in reality things will inevitable be more complex. It is only a map – everyone will have to choose their own destination and plot their own route depending on the needs of the business, the means at their disposal and the local 'terrain'.

Step 1:

The first step involves moving from Level 1 (a conventional system) to Level 2, which is still conducted within the constraints of the financial year but which is more FLEXIBLE. The key to making this step is to decouple target setting from incentives

Step 2: The second step – from Level 2 to Level 3 – involves breaking the constraints of the financial year, making performance management CONTINUOUS in nature. The key to making this step is to create stable medium term goals.

Rolling forecasts (which are the engine of such a system) cannot be made to work properly without medium term goals. Where targets are still negotiated annually the forecast almost inevitably becomes the first 'bid' in the process. Also – perhaps more to the point – one cannot act upon the output of the forecast process if no goals exist. If we don't know whether performance is satisfactory or not – we don't know whether action is required.

Step 3

The third step – to Level 4 – involves the creation of a truly adaptive system by factoring the relative performance of others – competitors or peers into the target setting process. In this way the objective becomes IMPROVEMENT COMPARED TO PEERS.

The Change Factors

The second perspective on change involves thinking about the factors of change.

There are two. The first set are those that provide the ENERGY FOR change. The second are those that create the RESISTANCE TO change.

Often we only consider the forces *for* change – the problems we are aware of, the vision for how things might be in the future and the practical steps we can take to change things. In practice we commonly find that if we simply 'push' harder we stiffen the resistance to change.

It is this that has guided our thinking in Unilever. What then we have done to help remove some of the obstacles to change?

Corporate Level Planning

The majority of 'budgeting' activity is carried out at relatively 'low' levels of the business – and this is where most of its negative effects are felt. But, at least in our business, a significant barrier to change is the corporate ('high' level) requirement for 'budgets' or detailed annual plans.

Over the last three years in Unilever this corporate requirement has been progressively reduced.

In the first year the requirement for monthly phasing was dropped.

In the second year quarterly phasing was eliminated.

This second step is more significant than it first appears since, without phased plans, calculating 'variance against plan' is not possible. Backward looking, static analyses have been replaced by analyses that help explain the dynamics of the business.

At the same time fixed phased annual plans were replaced by monthly forecasts – for the quarter and the balance of the year.

Over the last year, in addition to the periodic requirement to 'roll' these forecasts to the end of the next financial year, our processes have been augmented by 'Range Forecasting'.

Range Forecasts describe a range of possible outcomes around the conventional 'single point' forecast with a defined probability - in our case 90%. They are key to our new process – as well as providing us with an understanding of risk they play a critical role in helping to change the nature of conversations in the business.

The replacement of a set of corporate budgeting processes with ones based on risk based forecasts doesn't automatically change practices right throughout the organisation. Those people in Unilever who still budget in a conventional sense (and most still do) do so, because they choose to, not because they are required to. But each year that passes will help convince them the requirement for detailed plans will not creep back (old habits die hard).

Incentives

Two years ago Unilever's incentive scheme was fairly typical of example of the genre.

Every individual business unit had significant sums of incentive pay tied to the achievement of financial targets derived from the 'Annual Plan'. The exact level of pay was determined by the position of the business unit within a 'matrix', the axes of which were made up of 'revenue growth' and 'profit'.

The behaviour it generated was also fairly typical.

Energy was focussed inwards not outwards. On negotiating targets, rather than on beating the competition. On sticking to 'plans', rather than responding to opportunities.

Clearly the incentive scheme was an enormous block to the kind of change we want to introduce and had to be changed.

Fortunately the problems with the scheme were obvious to many people and we were able, in partnership with HR colleagues, to engineer changes to the scheme.

The main changes that have been made were:

- Moving the 'incentive pay point' from local 'Operating Company' to 'Business Group' level (250 to 15) to reflect the fact that most of the portfolio management decisions made in the business (which drive changes to 'plans') are made at BG level
- Widening the incentive range, so that fewer business units will find themselves 'off the matrix' (above or below) and consequently without any financial incentive to improve performance
- Replacing the 'stepped' structure of the matrix with a linear profile to eliminate the 'gaming' that takes place wherever the incentives take a 'jump'
- Introducing a significant (typically 25%) 'judgemental' component in incentive pay – based on three main criteria - performance in context (of the market), sustainability and execution of strategy.

2004 is the first year of operation for the new scheme, so it is too early to make a judgement about how successful it has been in operation. However, if you take the view, as I do, that the most one can achieve in large complex organisations is to minimise the damage caused by 'global' incentive schemes, then there is good reason to believe that this modest goal has been at least partially achieved.

Forecasting

Without reliable forecasts we will be reluctant to let go of detailed annual plans. Even though we might be aware of the defects of annual budgeting, the rigour and the wealth of detail that it produces can give us a sense of comfort in an uncertain world.

My experience is that forecasting is a poorly developed competence in most businesses, in large measure because of our traditional over reliance on detailed 'bottom up' annual planning. In this respect Unilever is no exception.

The steps we are currently taking to address this weakness are:

- Establish forecasting policies and definitions: Well defined accounting polices and practices are a prerequisite for good 'historical' information. The provision of quality information about the future requires us to define what a forecast is, how we should deal with different classes of events, and how we measure success.
- Define forecasting best practice and provide training where appropriate: Too often businesses attempt to forecast using the same processes they use for building annual plans – processes which require hundreds of man hours to produce a result and which overwhelm the user with information often in a form which cannot easily be put to good use.
- Provide practical help and support to operators: Even without the day to day pressures of business life building new processes is not an easy task – and every business has its own particular problems and issues which demand the support of a specialised team.

Conclusion

So, in broad terms, these are the measures we have taken so far to introduce some of the ideas of Beyond Budgeting in a large and complex organisation.

What I have described is not comprehensive – there is much fantastic work that I haven't mentioned – nor is it complete. In many senses the journey is only just beginning.

Perhaps all we have achieved so far is to create the potential for meaningful change, which for me means changing behaviours within our local businesses – changes which will impact almost everyone that works for our business in a positive way. But the signs are, I believe, promising and although every implementation is unique our story provides some lessons for anyone else wanting to tread the same path.

Lessons

For me there are two big lessons.

The first is that this is, and has to be, a big change, both in terms of its scope and potential impact.

Failures that can be traced back to a lack of awareness of, or a reluctance to engage fully in, the whole system. The 'Beyond Budgeting' philosophy provides a rich and productive seam of ideas to be mined.

The second lesson is that, while there is a basic framework or set of principles provided by the nature of the problem, there is no single 'right way' of bringing about change of this kind.

Organisations will differ in scale, culture and business context. Change agents will have different personalities and will find themselves in different roles.

All this will effect the strategy that needs to be employed, and will make the process of change easier or more difficult. But no combination of factors will make change inevitable. Whilst I believe there are some basic principles, no combination of factors make change impossible.

Any change worth making needs a committed group of people with a mission – and the courage to step forward, when an opportunity presents itself (which it will) to make a difference.

Only in this sense is the journey of change the same for any of us.

Vom Controlling zum Business Support - „Beyond Budgeting" bei Boots/BHI. Ein Interview mit Matthias Steinke, CFO bei BHI Deutschland[1]

Jürgen H. Daum / Matthias Steinke[2]

Boots Healthcare International (BHI) ist der am schnellsten wachsende Geschäftsbereich der im FTSE-Index der Londoner Börse gelisteten Boots Gruppe. BHI beschäftigt sich mit der Herstellung und Vermarktung von verschreibungspflichtigen und nicht verschreibungspflichtigen Medikamenten sowie Produkten zur Gesundheitspflege. Das Produktspektrum umfasst die Marke Strepsils (obere Atemswegserkrankungen), in Deutschland bekannt unter den Markennamen Dobendan und Dolodobendan, die Marke Nurofen (Kopfschmerzen); und die Marken Clearasil, Balneum, Balneum-Ölbad und Hermal (Hautpflege und Hauterkrankungen). Mit der Marke Hermal ist BHI in Deutschland Marktführer im dermatologischen Arzneimittelsektor. Die Produkte werden in 130 Ländern vertrieben – also weltweit. BHI unterhält Entwicklungslabors in Nottigham, in Paris und in Reinbek bei Hamburg.

Als sein Unternehmen vor einigen Jahren von der britischen Boots-Gruppe übernommen wurde, war Herr Steinke bereits im Unternehmen tätig und hat den Übergang von einem traditionellen Budgeting- zu einem Beyond Budgeting-Ansatz und von einer deutschen Managementkultur zu einer englischen Managementkultur hautnah miterlebt.

Im folgenden Interview diskutiert Jürgen H. Daum mit Matthias Steinke, die wesentlichen Eigenschaften, des Boots/BHI „Beyond Budgeting"-Steuerungssystems und die Konsequenzen für die Rolle der Controller im Unternehmen.

Jürgen H. Daum: Herr Steinke, kann man auf Budgets verzichten und trotzdem erfolgreich steuern? Ist Controlling und budgetlose Steuerung ein Widerspruch? Was sagen Sie dazu als Controller in einem Unternehmen, das keine festen Budgets kennt?

Matthias Steinke: Meiner Meinung nach ist das kein Widerspruch – im Gegenteil: Wir erleben hier im Alltag, dass die Steuerung ohne feste Jahres-

---

[1] Dieses Interview ist erschienen in: Der Controlling Berater, Heft 2, März 2005, S. 143-148
[2] Matthias Steinke ist Leiter Finanzen und Controlling bei Hermal Kurt Herman GmbH, einem Unternehmen der britischen Boots Gruppe.

budgets besser funktioniert als das bislang übliche Konzept der fixen Jahresbudgets.

Zwar beginnen auch wir ein neues Geschäftsjahr damit, dass wir im Rahmen unserer Geschäftsplanung einen so genannten „Operative Plan" erstellen. Die Absicht ist aber nicht, damit Ressourcen und Maßnahmen im voraus für ein ganzes Jahr fest zu legen. Es ist mehr ein erster Entwurf, der dann während des Jahres laufend an neue Geschäftsbedingungen angepasst wird. Der Zeck des Operative Plans ist es auch nicht, möglichst genaue Zahlen für die Zukunft zu ermitteln, sondern als Katalysator für den Managementdialog zu dienen, um gemeinsam und koordiniert festzulegen, wo wir hin wollen und wie wir unsere Ziele erreichen können und wollen.

Wie ist das zu verstehen, dass der Operative Plan nicht fix ist?

De Operative Plan wird im Laufe des Jahres ständig überarbeitet und angepasst. Es wird bereits nach wenigen Wochen einem rollierenden Forecast-Prozess unterzogen, der die eigentliche Basis für die Steuerung in unserem Unternehmen darstellt. Im Rahmen des Forecasting-Prozesses werden die ursprünglichen Annahmen immer wieder hinterfragt, und bei wesentlichen Veränderungen ändern wir auch unsere Pläne. Nur so können Sie heute in einem dynamischen Marktumfeld erfolgreich sein.

Und genau darum geht es ja beim Thema Controlling. Ein Widerspruch an sich zwischen Controlling, also zwischen der Steuerungsfähigkeit eines Unternehmens, und einem „budgetlosen" Vorgehen im beschriebenen Sinne sehe ich nicht. Das Beyond-Budgeting-Verfahren hat sich für uns einfach als das effektivere erwiesen.

Weshalb ist das bei Ihnen praktizierte Verfahren effektiver?

Wir bei BHI in Deutschland sind Teil eines großen Ganzen, nämlich der weltweit agierenden Business Unit BHI, die wiederum der Boots-Gruppe gegenüber ihre Ziele erreichen muss. Und um diese Ziele anzusteuern ist es, wie die Erfahrung zeigt, viel einfacher und sinnvoller, wöchentlich, monatlich, gegebenenfalls auch täglich variabel auf sich verändernde Märkte zu reagieren, anstatt zu versuchen, starre Budgets auf Gedeih und Verderb zu erreichen.

Kommt zum Beispiel die Positivliste für den Erstattungsmarkt in Deutschland nun im Juli, August, September? Solche Dinge können in unserem Geschäft signifikant verändern, was an Ergebnis für eine Business Unit möglich ist. Sie müssen sich dann möglichst schnell darauf einstellen, indem Sie mögliche Chancen nutzen, auch wenn diese in der ursprünglichen

Planung nicht vorgesehen waren, und indem Sie negative Entwicklungen, auf die Sie keinen Einfluss haben, an anderer Stelle kompensieren. Unterm Strich würde ich sagen: man kann seine Ziele als Unternehmen oder Business Unit auf diese Weise viel besser erreichen als mit der klassischen Budgetplanung und -steuerung.

Können sie den flexiblen Unternehmensplanungs- und Steuerungsprozess bei BHI näher erläutern? Wie startet dieser?

Der Steuerungsprozess, also das Performance Management, startet und endet mit einem sogenannten Performance Contract, den alle Business Units mit der Boots-Gruppe eingehen. Dieser Contract umfasst ein Commitment der Business Units für die Erreichung bestimmter Sales-, Profit-, Cash-Flow-, Economic-Profit[3]- und Value-Ziele – letzteres ist eine Art Discounted Cash Flow, also der auf den Gegenwartswert abgezinste Kapitalfluss der nächsten fünf Jahre. Dieser Performance Contract wird jedes Jahr aktualisiert.

Jede Business Unit, auch BHI, bricht dann den eigenen Performance Contract auf die einzelnen SPCs[4] herunter. Die Top-down-Vorgaben sind zunächst nur ganz grob und beziehen sich auf Kernaussagen. Im Fokus steht das so genannte „Organic Growth", also das mögliche Wachstum aus Eigenkraft, nicht durch Zukäufe. Damit soll die Vergleichbarkeit mit den Vorjahren geschaffen werden, denn auf diese Weise können wir tatsächlich Äpfel mit Äpfeln vergleichen – bei uns heißt das „like-for-like". Gleichzeitig soll auch der Fokus auf den Ausbau der inneren Wachstumsstärke einer Einheit gerichtet werden.

Die Finanzzahlen sagen darüber meist wenig aus. Deshalb stehen bei uns im Rahmen der Planung und Steuerung Fragen im Vordergrund wie z.B.: Wie habe ich eine bestehende Marke im Markt etabliert und wie erhalte ich sie gegen den Mitbewerber? Wie gewinne ich Marktanteile? Es geht darum, die Kernkompetenz der Unit transparent zu machen, Umsatzwachstum, Ergebniswachstum und Wert zu schaffen.

Diese Zielgrößen werden auch laufend überwacht und müssen dann bei der Bottom-up-Planung der SPCs berücksichtigt werden. Eine Region mit beispielsweise zehn SPCs kennt dann in Summe und für jede einzelne SPC die

---

[3] Economic Profit = Operatives Ergebnis ("Profit") abzüglich der Kapitalkosten.
[4] SPC = Strategic Profit Center. Die Strategic Profit Center sind die lokalen Vermarktungseinheiten in den verschiedenen Ländern. In Deutschland gibt es beispielsweise zwei SPCs: eines für den sogenannten Erstattungsmarkt (rezeptpflichtige Medikamente – bei BHI wird das Reimbursed bzw. Rx genannt) und eines für das OTC-Geschäft (OTC = Over-The-Counter: rezeptfreie Produkte).

Kennzahlziele. Jeder kennt am Anfang eines Geschäftsjahres seinen Anteil und das ist dann die Momentaufnahme, die wir Operative Plan nennen.

Aber der Operative Plan bleibt eben, im Gegensatz zum traditionellen Jahresbudget, nicht fix. Bereits nach vier Wochen im neuen Jahr beginnen wir, uns die ersten Gedanken über einen Forecast zu machen, also darüber, wie es denn tatsächlich aufgrund der sich aktuell abzeichnenden Entwicklungen wohl laufen wird. Vier bis fünf Mal im Jahr haben wir offizielle Forecast-Runden.

Gibt es auch Forecasts außerhalb der normalen Forecasting-Runden – also Ad-hoc-Forecasts?

Ja, natürlich. Forecasting wird nicht allein als institutionalisierter Prozess verstanden, der nur die Informationsbedürfnisse der Zentrale befriedigen soll, und den man dann eben mitmachen muss. Forecasting findet eigentlich immer statt. Denn das Forecasting dient zunächst einmal der Steuerung auf der lokalen, auf der SPC-Ebene, und dann auf der regionalen Ebene.

Eine wichtige Funktion hat das Forecasting gerade auf der regionalen Ebene, da Sie da Entwicklungen auf lokaler Ebene ausgleichen können – wozu das lokale SPC selbst nicht in der Lage wäre. Lokale Forecasts, die irgend eine Bedrohung oder auch eine Chance zeigen, auf die lokal nicht reagiert werden kann, schlagen dann sofort in die regionale Ebene durch und schieben dort einen Ad-hoc-Forecast über die ganze Region und alle ihre SPCs an.

Was könnte eine solche lokale Bedrohung zum Beispiel sein?

Das Ausbleiben der Grippewelle in Polen etwa, das dadurch den lokalen Umsatz in der Category „Obere Atemwegserkrankungen" gefährdet, wäre so ein Auslöser für einen Ad-hoc-Forecast über die ganze Region – wenn die erwartete Umsatzabweichung signifikant ist und lokal keine Chance zum Ausgleich besteht.

Der Forecast zeigt dann etwa, dass man das Umsatz- und Profitziel auch auf regionaler Ebene verfehlen wird, wenn nichts geschieht. Dann schaut man, wie man durch höheren Marktingsupport anderorts diesen Umsatz wieder kompensieren könnte.

Kann ich durch geeignete Maßnahmen, zum Beispiel durch einen vorgezogenen Produktlaunch einer Line Extension von Clearasil, den Umsatz in den Niederlanden stärker pushen? Oder kann ich durch eine Kooperation oder durch einen zusätzlichen, geleasten Außendienst das Rx-Umsatzziel in Deutschland erhöhen? So wird eben über die Monate flexibel gesteuert –

immer mit Blick auf die Erfüllung des Gesamtziels und unter Ausnutzung auftretender Chancen, die dann auch zur Kompensation nichtbeeinflussbarer negativer Entwicklungen dienen können. Wir beobachten mögliche Ups and Downs und versuchen über den sogenannten Trade-off-Management-Prozess, Risiken zu begrenzen bzw. zu kompensieren und Chancen zu nutzen.

Wie verändert sich die Arbeit des Controllers in einem Unternehmen, das von einer eher traditionellen Budgetsteuerung, mit festem Jahresbudget und monatlichen Soll-Ist-Vergleichen zu einer flexibleren Steuerung Beyond Budgeting wechselt, wo Pläne ständig angepasst werden. Sie haben ja als Controller diesen Übergang selbst hautnah miterlebt, als ihr Unternehmen seinerzeit von Boots übernommen wurde. Können Sie uns hier etwas über Ihre eigenen Erfahrungen berichten?

Der Übergang von einem deutschen Unternehmen zu einem englischen Konzern war eine große Überraschung, weil plötzlich so eine „Hands-on-Mentalität" einkehrte – eine ganz andere Management- und Controllingkultur. Es ist heute nicht mehr so wichtig, sich mit den Zahlen tagelang zu beschäftigen – lieber heute schon eine Idee auf einem Schmierzettel darstellen, anstatt sich tagelang in Zahlen einzugraben. 80:20-Genauigkeit ist hier das Schlagwort. Ungefähr richtig liegen, dafür aber schneller und aktueller sein, heißt die Devise. Eine Forecast-Idee schnell mal zu Papier bringen, anstatt darauf zu warten, bis der gesamte Planungs-Prozess pro Kostenstelle, pro Kostenart usw. im ERP-System durchgelaufen ist.

Also, da hat es einen massiven Bruch gegeben.

Was waren die Konsequenzen für die Controllingabteilung?

Die offensichtlichste Veränderung, auch nach außen, war die Veränderung des Namens. Die Abteilung Controlling wurde gleich nach der Übernahme von Boots in „Business Support" umbenannt. Dies war aber nicht nur einfach eine Namensänderung.

Mit dem Wechsel des Namens ging eine drastischen Veränderung des Tätigkeitsfeld des Controllers und seiner gesamten täglichen Arbeit einher: weg vom bloßen Zahlenreporting, hin zum Business Support. Dies umfasst das Bewerten von Initiativen, die Begleitung von Geschäftsprozessen, Gedanken, Plänen jedweder Art. Und „Begleiten" meint eben betriebswirtschaftliche Beratung, das Aufzeigen der Konsequenzen bestimmter Entscheidungen auf die Financials, darauf wie dann die zukünftigen Management Accounts aussehen würden.

Eine wesentliche Veränderung ist, dass die Tätigkeit auf die Zukunft gerichtet ist. Es geht nicht mehr darum, beim monatlichen Soll-Ist-Vergleich nachträglich zu erklären, was eigentlich gestern anders war als wir vorgestern geplant hatten. In der Vergangenheit kann ich nichts mehr ändern, sehr wohl aber in der Zukunft.

Deshalb spielt das Überwachen der Entwicklung von Chancen und Risiken bei uns eine so große Rolle im Steuerungsprozess: Denn diese zeigen Ihnen auf, wo Sie die Zukunft gestalten können, wie Sie durch bestimmte Maßnahmen ihre Ziele doch noch erreichen können, auch wenn sich im dynamisch verändernden Umfeld die ursprünglichen Annahmen und Bedingungen laufend verändern.

Was raten Sie ihren Kollegen, die den Übergang von der Budgetsteuerung zu einem wie auch immer gearteten Beyond-Budgeting-Prozess noch vor sich haben? Wo sollte man beginnen?

Ich denke, es gibt da eine ganze Reihe von Möglichkeiten. Als Controller können Sie auf der kleinsten Ebene anfangen, direkt im Tagesgeschäft, ohne gleich ein großes Change-Management-Projekt ausrufen zu müssen.

Versuchen Sie von der Starrheit weg zu kommen, hin zu flexiblen Zielgrößen. Schaffen Sie mehr Transparenz auch bezüglich der übergeordneten Ziele, damit die jeder selbst erkennen kann. Binden Sie sich in die Arbeit anderer Abteilungen ein. Keiner sollte mehr irgendwo eine Entscheidung treffen, ohne dass das Controlling diese begleitet. Um das zu erreichen, müssen Sie für die anderen Abteilungen einen Mehrwert bieten. Also zuhören, kommentieren, moderieren und beraten.

Welche Vorraussetzungen müssten Ihrer Meinung nach gegeben sein, damit Controller tatsächlich so handeln können?

Zu allererst müssen Controller von sich aus agieren. Sie sollten nicht im Kämmerlein sitzen, in den eigenen Laptop starren und einen schönen Report basteln. Sie müssen bereit sein, mit einer liebenswürdigen Penetranz sozusagen, eine aktive Rolle in anderen Fachabteilungen zu spielen und dort Business Support zu leisten. Sie müssen andere laufend davon überzeugen, dass deren Wohl und Wehe dem Ganzen dienen muss und jede Aktivität letztendlich in den Financials des Ganzen resultieren.

Darüber hinaus muss ein Unternehmen sich so aufstellen, dass Top-down auch ein Umfeld geschaffen wird, vom Management explizit gewollt und kommuniziert, in dem keine Entscheidungsvorbereitung ohne die Begleitung des Controllings stattfindet.

Die neue Kultur muss also sowohl von oben vorgegeben werden, als auch von unten gelebt werden. Es geht darum, eine Kultur im Unternehmen zu schaffen, wo man als Controller nicht für die „Kontrolle" zuständig ist. Ein Controller sollte nicht fragen, weshalb irgendwo eine fürchterliche Abweichung vom Plan entstehen konnte und wer die Schuld daran hat. Er sollte vielmehr fragen, wie man die Abweichung gemeinsam auf die Zukunft orientiert kompensieren kann und wie die Ziele doch noch erreicht werden können.

Dies hinzubekommen, dazu Bedarf es des Managements und des Controllings. Nur so schaffen Sie den Übergang von einem traditionellen, rein zahlenorientierten Controlling hin zum Business Support.

Hr. Steinke, vielen Dank für das interessante Gespräch.

Strategy & Performance Management bei Siemens Belux und die Rolle des Management Cockpit War Rooms. Ein Interview mit Guy Bourdon, Chief Consultant, Siemens Belux

Jürgen H. Daum / Guy Bourdon[1]

Siemens Belux ist eine ergebnisverantwortliche Region im Siemens Konzern und umfasst Belgien, Luxemburg und West- und Zentral-Afrika. Die Region erzielte im Geschäftsjahr 2004 einen Umsatz von 1,2 Mrd Euro (davon 377 Mio durch Export) und hatte per 30.09.2004 3900 Mitarbeiter. Das Unternehmen ist in sechs Geschäftsbereiche gegliedert: Communications, IT Business Services, Power, Industry, Transportation, Building Technologies, Medical Solutions. Hinzu kommen sechs Supportbereiche, die als Shared Services organisiert sind: Finance & Accounting, Communication, Human Resources, Information Technology, Procurement & Logistic und Real Estate.

Siemens Belux wird seit dem Geschäftsjahr 2002 nicht mehr auf Basis eines traditionellen Finanzreportings und entsprechender Abweichungsanalysen geführt, sondern mit Hilfe eines strategieorientierten, KPI-basierten Management-Prozesses. Sichtbar wird dies vor allem durch den Management-Cockpit War Room im Souterrain des Siemens Forum in Brüssel, der „Zentrale" von Siemens Belux, in dem heute die vierteljährlichen „Controlling-Meetings" mit den Geschäftsbereichen und auch sogenannte „Adhoc Crisis-Meetings" des Managements stattfinden. Die Einführung des neuen Management-Prozesses und des Management Cockpit War Rooms hat die Arbeitsweise des Managements signifikant verändert und effizienter und effektiver gemacht. Im folgenden Interview mit Jürgen H. Daum, das im März 2005 stattfand, spricht Guy Bourdon, der Initiator für den neuen Management Prozess und für die Einführung des Management Cockpit War Rooms bei Siemens Belux, über die Motivation für den neuen Managementprozess, über die Nutzung und Einführung des Management Cockpit War Room Konzeptes und über die damit erzielten Ergebnisse.

---

[1] Guy Bourdon ist Chief Consultant bei Siemens s.a., Brüssel, der Holding des Siemens Konzerns für die Region Belux und West & Central Afrika. Er berichtet an und berät sowohl den CEO als auch den CFO von Siemens Belux. In dieser Funktion ist er zuständig für strategische Initiativen, M&A Services, und die Verbesserung der Management-Prozesse. Er war der wesentliche Initiator und dann der Projektleiter für die Implementierung des neuen „Policy & Strategy Process" und des Management Cockpit „War Rooms" bei Siemens Belux.

Jürgen H. Daum: Herr Bourdon, Sie waren nicht nur wesentlich an der Neugestaltung des Management Prozesses und der Einführung des Management Cockpit War Rooms bei Siemens Belux beteiligt, sondern auch der Initiator für diese einschneidenden Veränderungen im Managementalltag bei Siemens Belux. Was war die Motivation für diesen Schritt?

Guy Bourdon: Die Entscheidung, die Prozesse und Verfahren zu überdenken und neu zu gestalten, mit denen wir unsere Region führen und steuern, ist Mitte 2001 gefallen. Damals ist uns klar geworden, dass unser alter Managementansatz, mit dem das Unternehmen doch immerhin seit vielen Jahrzehnten erfolgreich gewesen war, im Vergleich zu den Anforderungen unseres heutigen dynamischen, durch Hochtechnologie geprägten Geschäftsumfeldes, viel zu taktisch ausgerichtet war.

Was meinen Sie damit genau?

In der Vergangenheit hatten wir eine stabile Kundenbasis und langfristige, verlässliche Kundenbeziehungen. Eine wesentliche Rolle hat dabei die Art der für unsere Produkte verwendeten Technologien gespielt. Denn die älteren Technologien zeichneten sich dadurch aus, dass der technologische Wandel relativ langsam und über längere Zeiträume erfolgte. Mit den alten Technologien hatten unsere Kundenbeziehungen deshalb immer eine langfristige Basis.

Mit der zunehmenden „Elektronifizierung" und „Softwarerisierung" vieler der heutigen Lösungen, die wir verkaufen, haben die kurzen Innovationszyklen der neuen Technologien einen großen Einfluss auf unser Geschäft und damit auch auf unsere Kundenbeziehungen bekommen. Denn der Kunde erwartet heute nicht nur, dass wir einen guten Service bieten, sondern dass wir auch immer die neueste Technologie anbieten und auf technologische Veränderungen schnell reagieren. Damit ist die Gefahr größer geworden, dass der Kunde kurzfristig abspringt und zu einem anderen Anbieter wechselt. Die Kunden sind anspruchsvoller geworden und sind heute schneller bereit, den Anbieter zu wechseln, wenn dieser eine neuere, bessere Technologie anbieten kann.

Außerdem kam ein weiterer Trend in unserem Markt hinzu, der unseren alten Managementansatz herausgefordert hat: nämlich der Trend zu umfassenden Service- und Systemlösungen.

Durch die weltweite Standardisierung des „Hardwareteils" unserer Produkte fand hier in den letzten Jahren eine enorme „Commoditization" statt mit der Folge, dass es in diesem Bereich keinen Wettbewerbsvorteil mehr gibt. Einen Wettbewerbsvorteil können Sie heute nur noch durch das Angebot von Systemlösungen erzielen, die dem Kunden einen Mehrwert bieten. Damit wird das Geschäft komplexer und es wird ein mehr strategischer Ansatz benötigt.

Weshalb wird die strategische Steuerung in einem solchem Umfeld wichtiger?

Durch den Trend zu Hochtechnologie-Lösungen und Systemlösungen sind die Investitionen größer und die Entwicklungszeiten länger geworden, was unter dem Strich bedeutet, dass das Risiko gestiegen ist. Um die richtige Lösung anbieten zu können, muss man sich lange vorher richtig strategisch aufgestellt haben: wir müssen wissen, wo wir strategisch hin wollen, welche Lösungen wir wie entwickeln müssen, und wie wir diese vermarkten wollen. Und es kostet auch mehr Zeit in der Realisierung. Die Vorlaufzeit, bevor man mit einer neuen Lösung auf den Markt kommen kann, ist länger geworden. Es sind, durch die Systemlösungen, auch mehr interne und externe Partner mit einzubinden und wir agieren, nicht zu vergessen, heute auf einem globalen Markt.

Systemlösungen anzubieten bedeutet aber auch, dass man auf Sektor-Niveau arbeiten muss, und zwar global. Denn Systemlösungen werden nicht mehr an einen Teilverantwortlichen, an einzelne Funktionen im Unternehmen verkauft, sondern zunehmend an die Unternehmensleitung. Dazu muss man die Kunden mit einer Managementvision für eine Business-Systemlösung ansprechen können und dies erfordert, dass man mit mehreren Kunden eines Sektors zusammenarbeiten kann, um die Lösungen und deren Komponenten zu definieren.

Dies bedeutet auch, dass wir in jeder Phase nicht nur die technischen, sondern viele andere Aspekte berücksichtigt müssen, um das Risiko zu minimieren und die Vermarktungschancen zu erhöhen und damit das Ergebnis zu sichern. Über die Lösungen müssen deshalb heute in vielen Fällen nicht mehr nur die Ingenieure oder die Produktionsverantwortlichen entscheiden, sondern das gesamte Management Board.

All das bedeutet im Endeffekt nichts anderes, als dass wir heute einen größeren strategischen, längerfristig gemanagten „Impact" benötigen, um erfolgreich zu sein, und deshalb müssen wir viel strategischer vorgehen. Das heißt, wir brauchen in unserem heutigen Umfeld auf der einen Seite eine klare Protecting-Strategie, für das sogenannte Base-Line Business. Auf der anderen Seite brauchen wir einen sehr viel mehr strategischen Ansatz auf Sektorebene bzw. auf Kundensegmentebene, um Lösungen anbieten zu können, die für die Kunden, im Vergleich mit unseren Wettbewerbern,

Vorteile bringen. Das heißt in der Konsequenz: ein Wandel vom Taktischen zum mehr Strategischen war erforderlich geworden - und das war unser Ausgangspunkt. Dies war das Steuerungsproblem bzw. das war die Managementherausforderung, der wir durch den neuen Managementansatz begegnen wollten. Dies war die Basis für die Einführung des Policy & Strategy Prozesses.

Abb. 1: Foto eines Management Cockpit War Rooms (Quelle: N.E.T. Research)

Dann kam ja noch von Ihnen der Vorschlag, das Management Cockpit bzw. den Management Cockpit War Room zu nutzen. Wie kam es dazu?

Zunächst einmal gab es ein Agreement über die Einführung des (neuen) Policy und Strategy Prozesses aus dem gesamten Management-Team[2] – nicht nur durch den CEO und CFO . Erst dann haben wir, dazu passend, die Controlling-Instrumente in der Form des Management Cockpits und des Management Cockpit War Rooms entwickelt.

---

[2] Das Management-Team bei Siemens Belux setzt sich zusammen aus den Leitern der Geschäftsbereiche, den Leitern der Shared Services und dem CFO und CEO. Zum Policy & Strategy Prozess siehe Seite 217

Das Management Cockpit war also quasi der letzte Baustein unseres neuen Managementprozess. Wesentlich war dabei der Auftritt von Professor Patrick Georges[3] selbst, der das Management vom Sinn eines solchen Hilfsmittels überzeugen konnte.

Bevor wir nun näher auf den Policy & Strategy Prozess und die Rolle des Management Cockpit eingehen, können Sie uns bitte vorher kurz erläutern, wie Siemens Belux in den Siemens-Konzern eingebunden ist und wie die Managementphilosophie aussieht?

Siemens Belux ist im Siemens-Konzern eine so genannte Region, die durch einen Sprecher geführt wird – das ist der CEO von Siemens Belux. Dieser Sprecher ist Francis Verheughe, der an den Europachef der Siemens AG berichtet. Auf der anderen Seite haben wir hier im Hause Bereichssprecher, das sind die Leiter unserer Geschäftsbereiche, welche die sogenannten BTAs, die Business Target Agreements, mit den Bereichen der Siemens AG diskutieren und vereinbaren.

Unsere Aufgabe als Region ist es, durch die Kombination der Geschäftsbereiche und ihrer Aktivitäten in Belgien, Luxemburg und unseren Exportmärkten einen Mehrwert für die Kunden in der Region und letztlich für Siemens Belux zu realisieren. Deshalb beginnt auch unser Policy&Strategy Prozess mit dem Kunden, mit der Kundenrealität in unserer Region und wir reflektieren dann in die BTAs mit den Geschäftsbereichen die sich daraus ergebenden notwendigen Elemente auf Geschäftsbereichsebene.

Der Policy&Strategy Prozess ist jedoch ein regionaler. Das ist im Siemenssystem so gewollt. Das heißt, die Region ist in erster Linie ergebnisverantwortlich und die Geschäftsbereiche müssen dazu beitragen. Die Geschäftsbereiche der Region stimmen sich dabei aber mit den globalen Geschäftsbereichen ab. Es ist also eine Art Matrixorganisation.

Eine der wesentlichen Aufgaben von Francis Verheughe ist es, permanent innerhalb der Region dann für die nötige Abstimmung zu sorgen, wir sagen dazu „Arbitration", um das beste aus den beiden Welten zu generieren, indem die Potentiale der Geschäftsbereiche auf die Gegebenheiten der Region ausgerichtet werden.

---

[3] Professor Patrick M. Georges hat das Management Cockpit War Room Konzept ursprünglich entwickelt. Er ist außerdem ein führender Neurochirurg in Brüssel und ein Experte im Bereich Human Intelligence Management, der an führenden Business Schools lehrt und das Human Intelligence Management Institut an der HEC (Ecole des hautes études commerciales) bei Paris leitet. Darüber hinaus gibt er Seminare für Top-Manager, in denen er Methoden lehrt, wie diese ihre Leistungs- und Entscheidungsfähigkeit signifikant verbessern können. Siehe auch das Interview des Autors mit Prof. Georges unter http://www.juergendaum.com/news/12_29_2004.htm

Welche Rolle spielen Sie und Ihr Team, die Abteilung Corporate Consulting, innerhalb der Organisation von Siemens Belux?

Unser Team arbeitet wie eine externe Consulting-Firma auf Basis von Verträgen, die wir im Haus gewinnen müssen. Das ist der erste Punkt.

Daneben haben wir einige zusätzliche Verantwortlichkeiten. Diese umfassen die Implementierung des Policy & Strategy Prozesses, die Umsetzung des Business Excellence Programms Top Plus SMS[4], die Realisierung von Synergien aus Mergers & Acquisitions, d.h. die Effektivität der Integration sicherzustellen. Hinzu kommen allgemeines Troubleshooting und die Betreuung des Top Managements, sowie die Entwicklung von jungen Talenten. Wir haben zum Beispiel ein Traineeprogramm für junge Talente.

Das Kernteam umfasst vier sehr erfahrende Personen. Hinzu kommen dann zeitweise die Trainees bzw. Projektpartner. Wir agieren also gleichzeitig als eine Consulting-Abteilung für andere Abteilungen und Bereiche in der Organisation und als eine Stabstelle für den CEO und CFO.

In der Rolle als Verantwortlicher für die Implementierung des Policy und Strategy Prozesses waren Sie ja dann auch zur Implementierung des Management Cockpits zuständig. Wofür braucht man einen Management Cockpit War Room?

Das erste und wichtigste Thema ist die Verbesserung der Qualität von Entscheidungen und die Beschleunigung der Entscheidungsprozesse.

Der CEO und der CFO und diejenigen, die für das Business in unserer Region verantwortlich sind, sollen anstehende Entscheidungen, Arbitrations, so schnell wie möglich und so proaktiv wie möglich treffen können, in dem die erforderlichen Informationen möglichst gut, d.h. managementgerecht und aus einer strategischen Perspektive aufbereitet und dargestellt werden – und das permanent.

Einen Management Cockpit War Room benötigt man nicht, um das bestehende Reporting und Controlling einfach nur durch eine interessantere Visualisierung zu verbessern. Der entscheidende Vorteil des War Room Konzeptes ist die strategische Orientierung aller Entscheidungen und Arbitrations. Damit wird es möglich, die unterschiedlichen, teilweise im Gegensatz miteinander stehenden Aspekte auf einen Blick aufnehmen und dann effektiv und effizient entscheiden zu können und genau zu wissen, wo man

---

[4] Top Plus ist das konzernweite Sustaining Business Excellence Programm. SMS bezeichnet das Siemens Management System. Die Verbindung von beidem meint: Top Plus unter Beachtung der im SMS festgelegten Regeln.

Zeit hat und wo man keine Zeit mehr hat und sofort etwas tun muss. Auch wo man auf eine Krise zusteuert, wird das sofort sichtbar.

Durch die „Strategisierung" der Informationen auf Basis des Policy&Strategy Prozesses und durch die Standardisierung und Neutralisierung, d.h. Rationalisierung der Informationen über alle Management-Einheiten hinweg werden diese für das Management überschaubarer und aus Managementsicht „vollständiger" - was die Entscheidungsfindung qualitativ verbessert, beschleunigt und ein proaktiveres Element hineinbringt.

Wie zeigen sich diese Verbesserungen im Tagesgeschäft?

Eine Management-Einheit wird bei uns immer von einem Business-Manager geleitet, der von Hause aus meist ein Ingenieur ist und für das Front-Office, also für die Außenbeziehungen, für das Geschäft selbst, zuständig ist. Dieser wird unterstützt von einem Kaufmann, der für das Back-Office, für die internen Abläufe, für das Reporting, für die Management-Prozesse und für die Financials verantwortlich ist.

Nach Einführung des Management Cockpit haben wir bemerkt, dass diese Paare, diese Teams, enorme Fortschritte hinsichtlich ihrer Kenntnisse gemacht haben zu verstehen, warum etwas besser oder schlechter gelaufen ist, als strategisch geplant. Der Grund dafür ist, dass nun jeder mehr über die Bereiche des anderen versteht und somit ein besseres Verständnis des Ganzen entwickelt hat.

Zum Beispiel meistern die Ingenieure inzwischen sehr gut das Thema Asset Management – eine Domäne der Kaufleute – und können nun viel mehr selbst beurteilen, wie sich bestimmte Business-Entscheidungen in diesem Feld auswirken würden. Daneben können die Kaufleute jetzt viel besser mit Marktinformation und Marktdaten umgehen und haben ein Verständnis dafür entwickelt, wie man auf bestimmte Marktsituationen reagiert und wie man die Business Performance managt. Beide haben auch ihre Kenntnisse im Bereich Human Ressource Management erweitert, was zum Beispiel Techniken wie Skill Gaps und Competence Gaps Management angeht.

Worauf führen Sie diese Domänen-übergreifende Kompetenzerweiterung im Management zurück? Was hat diese besonders gefördert?

Ein wesentlicher Grund dafür ist, dass die Diskussionen in einem Management Cockpit Decision Meeting oder Controlling Meeting heute thematisch viel breiter angelegt sind, als dies früher bei den Reporting & Controlling Meetings der Fall war, die sich auf die P&L, also auf die Financials konzentriert haben.

Die Diskussionen gehen heute weit über die reine Finanzsicht hinaus. Der Management Cockpit War Room zeigt ja neben den „lagging indicators" auch die „leading indicators", also die Information, die quasi hinter den Financials steht. Durch das Management Cockpit wird die Aufmerksamkeit des Managements auf diese operativen und strategisch wichtigen Steuerungsinformationen gelenkt, die eine proaktive Steuerung der Financials ja erst möglich machen.

Ein Entity-Boss schenkt aber auch heute Themen wie Zahlungskonditionen, Kreditkontrolle, wie die Verträge mit Kunden ausgestaltet werden oder dem Risk-Management mehr Aufmerksamkeit. Die Auswirkung dieser Faktoren auf die künftigen Financials wird heute viel besser verstanden.

Im Ergebnis gibt es heute viel mehr bereichsübergreifendes Lernen und Verstehen, obwohl wir viel weniger Zeit für die Review Meetings aufwenden müssen, als früher.

Auch beim Management der Shared Services Bereiche, die in einem traditionellen Reporting/Controlling-Meeting kaum zu Sprache kamen, haben wir durch den Management Cockpit Ansatz enorme Fortschritte gemacht. Denn die Shared Services Einheiten werden heute, als wesentliche Elemente unseres Geschäftssystems, systematisch in die Quarterly Controlling Review Meetings im Management Cockpit War Room mit eingezogen. Und dies hat auch hier, bei den Shared Services, zu einer wesentlichen Erweiterung des Verständnisses des operativen Geschäfts in den Geschäftsbereichen geführt – was einer der Gründe ist, dass wir in den letzten Jahren gleichzeitig die Effektivität der Support-Services verbessern und die Kosten signifikant reduzieren konnten.

Für welche Art von Management-Meetings wird der Management Cockpit War Room genutzt?

Zum einen nutzen wir den Management Cockpit War Room, um ad-hoc Krisensituationen zu managen. Das sind die sogenannten „Crisis Meetings". Immer dann, wenn eine Situation eintritt oder etwas entdeckt wird, das die Strategie gefährdet und das ein sofortiges Reagieren erfordert, provoziert dies ein Krisenmeeting im Management Cockpit Raum, um das Thema anzugehen. Und das geht sehr schnell. Wir brauchen etwa einen Tag Vorlauf, um ein solches Meeting vorzubereiten und einzuberufen.

Andere Meetings im Management Cockpit War Room können sich aus der monatlichen Performance Analyse ergeben, die vom Cockpit Officer, das ist unsere Leiterin Controlling, und dem Chief Cockpit-Officer, das bin ich selbst, durchgeführt werden. Dabei schauen wir uns alle Key Performance Indicators an und berufen dann, wenn es erforderlich ist, spezifische Meetings zu den jeweiligen Themen ein.

Beispielsweise haben wir gestern Abend festgestellt, dass es im Bereich Asset Management, konkret beim Thema Forderungs-Management, bei mehreren Geschäftsbereichen ein Problem gibt und wir haben deshalb für diesen Monat ein Meeting zu diesem Thema einberufen. An diesen spezifischen Meetings nehmen dann der CEO, CFO und die betroffenen Entity Manager teil.

Zusätzlich gibt es monatlich noch die sogenannten „Forecast-Meetings on P&L". Hier liegt der Fokus auf dem Erreichen der vierteljährlichen Ergebnis-Ziele. Diese Meetings sind in den Abschluss- und Reportingprozess eingebettet, der mit dem startet, was wir „U-5" nennen. „U-5" bedeutet dass wir 5 Tage vor dem Ultimo, also vor Monatsschluss, über eine vorläufige Ergebnisrechnung per Monatsende verfügen und uns diese anschauen, um evtl. noch gegensteuern zu können. Bei U+2, also zwei Tage nach Monatsende, haben wir dann die „P&L as reported". Das ist dann nur noch ein Check.

Da sie die monatlichen „Forecast-Meetings on P&L" in erster Linie auf das Finanzergebnis beziehen, müssen diese aber auch nicht unbedingt im Management Cockpit War Room stattfinden. Dafür brauchen wir in der Regel diese Räumlichkeit nicht. Denn das ist ein Meeting mit nur vier Personen, mit dem CEO, dem CFO, dem Reporting Manager und mir selbst. Andere Teilnehmer schalten wir, so es notwendig ist, per Telefonkonferenz zu. Die Leute sind dann stand-by.

Früher, entsprechend der damaligen Reporting-Philosophie, hatten wir das „U-5" nicht. Wir hatte nur „U+2" und hatten dann noch mit dem kompletten Managementteam ein physisches Meeting. Auch dies ist nun wesentlich effektiver und effizienter geworden.

Und dann gibt es die planmäßigen vierteljährlichen Review Meetings im Management Cockpit War Room. Was wird da behandelt, wer nimmt daran teil, und wie laufen diese ab?

Quartalsweise machen wir Global-Reviews. Da werden dann systematisch alle Geschäftsbereiche und Support-Funktionen behandelt. Das sind die so genannten Quarterly Controlling Meetings - QCM. Teilnehmer sind der

CEO, der CFO, die Entity-Manager und Entity-Controller, sowie der Chief Cockpit Officer und Cockit Officer. Und Entity bedeutet: Geschäftsbereich oder Shared Service. Der Cockpit Officer kommt wie gesagt aus dem Controlling. Der Chief Cockpit Officer bin ich selbst.

Ich bin verantwortlich für die Tagesordnung und ich leite alle Themen ein und kümmere mich um die Inhalte der „Walls" im Management Cockpit War Room, die die Key Performance Indicators für Siemens Belux insgesamt darstellen.

Der Cockpit Officer ist für den Betrieb des sogenannten Flight Deck im Management Cockpit War Room zuständig. Damit werden online, aus dem System, die Informationen für die jeweilige Entity an die Wand projiziert und es können bei spontan auftretende Fragen im Meeting zu den dargestellten Key Performance Indicators durch Drill Down weitere Detail-Informationen aufgerufen und dargestellt werden.

Die Quarterly Controlling Meetings laufen in einer festen Reihenfolge ab: zunächst gibt es einen Corporate Overview für einen kleineren Teilnehmerkreis. Dieser umfasst den CEO, den CFO, den Chief Cockpit Officer und den Cockpit Officer. Ziel dabei ist, dem CEO und dem CFO einen Überblick über die aktuelle Situation zur Vorbereitung der nachfolgenden Review Meetings mit den Entities zu geben. Erst dann finden jeweils die Review Meetings für alle Shared Services und dann für alle Geschäftsbereiche statt.

In jedem der einzelnen Review Meetings der Entities analysieren wir zunächst den Status der Aktionspunkte des letzten Meetings, also der beim letzten QCM getroffen Entscheidungen. Dann analysieren wir den aktuellen Status der Key Performance Indicators des Management Cockpits der jeweiligen Entity. Dabei gilt: es werden nur die sogenannten „Red Flags" behandelt und diskutiert, also nur die Indikatoren, die sich in einem kritischen Status befinden oder drohen, in Kürze in einen kritischen Status zu kommen.

Das heißt, wir analysieren und diskutieren nicht das Gleiche für jede Entity. Wir analysieren nur das, was für die jeweilige Entity gerade wichtig ist und das wird dann möglicherweise mit Hilfe des Flight-Deck näher analysiert. Alles was sich im grünen Bereich befindet, darüber wird nicht geredet. Es ist schon vorgekommen, dass ein Geschäftsbereichs-Meeting nach 10 Minuten beendet war. Da war dann alles auf „grün".

Hinzu kommen dann meist ein oder zwei spezifische Themen, die zusätzlich auf die Agenda gesetzt werden. Dabei kann es sich um Themen handeln, die die Region oder Siemens global betreffen oder auch um Themen aus der jeweiligen Entity.

Können Sie uns ein Beispiel nennen?

Es könnte beispielsweise sein, dass „Siemens One", das ist unser Programm für einen einheitlichen, geschäftsbereichsüberreifenden Auftritt gegenüber unseren Kunden, nicht das nötige Ergebnis aufweist. Es könnte ein Vorschlag für ein neues Projekt sein. Oder es könnte sich um ein Thema aus dem Bereich Asset Management handeln, die das Eingreifen bzw. Handeln der Geschäftsbereiche erfordert. Es sind immer aktuelle Themen, die die Umsetzung unserer Strategie betreffen.

Wie wird das Quarterly Controlling Meeting vor- und nachbereitet und wie lange dauern diese?

Die Tagesordnung, die ich auf Basis einer Voranalyse erstelle, bekommen die Teilnehmer drei Arbeitstage vor dem Meeting zugesandt. Für die eigene Vorbereitung haben diese dann über das Intranet Zugang zur elektronischen Version des Management Cockpit.

Und am Ende jedes Meetings erstelle ich eine Zusammenfassung der getroffenen Entscheidungen, um sicher zu stellen, dass jeder das Gleiche verstanden hat. Diese werden dann in unseren Aktionskatalog, in unsere sogenannte „Remediation Data Base" aufgenommen. Damit endet dann das Meeting und der Aktionskatalog dient dann zur Nachverfolgung der Entscheidungen – wir senden nach 6 Wochen an die Verantwortlichen eine Erinnerung – und als Ausgangsbasis zur Vorbereitung des nächsten Meetings.

An Zeit für ein Quarterly Controlling Meeting benötigen wir zwischen 30 Minuten, für den Corporate Overview und einen Shared Service, bis 60 Minuten für einen Geschäftsbereich. 90 Minuten ist das absolute Maximum. Ingesamt benötigen wir für alle Quarterly Controlling Meetings zwei Tage.

Dann gibt es noch einige Regeln, die während eines Cockpit Meetings beachtet werden müssen. Können Sie dazu etwas sagen?

Eine wichtige Regel ist, dass nur die im Management Cockpit dargestellten, standardisierten Informationen im Review Meeting zugelassen sind. Weiteres Material, vor allem individuelle Power-Point-Präsentation der Enities sind nicht erlaubt. Damit soll erreicht werden, dass immer die gleichen Informationen als Grundlage der Reviews dienen und es soll vermieden werden, dass, je nachdem, wo es gerade gute Neuigkeiten gibt, nur diese Informationen schwerpunktmäßig einbebracht werden und so das Bild verzerren.

Eine weitere wichtige Regel ist, dass bei Themen, die auf die Agenda gesetzt werden, also bei den sogenannten „Red Flags", keine „Warum"-Fragen erlaubt sind. Damit sollen lange und unproduktive Diskussion über die vermeintliche Schuldfrage und die Vergangenheit vermieden und der Fokus vielmehr auf die Zukunft auf die Aktionen gelenkt werden, die ergriffen werden müssen, um eine unbefriedigende Situation ins Positive zu verändern. Wird ein solches Thema diskutiert, muss zunächst der Verantwortliche mitteilen, was er oder sie zu tun gedenkt, um die Situation zu verändern und das rote Signal bis zum nächsten Meeting in ein grünes umzuwandeln.

Eine weitere wichtige Regel in diesem Zusammenhang ist auch, dass mit offenen Karten gespielt wird. Sehen Sie als verantwortlicher Manager, aus welchen Gründen auch immer, auf absehbare Zeit keine Möglichkeit, den Zustand ins Positive zu verändern, so wird erwartet, dass Sie im Meeting direkt sagen, was sie erreichen können und was nicht. Wir wollen auf keinen Fall, dass falsche Hoffnungen geweckt werden, die dann nicht zu erfüllen sind. Denn nur so sind der CEO und der CFO in der Lage, die notwendige Arbitration zu organisieren, also rechtzeitig für Kompensationsmöglichkeiten in anderen Bereichen zu sorgen, so dass die Region ihre Gesamtziele doch noch erreichen kann.

Bei den Meetings im Management Cockpit War Room gibt es auch eine feste Sitzordnung. Können Sie erläutern wie diese aussieht und was die Gründe dafür sind?

Ziel der Sitzordnung für die Meetings im Management Cockpit War Room ist es, die Teilnehmer so zu platzieren, dass diese die für sie interessantesten Informationen am besten wahrnehmen und aufnehmen können und dass das „cross-functional learning" unterstützt wird.

Die Entity Manager sitzen deshalb näher zur Außenseite der Management Cockpit War Room Walls, also in Richtung der Projektswand, auf der die Informationen und Key Performance Indicators der jeweiligen Entity über das Flight Deck projiziert werden.

Der CEO und der CFO haben mehr mit dem Corporate View, also mit dem, was auf den Walls des Management Cockpit dargestellt ist zu tun. Sie sitzen deshalb mehr auf der Innenseite also näher an der Black Wall. Dabei sitzt der CFO so, dass er die Themen aus dem Bereich „External", also die Frames und Indikatoren der Red Wall besser sieht. Und der CEO sitzt so, dass er die Themen des Bereichs „Internal", also die „Blue Wall" besser übersieht.

Beide sehen ganz genau, ganz dicht, die Black Wall, also alle wichtigen Indikatoren der Gesamtregion. Jeder kennt natürlich seinen Basisbereich am besten und die Sitzordnung im Management Cockpit War Room soll es den Herrn leichter machen, den jeweils anderen Bereich voranging im Blick zu haben. Beim CFO ist der ihm bekannte Bereich der interne Bereich und er soll im Cockpit dann vor allem die „Externals" anschauen. Und der CEO kennt die „Externals" am besten und soll deshalb im Cockpit vor allem die internen Key Performance Indicators betrachten können.

Wie gesagt ist ein wesentlicher Vorteil des Management Cockpit War Room Konzeptes, das bereichsübergreifende Lernen und Verstehen im Management-Team. Dies soll durch die Sitzordnung gefördert werden.

Wie halten Sie die Indikatoren des Management Cockpits aktuell und relevant?

Die Überprüfung der Indikatoren des Management Cockpit ist einmal ein fester Bestandteil unseres Planungsprozesses. Wir führen jedes Mal einen Check der Indikatoren durch, wenn wir das Corporate Planning im Rahmen des Policy&Strategy Pozesses korrigieren. Das heißt jedes Mal, wenn die Strategie sich verändert, führen wir die nötigen Veränderungen bei den Key Performancen Indicators und bei den Performance Indicators durch. Und das erfolgt dann prinzipiell zwei Mal im Jahr.

Zusätzlich gibt es Impulse zur Veränderung der Indikatoren auch aus den Review Meetings im Management Cockpit War Room. Wenn wir beispielsweise merken, dass ein Indikator nicht optimal ist, um das Ergebnis für einen bestimmten Bereiche zu messen, oder wenn wir merken, dass es mit dem Indikator selbst ein Problem gibt, dann versuchen wir eine andere Lösung, also bessere Indikatoren zu finden.

Im Jahr ändern wir so plus minus 30-40% der Indikatoren im Management Cockpit. Der Grund dafür ist, dass sich einmal Themen erledigt haben, andererseits sind neue Themen hinzugekommen oder die Strategie oder auch nur der Fokus im Management hat sich verändert. Dies muss im Management Cockpit über eine Anpassung der Indikatoren nachvollzogen werden.

Wenn Sie zurückblicken und den neuen Management-Prozess mit dem alten vergleichen: was sind die wesentlichen Unterschiede zu früher?

Ich denke, der wesentliche Unterschied ist, dass wir heute in der Lage sind, die Verbindung zwischen der Realität des Tagesgeschäfts und der Strategie nicht nur einmalig bei der Planung herzustellen, sondern diese Verbindung in das Tagesgeschäft hineinzutragen und quasi täglich neu herzustellen. Das ist der wichtigste Punkt und das war früher so nicht möglich.

Der zweite Punkt ist der wesentlich breitere, holistischere Ansatz, also über die Financials hinaus. Der Fokus liegt heute mehr auf den Performance Treibern und auf dem Risk Management. Dies bedeutet in der Konsequenz mehr „Sustainability", also ein mehr proaktives Performance Management.

Und es hat sich auch gezeigt, dass die Management Cockpit Philosophie sehr gut mit den neuen Corporate Governance Anforderungen, und das bedeutet für uns als ein Unternehmen, das in den USA an der Börse notiert ist, mit den Anforderungen der Sarbanes Oxley Act und dem, was wir intern Global Internal Control System nennen, sehr gut zusammen passt.

Denn ein Element der Management Cockpit Philosophie ist es, sich nur auf das Wesentliche zu konzentrieren und in den Review Meetings nicht immer alles zu kontrollieren und zu diskutieren. Und dies ist auch eine Empfehlung, die im Zusammenhang mit Internal Control Systemen heute gegeben wird: nicht alles permanent zu kontrollieren, sondern sich auf die Komponenten, Elemente und Aktivitäten zu konzentrieren, die entscheidend für die Qualität des Geschäftssystems und für das zugrundeliegende Risiko und für das Erreichen der Strategie sind. Und mit dem Management Cockpit hat man diese Management-Philosophie im Unternehmen bereits etabliert.

Und nebenbei bemerkt, bin ich bei uns auch Projektleiter für die Einführung des Internal Control Systems und für Sarbanes Oxley und kann dies auch aus dieser Perspektive nur bestätigen. Sie bekommen mit dieser Philosophie auch eine wesentlich höhere Effektivität im Controlling und in der Controller-Arbeit. Denn sie bringt einfach mehr Fokus auf das Wesentliche mit sich.

Was ist mit dem alten Reporting geschehen? Gibt es das noch?

Ja, das gibt es noch. Denn wir müssen natürlich immer noch unseren Reporting-Pflichten gegenüber der Siemens AG und auch unseren lokalen, externen Reporting-Pflichten nachkommen. Dieses Reporting erfolgt aber weitgehend automatisiert über das SAP-System. Die Ergebnisse, die Financial Statements, leiten wir dann zur Konsolidierung an die Siemens AG weiter, generieren daraus unser eigenes, lokales externes Financial Reporting und nutzen die Daten auch als Basis für unser P&L Management und zur Versorgung der entsprechenden Indikatoren des Management Cockpit.

Aber alles was über die Anforderungen des Headquarter- und externen Reportings hinausgeht, all die internen Spezial-Reports, die es früher gab, die haben wir abgeschafft. Das Management-Reporting und unser eigenes Controlling läuft heute nur noch über das Management Cockpit.

Für viele Unternehmen ist die Einführung eines Management-Konzeptes auf Basis des Management Cockpits und des Management Cockpit War Rooms ein großer und radikaler Schritt. Welches sind Ihrer Meinung nach die wesentlichen Rahmenbedingungen, damit dies funktionieren kann?

Meiner Meinung nach sind dies vier Elemente, die erfolgsentscheidend sind. Da ist zunächst einmal die Notwendigkeit, beim Policy & Strategy Prozess, d.h. beim Management-Prozess anzusetzen, bevor man mit der Konzeption des zugehörigen Controlling-Tools und –Verfahrens beginnt – denn nichts anderes ist das Management Cockpit bzw. der Management Cockpit War Room. Es hat keinen Sinn ein Management Cockpit zu installieren, ohne einen funktionsfähigen Policy & Strategy Prozess.

Das Stichwort Policy&Strategy Prozess war bereits mehrfach gefallen. Können Sie näher erläutern, was genau der Policy & Strategy Prozess ist und wie dieser abläuft?

Ziel des Policy & Strategy Prozess ist es, permanent das aktuelle Geschäftsjahr plus zwei Jahre aus einer Geschäfts- bzw. aus einer strategischen Perspektive im Managementteam im Blick zu haben. In diesem Corporate Planning Prozess erstellen, überwachen und adaptieren wir unseren strategischen Business Plan.

Dies beginnt mit einer Analysephase, in der wir uns unsere interne und externe Situation ansehen. Darauf folgt die Entwicklung bzw. Überarbeitung der Mission und Vision und der Werte. Danach passen wir entsprechend die strategischen Ziele und die Policies und Strategien an – dies geschieht mittels der Technik der Strategy Maps. Das heißt, wir diskutieren und definieren im Management Team die Ursache-Wirkungsbeziehungen zwischen den verschiedenen strategischen Zielen, um auch im Detail zu einem gemeinsamen Verständnis der Strategie und der inneren Logik der Strategie zu gelangen. Dann überprüfen wir die Indikatorenziele der Balanced Scorecard, brechen diese entlang der Verantwortungs-Hierarchie herunter, definieren bzw. überarbeiten die Aktionspläne, und definieren dann die Key Performance Indikatoren und Performance Indikatoren des Management Cockpits.

Das erarbeitete Ergebnis bildet dann die Ausgangsbasis für die Quarterly Controlling Meetings im Management Cockpit War Room, über die wir bereits gesprochen haben. Der Policy & Strategy Prozess, unser strategischer Corporate Planning Prozess, integriert und umfasst so alle Entscheidungen auf der Corporate-Ebene bei Siemens Belux, um ein aktives Umsetzen und Begleiten der Strategie sicher zu stellen – von der Strategie auf Corporate-Ebene bis zu den operativen Management-Ebenen – inkl. des Incentive-Systems, das daran gekoppelt ist. Wenn Sie so wollen ist der Policy & Strategy Prozess unser Strategie-Management-Prozess.

Diesen durchlaufen wir zweimal im Jahr. Einmal Anfang des Jahres. Wir schließen diesen ersten Zyklus zum Beispiel dieses Jahr in der nächsten Woche, also Ende März ab. Darauf folgt ein zweiter Zyklus als Review nach dem zweiten Quartal also im Juli.

Das Management Cockpit kann somit als das Controlling-Instrument für den Strategie Management Prozess angesehen werden?

Ja. Das Management Cockpit ist unser Controlling-Tool für den Policy & Strategy Prozess. Alle Indikatoren, die Key Performance Indicators und Performance Indicators, die für die Umsetzung der Strategie wesentlich sind, finden Sie im Management Cockpit. Das ist die Verbindung.

Damit Sie sich ein Bild machen können: Die Dokumentation des gesamten Strategy & Policy Prozess würde wahrscheinlich auf Papier insgesamt über 500 Seiten umfassen. Wir erstellen die Dokumentation aber nicht auf Papier, sondern speichern diese z.B. in Form der Stratgie-Maps, der Balanced Scorecards und der Management Cockpit Indikatoren in unserem Computer-System, wo alle Entities Zugriff haben und ihren Teil jeweils aktuell halten können.

Und um dafür das Controlling effizient und effektiv organisieren zu können, benötigen wir das Management Cockpit, das ca. 120 Indikatoren umfasst.

Sie hatten noch drei weitere Elemente als wesentliche Rahmenbedingungen für einen erfolgreichen Management Cockpit Einsatz genannt. Welche sind das?

Der zweite Punkt betrifft das Thema CEO- und CFO-Support. Der CEO und der CFO müssen voll hinter dem Konzept stehen, die notwendigen Entscheidungen im Management Team, also gegenüber den Entity-Managern, durchsetzen, und sie müssen mit gutem Beispiel vorangehen, also das Management Cockpit selbst aktiv nutzen und die Vorteile aufzeigen.

Und dabei ist auch Durchhaltevermögen gefragt. Sie müssen „die Beine steif halten", „tenir les jambes raides", wie wir in Belgien sagen. Das bedeutet, dass der CEO und CFO über einen Zeitraum von ein bis zwei Jahren das neue Konzept konsequent gegenüber den anderen Mitgliedern im Managementteam verteidigen müssen.

Das dritte Element betrifft den Verhaltensbereich und die Management-Kultur. Denn die Standardisierung im Reporting und die viel größere Transparenz generiert und provoziert eine ganze Reihe von Reaktionen aus dem Management. Ein Teil der Reaktionen ist positiv, ein anderer negativ, ein Teil neutral. Um die negativen Reaktionen in den Griff zu bekommen, bedarf es einer ganz klaren Leadership seitens des CEO und CFO, was die erforderlichen Verhaltensregeln betrifft.

Ein Beispiel ist der Umgang mit den „Red Flags", die es ja vorher in dieser Form nicht gab. Hier müssen der CEO und CFO signalisieren, dass es in einem solchen Fall nicht um „finger pointing", also um Schuldzuweisungen geht, sondern dass eine „Red Flag" erst einmal positiv ist, da sie ein Problem zeigt, das vielleicht vorher gar nicht erkannt worden wäre, und dass es nicht um die Diskussion der Vergangenheit geht, sondern darum, eine Lösung zu finden, um den unerwünschten Zustand in Zukunft abzustellen.

Man muss dabei auch den notwendigen Freiraum lassen, damit die betroffenen Manager zunächst selbst handeln können. Erst wenn die „Red Flag" beim nächsten Meeting ein zweites Mal erscheint, wird nachgefragt, ob die angekündigten Aktionen zur Korrektur der „Red Flag" denn wirklich funktionieren oder ob es vielleicht ein neues Problem gibt. Wenn dann keine befriedigende Antwort kommt, wird vom Management härter nachgebohrt.

Wie kann der CEO und CFO eine solche Management-Kultur forcieren?

Ich denke wichtig ist, dass der CEO und CFO den Mitgliedern im Management Team von Anfang an ganz klar kommunizieren, dass durch das neue Management-Konzept eine große, bislang nicht bekannte Transparenz generiert wird, die dem ein oder anderen vielleicht nicht gefällt, aber dass es ohne nicht mehr geht. Erst durch das Offenlegen der Karten aller und durch eine gemeinsame, verlässliche Informationsbasis werden optimale operative und strategische Trade-Off- Entscheidungen, die Arbitrations, möglich, die es uns erlauben, in unserem heutigen Marktumfeld erfolgreich zu sein und es zu bleiben.

Dies alles erfordert eine entsprechend gelebte Management-Kultur, die erst durch das richtige Verhalten des CEO und des CFO selbst geschaffen werden kann. Und bei uns in Belgien hat das sehr gut funktioniert.

Und was ist das vierte Element für den Erfolg des Management Cockpit War Room Konzeptes?

Dieses betrifft die Management-Philosophie. Damit der Management Cockpit Ansatz funktionieren kann, benötigen Sie eine Management-Philosophie, die auf einer effektiven Verantwortungs-Delegation basiert.

Aber Delegation ohne einen „Vertrag", der die Verantwortungs-Delegation und gleichzeitig die Zielvereinbarung klar regelt, kann nicht funktionieren. Bei uns erfolgt das über die Balanced Scorecard, mit der letztlich der Vertrag zwischen beispielsweise dem CEO und einem Geschäftsbereichsleiter dokumentiert wird und der die Basis für die Delegation der Verantwortung und für das Herunterbrechen der Ziele des Geschäftsbereichsleiters entsprechend der gleichen Systematik innerhalb seines Bereichs bildet, also auf die Ebene der Geschäftsgebietsmanager und der Geschäftszweigmanager.

Dies ist Bestandteil unserer Management-Philosophie, und wir überwachen auch, dass bei einem Manager nicht mehr als vier Ziele in seiner Scorecard verbleiben, die er selbst managt. Den Rest muss er delegieren.

Wie erheben Sie die Daten für das Management Cockpit?

75% der Daten werden automatisiert aus unseren IT-Systemen geladen. 25% der Daten kommen aus unserem sogenannten Management Cockpit-Netzwerk. Das sind 20 bis 25 Personen im operativen Geschäft oder in den Support-Units, die ein Thema gut kennen, aber die selbst, was ihre Ziele und ihre Incentives betrifft, mit diesem Thema nichts zu tun haben, diesem gegenüber also neutral sind. Diese melden uns monatlich über eine Anwendung im Intranet die jeweilige Kennzahl bzw. die Kennzahlen für die sie verantwortlich sind.

Können Sie ein Beispiel dafür nennen?

Ein Beispiel ist der Bereich Human Ressources. Da gibt es eine Anzahl von Daten, die nicht automatisiert zu beschaffen sind.

Wir haben in der Human Ressource Abteilung eine Sekretärin, die sich für das Thema „Recruitement" interessiert, und die für uns die Recruitement-Indikatoren jeden Monat zusammenstellt. Diese Sekretärin hat selbst keine Ziele in diesem Bereich zu erfüllen, aber sie kennt das Thema, die Prozesse und die involvierten Kollegen sehr gut. Die Qualität der Daten ist entscheidend für den Erfolg und für die Akzeptanz des Cockpits. Und manchmal geht es eben nicht ohne menschliche Experten. Deshalb haben wir unser Management Cockpit-Netzwerk eingerichtet.

Die Erfordernis einer hohen Datenqualität verlangt auch, dass man als Cockpit Officer den Mut haben muss, wenn bestimmte Daten nicht die notwendige Qualität und Verlässlichkeit aufweisen, dass diese Daten dann nicht präsentiert werden. Und das kann passieren. Wir publizieren dann diese Daten in dem betreffenden Monat nicht, wenn wir diesen nicht trauen können und es den Anschein hat, dass da ein Fehler vorliegt.

Wie sind Sie bei der Implementierung des neuen Management-Prozesses und der Einführung der neuen Art der Review-Meetings im Management Cockpit War Room vorgegangen und wie war das Projektteam zusammengesetzt?

Das Projektteam deckte die Bereiche Human Ressources, Kommunikation, Technologie, Financials/Kaufmännischer Bereich, und Strategie ab. Es war also ein fünfköpfiges Team und die Teammitglieder hatten Top-Management-Niveau bzw. waren Direct-Reports des Top-Managements. Und das ist entscheidend. Denn die Konzeption für den Strategy&Policy Prozess und das entsprechende Controlling Instrument, das Management Cockpit, ist eine Aufgabe, die das Top-Management nicht einfach an eine Stabsstelle delegieren kann, sondern es ist selbst gefordert und muss selbst entscheiden, wie es das Unternehmen in Zukunft führen und steuern möchte.

Wir hatten also die Leiter der Bereiche Kommunikation und Human Ressources, den Technologie-Manager, der gleichzeitig auch der Assistent des CEO ist, den Reporting-Manager aus dem kaufmännischen Bereich und mich selbst, für das Thema Strategie im Projektteam. Wir haben das Konzept zusammen entwickelt und uns dann über mehrere Phasen das Feedback des Top Managements, also der Entity-Manager und Entity-Controller und des CEO und CFO in mehreren kleineren und größeren Workshops eingeholt.

Wir haben dort jeweils unser Konzept vorgestellt und dieses dann auf Basis des Feedbacks überarbeitet und im nächsten Workshop die verbesserte Version präsentiert bis das Signal kam: „o.k., damit können wir leben,". Bereits in dieser Phase war der Support durch den CEO und durch den CFO wichtig, die den anderen Mitgliedern im Management-Team immer wieder erklärt haben, warum wir das machen und weshalb es wichtig ist, einen neuen Management-Prozess und ein neues Controlling-Konzept zu implementieren.

Sie hatten dann aber im ersten Jahr das Management Cockpit selbst noch nicht eingesetzt.

Das ist richtig. Wie bereits erwähnt lag unser Fokus zunächst, also im ersten Jahr, auf der Konzeption und Implementierung des neuen Policy&Strategy Prozesses.

Nachdem das Konzept für unseren neuen Policy&Strategy Prozess fertig gestellt und dokumentiert war, haben wir dieses zunächst in der Zentrale der Siemens AG vorgestellt, und zwar bei den Verantwortlichen für den konzernweiten Policy&Strategy Prozess, d.h. dem Bereich Corporate Development Strategy, CDS, um sicher zu stellen, dass unser Vorgehen dort akzeptiert wird, was dann auch geschah. Das Management Cockpit sind wir dann erst im zweiten Schritt angegangen und auch zunächst mit einer vereinfachten Version.

Auch das Konzept für das Management Cockpit haben wir in enger Abstimmung und Diskussion mit dem CEO und mit dem CFO entwickelt – und zwar zunächst erst einmal auf Papier und nur für die sogenannte Black Wall, also für die Haupt-Indikatoren. Erst als wir einen Stand erreicht hatten, bei dem das Konzept akzeptabel und stabil war, haben wir mit der IT-Realisierung begonnen. Im Geschäftsjahr 2002 haben wir dann das erste Management Cockpit-Meeting durchgeführt.

Das Management Cockpit bei Siemens Belux wird ja für die Steuerung der Region insgesamt eingesetzt. Haben die Geschäftsbereiche auch eigene Cockpits?

Eine der Entities hat einen eigenen mobilen Management Cockpit War Room. Andere haben die Philosophie des Cockpits übernommen und haben ein eigenes internes Indikatoren-basiertes Management zur Steuerung des eigenen Bereich eingeführt.

Man kann sagen, dass die Entities, die bei den Quarterly Controlling Meetings gut vorbereitet und auf dem Laufenden bleiben wollen, das gleiche Konzept übernommen haben, wie wir es für die Region implementiert haben. Und darin sehen wir den Vorteil, dass wir auf der Regionebene begonnen haben: es gibt jetzt einen einheitlichen Managementansatz über die gesamte Region hinweg und wir haben wenig Probleme in der Beziehung Regionalmanagement zu den Entity-Managern aber auch in der Beziehung Siemens Belux zur Siemens AG.

Was war die größte Herausforderung bei der Implementierung des Management Cockpits?

Ich denke vor allem die Management-Qualität, damit die Veränderung der Management-Orientierung vom taktischen zum strategischen überhaupt möglich wurde. Ein solches Konzept erfordert offene und effektive Manager, die ihr Business gut kennen, die ihren Verantwortlichkeitsbereich gut beherrschen und die strategisch denken und handeln können.

Vor allem der letzte Punkt ist wichtig: dass man Manager hat, die strategisch orientiert sind und sich nicht im Taktischen verlieren. Das Management Cockpit macht übrigens schnell sichtbar, wenn ein Manager nicht über die erforderliche Managementkompetenz verfügt.

Welches sind, zusammengefasst, die wesentlichen Verbesserungen, die Sie bei Siemens Belux durch den Einsatz des Management Cockpits erreicht haben?

Ganz eindeutig ist die wichtigste Verbesserung, dass wir dank des neuen Policy&Strategy Processes und des Management Cockpits die Transformation vom taktischen zum strategischen Management hin bekommen haben. Ohne das wäre es für uns, im nun schwierigen Geschäftsumfeld seit 2002, noch schwieriger geworden.

Man braucht einfach einen strategischen Ansatz, der am Markt orientiert ist und der intern die Kräfte auf die erforderlichen Lösungen hin proaktiv bündeln kann, um sich optimal darauf vorzubereiten, wenn der Markt wieder anzieht, um dann die Situation mit dem nötigen Momentum nutzen zu können. Mit einer reinen Restrukturierungstaktik haben sie da keine Chance. Mit dem Management Cockpit Ansatz, der den Zusammenhang zwischen „leading" und „lagging" Faktoren klar macht, wird das jedoch möglich.

Ein weiterer Punkt ist die gewonnene bereichsübergreifende Transparenz. In Europa neigen wir in Großunternehmen wie Siemens dazu, in einem eher auf Personen bezogenen Management-System sich im eigenen Bereich einzugraben und möglichst wenig Informationen mit anderen zu teilen. Dies ist aber ein Nachteil, wenn man global agieren und global Synergien nutzen will. Und das hat sich seit der Einführung des Management Cockpit bei uns enorm verbessert. Denn erst durch die übergreifende Transparenz bei Chancen, Risiken, möglichen Synergien und „How-To" kann man das volle Potential eines Unternehmens oder eines Bereichs realisieren.

Dann ist unser Controlling und sind die Controlling Meetings wesentlich effizienter geworden. Wir brauchen heute, wie erwähnt, für das Quarterly

Controlling Meeting eines Geschäftsbereichs typischerweise 60 Minuten. Früher haben wir dafür zwei bis vier Stunden benötigt. Nun brauchen wir weniger Zeit und sind effektiver, da wir die Themen breiter und proaktiver angehen.

Der Ansatz bei der Strategie, der nun in die operative Steuerung und das „Day-to-Day Controlling" hineinreicht, sowie der Fokus auf das Management von strategischen Programmen generiert einfach viel bessere Ergebnisse – was das Geschäfts selbst betrifft, in Form niedrigerer Kosten, einer geringeren Kapitalbindung und dem Aufbau wichtiger Kompetenzen bei den Mitarbeitern.

Auch bei den Shared Services haben wir durch den Management Cockpit Ansatz große Fortschritte gemacht. Früher wurden die Shared Services bei den Controlling Meetings allenfalls nur gestreift. Nun werden die Shared Services voll mit einbezogen und können so einmal besser kontrolliert werden, aber sie können auch umgekehrt mehr über das Geschäft ihrer internen Kunden und über deren Geschäftsentwicklung erfahren, um sich proaktiv mit ihren Services darauf einzustellen.

Die Shared Services waren so, in der schwierigen Geschäftssituation der letzten Jahre, in der Lage, selbst die notwendigen Maßnahmen zu ergreifen, um ihre Effizienz und Effektivität zu verbessern. Sie konnten dadurch ihre Gesamtkosten um 35% reduzieren.

Was empfehlen Sie anderen Unternehmen bzw. ihren Kollegen in anderen Unternehmen, die, ähnlich wie bei Siemens Belux, ihre Managementprozesse und die strategische Steuerungsfähigkeit des Unternehmens verbessern möchten? Wo soll zunächst begonnen werden? Auf was ist vor allem zu achten?

Beginnen Sie möglichst einfach. Machen Sie es nicht zu kompliziert. Jeder Manager versteht im Grunde relativ schnell um was es geht. Das Management Cockpit Konzept ist an sich einfach, aber man muss es auch im Einführungsprozesses einfach behandeln.

Das heißt auch, beim ersten Meeting erst einmal mit wenigen Indikatoren und nur mit der Black Wall beginnen. Das Management soll sich schrittweise an das neue Verfahren gewöhnen können, bevor Sie weitere Indikatoren hinzufügen. Erst beim nächsten Meeting kommt dann die Blue Wall dazu, also die Detail-Sicht auf die internen Prozesse, und die Red Wall, die Detail-Sicht auf Markt, Wettbewerber und Kunden, kommt dann erst bei übernächsten Meeting dazu. Das Flight Deck beginnt dann erst beim folgenden Meeting zu funktionieren.

Setzen Sie den Fokus auf die Strategie und bleiben Sie dabei. Das Hilfsmittel dazu ist die richtige Auswahl der Indikatoren, der strategisch relevanten Indikatoren, aber auch die Reduktion der Informationen im Berichtswesen. Wir haben zum Beispiel die Anzahl der Berichts-Element bei den Financials von früher 140 auf heute plus minus 20 reduziert, aber dafür mehr Leading-Indicators mit rein genommen – über den Markt, aus dem Bereich Human Ressources, der IT, über den Status wichtiger Initiativ-Programme.

Gehen Sie bei der Auswahl der Indikatoren jedoch pragmatisch vor. Der theoretisch beste Indikator muss nicht wirklich der beste sein – nämlich zum Beispiel dann, wenn Sie keine qualitativ ausreichenden Datenquellen finden. Gehen Sie deshalb bei der Auswahl der Indikatoren nach dem Prinzip „Versuch und Irrtum" vor. Bereiten Sie sich darauf vor, Indikatoren, die nicht funktionieren, durch andere zu ersetzen.

Und unterschätzen Sie die Wichtigkeit einer guten Kommunikationsstrategie für den Projekterfolg nicht. Sie müssen für jede Zielgruppe das passende Kommunikationsprogramm entwickeln. Versuchen Sie nicht alle mit der gleichen, auf das Top Management zielenden Kommunikationskampagne, zu erreichen. Das hat keinen Sinn, denn die Leute in anderen Bereichen denken bei bestimmten Begriffen nicht an das Gleiche, oder an die gleichen Probleme, wie das Top-Management.

Schaffen Sie eine einheitliche und gleiche informationstechnische Plattform für alle Entities, also für alle Geschäftsbereiche als auch für alle Support-Bereiche/Shared Services. Wenn ein Bereich die Plattform für eigene Zwecke nutzen und weitere Ebenen, also Sub-Entities einfügen will, dann lassen Sie das zu. Das verbessert die Informations-Integration und damit die Management-Kommunikation im Unternehmen.

Und schließlich: Unterschätzen Sie nicht den Zeitfaktor.

Man kann relativ schnell mit einer ersten einfachen Version eines Management Cockpit War Room beginnen. Aber es erfordert einen Lernprozess bei allen Beteiligten damit produktiv umzugehen, um für die nächste Ausbaustufe bereit zu sein. Und vor allem muss das Management das eigene Wertesystem bzw. die eigene Management-Philosophie verändern – weg vom taktischen, vom Fokus auf das nächste Quartalsergebnis, und hin zur Strategieumsetzung und zur Behandlung der Frage, wie damit dann das Ergebnis des nächsten Quartals, das Ergebnis zum Ende des Jahres, das Ergebnis des nächsten Jahres beeinflusst werden kann.

Die Manager im Unternehmen müssen lernen, mit der höheren Transparenz zu leben und dass sie nun nach der Umsetzung der Strategie, und nicht nur auf Basis der erzielten Finanzergebnisse beurteilt werden. Und das alles braucht eben seine Zeit.

Herr Bourdon, vielen Dank für das sehr interessante Interview.

Ziele und Leistung im Steuerungsmodell Beyond Budgeting – eine Neudefinition

Funktionsweise und Dynamik des „relativen" Leistungsvertrags im Beyond Budgeting-Modell und Wege zur Implementierung

Niels Pfläging[1]

In Unternehmen fehlt es selten an Zielen. Es gibt eher zu viele! Und sie sind viel zu stark ausdetailliert. Organisationen sind so stark von der Kultur der Zielvereinbarung durchdrungen, dass einzelne Bereiche oft mit 30 untereinander gewichteten Zielvereinbarungen verregelt sind. Dieser Praxis liegt Misstrauen zugrunde - Sicherheitsbedürfnis auf der einen und Kontrollbedürfnis auf der anderen Seite. Die Energie solcher Systeme aber konzentriert sich nach innen: Auf alle möglichen Manipulierungsstrategien, die dem Zweck dienen, möglichst hohe Boni zu realisieren. Oder darauf, Leistung intern nachzuweisen, statt kundenrelevante Leistung zu erbringen. Je mehr Menschen sich mit der Verhandlung von Zielen beschäftigen, desto größer sind das Risiko der Manipulation und der Anreiz zu eigennützigem Überlisten des Systems. Das Beyond Budgeting-Modell bietet einen praxiserprobten Ausweg aus dieser Sackgasse: Weg von der Kultur der Zielverhandlung und hin zu einer echten Leistungskultur.

Budgets sind heute das vorrangige Instrument, mit dem Manager in der Praxis die Strategie ihrer Organisationen dokumentieren und kommunizieren. Strategie wird dabei in quantitative, überwiegend finanzielle Maßzahlen übersetzt. Dieser Prozess selbst ist Opfer von Manipulation und Verhandlung. Und er lässt viele Dimensionen der Leistung außer Acht: Die nicht-finanziellen Dimensionen der Leistung. Mittel- und langfristige Effekte. Mögliche Änderungen in Umwelt und Organisation über den Planungszeitraum hinweg.

Budgets sind heute nicht das einzige Instrument zur Vorgabe und zur Messung von Leistung. Jedoch: Balanced Scorecards, Konzepte des Wertmanagements, Total Quality Management und neue Techniken der Zielverein-

---

[1] Niels Pfläging ist Direktor des Beyond Budgeting Round Table (BBRT) für Südamerika, Unternehmensberater und Präsident der MetaManagement Group mit Sitz in São Paulo.
Kontakt: niels@metamanagementgroup.com.

barung, Mitarbeiterbewertung und Vergütung haben am „fixierten" Leistungsvertrag bislang selten etwas grundlegend geändert. Scorecards etwa funktionieren in der Praxis zumeist ganz ähnlich wie Budgets, weil sie letztlich jahresbezogene Ziele festschreiben und die Zielerreichung durch Anreize implizit oder explizit erzwingen. Damit kommt ein fixierter Leistungsvertrag in vier Scorecard-Dimensionen zustande – der aber mit Strategie, mittel- und langfristiger Leistung und kontinuierlicher Verbesserung wenig zu tun hat. So lähmen Scorecards am Ende häufig die strategische Steuerung als kontinuierlichen und einbeziehenden Prozess und lassen sie wieder zu einem jährlichen Event (meist einfach der Budgeterstellung vorgelagert) verkommen. Enttäuschend auch, dass derartige Praktiken dann auch noch als „beispielhafte Anwendungen" dargestellt werden.

Gängige Ziele und Zielsysteme - enthalten in Scorecards, Plänen, Budgets oder Verkaufsquoten - fördern eine Kultur der Innen- und Kurzfrist-Orientierung, der Minimalisierung von Ergebnissen und der Verschwendung. Unternehmen, die sich von Budgetierung und fixierten Leistungsverträgen verabschiedet haben, zeigen eine praktische und gangbare Alternative auf: Flexibilität und Anpassungsfähigkeit werden erhöht, Steuerung massiv dezentralisiert und radikal vereinfacht.

Wie das Set der Beyond Budgeting-Gestaltungsprinzipien in konkrete Gestaltungsinitiativen übertragen werden kann.

Die 12 Steuerungsprinzipien des Beyond Budgeting-Modells sind kein Menü, aus dem sich Unternehmen und Manager je nach Belieben ein paar Rosinen herauspicken sollen. Und es sind auch keine „Instrumente" oder Tools. Vielmehr umreißen die Prinzipien ein in sich geschlossenes und – das können wir gar nicht genug unterstreichen! – unteilbares Konzept. Die Forschung des BBRT zeigt nämlich auf, dass Organisationen erst dann, wenn sie die 12 Gestaltungsprinzipien insgesamt beherrschen und beherzigen, zu einem wahrhaft flexiblen, dezentralisierten, kosteneffizienten, ethischen und dauerhaft wettbewerbsfähigen Leistungsmanagement kommen. Die Tatsache, dass diese Steuerungsprinzipien zusammenwirken und zusammengehören ist der Schlüssel zum Verständnis des Modells. Und gleichzeitig der Schlüssel zur Überwindung der gravierenden Defizite, denen heutige Organisationen und ihre Mitglieder durch traditionelle Management-Praktiken wie die Budgetierung ausgeliefert sind.

6 Steuerungsprinzipien für Führung und dezentralisierte Organisation		
Prinzip	**Tu dies! (Beyond Budgeting)**	**Nicht das! (Budgetsteuerung)**
Kundenfokus	Fokussierung aller auf die Verbesserung von Kundenergebnissen	Erreichen vertikal verhandelter Ziele
Verantwortung	Schaffung eines Netzwerks vieler kleiner, ergebnisverantwortlicher Einheiten	Zentralisierende Hierarchien
Leistungsklima	Hochleistungsklima, basierend auf relativem Teamerfolg am Markt	Erreichen innengerichteter Ziele „koste es, was es wolle"
Handlungsfreiheit	Dezentralisierung der Entscheidungsautorität und -fähigkeit an kundennahe Teams	Mikromanagement, Eingriffe von oben und strikte Planeinhaltung
Führung	Steuerung auf Grundlage klar formulierter Ziele, Werte und Begrenzungen	Detaillierte Regelwerke und Budgets
Transparenz	Offene und geteilte Information für alle	Restriktiver Informationszugang und Status durch Information
6 Steuerungsprinzipien für flexible Prozesse des Leistungsmanagements		
Prinzip	**Tu dies! (Beyond Budgeting)**	**Nicht das! (Budgetsteuerung)**
Zielsetzung	Hochgesteckte, bewegliche Ziele für kontinuierliche, relative Verbesserung	Inkrementelle, fixierte Jahresziele
Vergütung	Gemeinsamen Erfolg im Nachhinein anhand relativer Ist-Leistung belohnen	Erreichen individueller vorab fixierter, Ziele
Planung	Planung als einbeziehender, kontinuierlicher und aktionsorientierter Prozess	Planung als jährliches Top-Down-Event
Kontrolle	Kontrolle anhand relativer Leistungsindikatoren zu Markt/Kollegen/ Vorperioden und Trends	Plan-Ist-Abweichungen
Ressourcen	Ressourcen bedarfsbezogen und „ad hoc" verfügbar machen	Jährliche Budgetzuweisungen, Allokationen und Umlagen
Koordination	Dynamische, horizontale und möglichst marktliche Koordination	Jährliche Planungszyklen

Abb. 1: Die 12 Steuerungsprinzipien des Beyond Budgeting-Modells

Die Steuerungsprinzipien schaffen ein Verständnis für die Eigenschaften „besseren Managements" und dafür, inwiefern sich das anpassungsfähige, dezentralisierte Steuerungsmodell von der hierarchisch-bürokratischen Budgetsteuerung unterscheidet. Gleichzeitig bilden sie eine hervorragende Checkliste zur Einschätzung des derzeitigen Steuerungsmodells einer Organisation. Oder zur Beurteilung des Fortschritts während des Übergangs zum neuen Steuerungsmodell ohne Budgets.

Mit Prinzipien allein lässt sich Beyond Budgeting aber selbstverständlich nicht umsetzen. Denn Prinzipien sind nicht unbedingt ausreichend als spezifischer Leitfaden für die Implementierung. Eine wichtige Frage von Praktikern zu Beginn der Reise nach jenseits der Budgetierung ist zudem: in welchen Aktionsfeldern, an welchen Prozessen und Tools müssen wir Änderungen vornehmen, damit sich eine Organisation einer besseren, den Beyond Budgeting-Prinzipien folgenden Steuerung annähert? An welchen Stellschrauben des Steuerungssystems muss in jedem Falle gedreht werden?

Eine Antwort darauf gibt Abb. 2. Hier werden Neun Gestaltungsfelder für den Wandel nach Beyond Budgeting identifiziert. Es handelt sich um Prozesse und Tools, zusammengefasst zu Management-Kernbereichen, wie sie Controllern und Managern geläufig sind. Die Neun Gestaltungsfelder machen Beyond Budgeting für Praktiker „handhabbar" und weisen den Weg für erfolgreiche Übersetzung des Modells in organisationsindividuelle Konzepte. Der Wandel von der Budgetsteuerung zu einem Steuerungsmodell, das den Beyond Budgeting-Prinzipien folgt, mag dabei insgesamt durchaus „revolutionär" anmuten. Die Umsetzung erfolgt jedoch immer auf „evolutionäre" Weise: Sie folgt einem Pfad zahlreicher (oft Dutzender) Veränderungen, die Schritt für Schritt innerhalb der aufgezeigten Gestaltungsfelder stattfinden.

Abb. 2: Die neun Gestaltungsfelder für den Weg zum Beyond Budgeting-Modell

Auch hierbei gilt es zu berücksichtigen: Beyond Budgeting ist kein loser Baukasten, aus dem man sich nach Belieben den einen oder anderen Baustein herausfischen kann: Die Kohärenz und Konsistenz des neuen Modells ist entscheidend – nicht die Nutzung bestimmter Tools oder die Beherzigung einzelner Aspekte des Modells. Kaum eine Organisation wird darauf verzichten können, in jedem der Neun Felder Veränderungen und Innovationen vorzunehmen, um ein integriertes und kohärentes Modell für bessere Steuerung zu entwickeln.

Der erste Schritt hin zum neuen Steuerungsmodell „jenseits der Budgetierung": Fixierte Leistungsverträge brechen und durch relative Leistungsverträge ersetzen

Das Managementmodell Beyond Budgeting geht über die bloße Forderung nach „Steuerung ohne Budgets" hinaus. Bei Beyond Budgeting geht es vielmehr um die Abschaffung einer ganzen Palette von Erscheinungsformen unflexibler Handlungsvorschriften. Diese Feststellung ist fundamental für jede Beyond Budgeting-Initiative. Denn wenn wir die Steuerung in heutigen Unternehmen genauer betrachten, dann stellen wir fest, dass die Handlungen von Managern und Mitarbeitern gleich durch ein ganzes Paket vorfixierter Leistungsverträge in ein starres Korsett gezwungen werden:

- Durch persönliche Ziele und Arbeitsanweisungen, die jährlich vereinbart werden.
- Durch jahresbezogene Budgets und andere Abteilungs- und Bereichsziele.
- Durch jahresbezogene, an Konzern-Holding oder Gruppe übermittelte Budgets und Ziele (selten ganz identisch mit der vorgenannten Spezies).
- Durch jahres- und quartalsbezogene externe Leistungsversprechen, Unternehmensziele oder Konzernberichte.

Diese vielschichtigen Vorgaben machen es schwer oder unmöglich, Pläne mehr als einmal im Jahr zu aktualisieren oder Veränderungen schnell und angemessen zu berücksichtigen. Sie zwingen Manager und Mitarbeiter im Gegenteil sogar, einem jährlich fest vorgegebenen Weg zu folgen, „koste es, was es wolle". Und sie zwingen zu einer Reihe von schädlichen Verhaltensweisen: Vom einfachen „Herunterhandeln" individueller Leistungsziele auf „erreichbares" Niveau, bis hin zur bewussten Mittelverschwendung, Manipulation der Buchhaltungsdaten oder zum Betrug im Stil schwerster „Enronitis". Fixierte Leistungsverträge führen zu einer Kultur des innengerichteten, inkrementellen Fortschritts. Sie blockieren andererseits Innovation, strategische Erneuerung und ambitionierte, marktorientierte Zielsetzung.

Dreh- und Angelpunkt der Unternehmenssteuerung ohne Budgets ist entsprechend nicht allein der Verzicht auf Budgets. Sondern die Verwendung neuer, „relativer" Leistungsverträge nach außen und nach innen, im Gegensatz zu den heute dominierenden „fixierten" und „absoluten" Leistungsverträgen.

In Management „jenseits" der Budgetierung erfährt der Leistungsbegriff somit eine neue Definition. Das Steuerungsmodell Beyond Budgeting setzt satt fixierter Leistungsverträge mit ihren schädlichen Verhaltenseffekten auf relative Leistungsverträge. Diese beruhen auf der Annahme, dass es unklug ist, Manager und Teams zu einem vorab fixierten Ziel zu verpflichten - und anschließend ihre Handlungen und Maßnahmen gegenüber diesen Zielen zu kontrollieren. Die implizite Abmachung zwischen Leitung, Managern und Mitarbeitern im relativen Leistungsvertrag lautet vielmehr, dass es „nur" Aufgabe der Unternehmensleitung ist, ein herausforderndes und offenes Handlungsklima zu schaffen, in dem sich Teams und Mitarbeiter dann zur Erarbeitung kontinuierlicher Leistungsverbesserung verpflichten (in der Budgetsteuerung bleibt dies alles nur zu oft ein Lippenbekenntnis!). Manager und Teams haben dabei ihrem Wissen und eigener Urteilskraft zu folgen, um sich veränderlichen Bedingungen und Umfeldern anzupassen.

Dieser neue Typ des Leistungsvertrags beruht auf gegenseitigem Vertrauen, nicht auf Misstrauen. Er ist dennoch keineswegs „soft": Hohes Niveau von Vertrauen und Verantwortung halten sich nämlich im Beyond Budgeting-Modell die Balance. Größere Leistungstransparenz und ein höheres Erwartungsniveau an Teams und Manager relativ zum Wettbewerb, zu ihresgleichen oder zu Vorperioden stellen konstant hohe Anforderungen innerhalb von Beyond Budgeting-Organisationen - die erfüllt werden müssen oder zu (ebenfalls transparenten) Konsequenzen führen. Leistungsverantwortung wird zudem schrittweise vom Zentrum der Organisation auf dezentrale Entscheider und Teams übertragen. Dies bedeutet einen Wandel im Führungsprozess und zugleich einen kulturellen Wandel.

Aber was geschieht konkret mit den Zielen? Beyond Budgeting-Organisationen, das zeigen die Fallstudien des BBRT deutlich, kommen ohne Vereinbarung oder Verhandlung absoluter Ziele aus, die letztlich ohnehin nur auf inkrementellen, graduellen Fortschritt gerichtet sind und die so oft postulierte „Ausgewogenheit zwischen Anspruch und Erreichbarkeit" nur vorgaukeln. Vielmehr wird ein Zielsetzungsprozess praktiziert, der herausfordernde, aber hochgradig flexible und dynamische Ziele definiert, die mittel- und langfristig maximale Anstrengung und relative Verbesserung fördern. Die Ab. 2 zeigt am Beispiel eines finanziellen Indikators, wie unterschiedlich Leistungsmessung und –bewertung mit fixierten und relativen Zielen ausfallen.

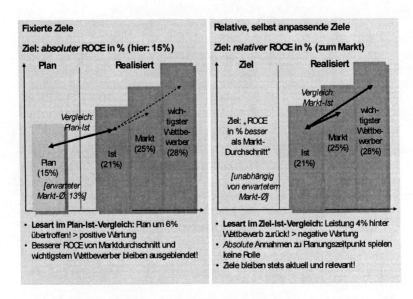

Abb. 3.: Die Schwächen absoluter Ziele im Vergleich zu relativer und an Marktleistung orientierter Leistungsmessung - am Beispiel eines finanziellen Leistungsindikators

Der erste notwendige Schritt zum neuen, relativen Leistungsvertrag ist: Ziele von der Leistungsbewertung und Vergütung abzukoppeln. Diese Trennung zwischen Wollen und Bewertung gewährleistet, dass Manager und Teams auf maximale (nicht: verhandelte oder manipulierte) Ergebnisse hinarbeiten. Sie minimiert zugleich die Motivation aller Beteiligten, von vornherein niedrige („erreichbare") Ziele auszuhandeln.

So funktionieren relative Ziele und wahrhaft dynamische Leistungsmessung

Eines der Grundprinzipien im Beyond Budgeting ist die ausschließliche Verwendung relativer Zielgrößen und Leistungsvergleiche. Alle Ziele einer Organisation sollten und können in relativer Weise ausgedrückt werden, denn es gibt eine ganze Reihe verschiedener Arten relativer Ziele, die alle den Anspruch auf hohe Relevanz und Flexibilität erfüllen. Weil sie Leistung relativ zu tatsächlich realisierten Vergleichsmaßstäben bewerten. Wir wollen hier grob zwischen drei Typen von relativen Zielen unterscheiden:

(1) *Externe Benchmarks und Bestleistungen:* Relative Leistung im Vergleich zu Marktumfeld, externen Wettbewerbern und Konkurrenz - der ultimative Leistungs-Maßstab.

(2) *Interne Benchmarks und Bestleistungen:* Zwischen Kollegen, Einheiten, Filialen, Standorten, Projekten usw. - den internen, sportlichen Wettbewerb fördernd, vor allem in Organisationen, die über eine Vielzahl relativ homogener Leistungseinheiten verfügen.

(3) *Herausfordernde Stretch Targets und Trendbeobachtungen im Vergleich zu realisierter Leistung aus Vorperioden:* Die Notwendigkeit zu kontinuierlicher Verbesserung und Innovation unterstreichend. Dort einsetzbar, wo direktes Benchmarking nicht möglich oder nötig ist.

Die Vorzüge der Verwendung relativer Ziele lassen sich gut am Beispiel aufzeigen. Ein wichtiges Instrument aus dem Repertoire einiger der erfolgreichsten Beyond Budgeting-Organisationen sind Ranglisten oder Liga-Tabellen. Ranglisten, so haben diese Unternehmen gelernt, sind ein außerordentlich machtvolles Steuerungsinstrument. Svenska Handelsbanken, Ahlsell und Aldi setzen derartige Tabellen seit langem konsequent für das Leistungsmanagement ein. Handelsbanken etwa verwendet relative Ziele sowohl an der Unternehmensspitze als auch intern - um quartalsweise bzw. monatlich externe und interne Leistungsvergleiche anzustellen. Auf Unternehmensebene wird die eigene Leistung relativ zu Konkurrenten betrachtet; Regionen und Filialen der Bank vergleichen ihre Leistungen monatlich in den Tabellen untereinander und haben so einen ständigen Überblick über die Ergebnisse der Kollegen. Ressourcen werden ebenfalls auf diese Weise gesteuert - mittels einfacher, übersichtsartiger und wirkungsvoller Effizienzindikatoren wie „Kosten über Ertrag" (siehe Abb. 4).

Die ultimative Quelle der Dynamik des Modells: **Wettbewerb** mit externem Markt und Konkurrenz!							

Strategische „Kaskade" –
Ziel: Hervorragende Leistung erbringen!

Return on Equity (RoE)

	Bank	%
1.	Bank D	31%
2.	Bank J	24%
3.	Bank I	20%
4.	Bank B	18%
5.	Bank E	15%
6.	Bank F	13%
7.	Bank C	12%
8.	Bank H	10%
9.	Bank G	8%
10.	Bank A	(2%)

Region zu Region
Return on Assets

	Region	%
1.	Region A	38%
2.	Region C	27%
3.	Region H	20%
4.	Region B	17%
5.	Region F	15%
6.	Region E	12%
7.	Region J	10%
8.	Region I	7%
9.	Region G	6%
10.	Region D	(5%)

Filiale zu Filiale
Kosten/Umsatz-Ratio u.a.

	Filiale	%
1.	Filiale J	28%
2.	Filiale D	32%
3.	Filiale E	37%
4.	Filiale A	39%
5.	Filiale I	41%
6.	Filiale F	45%
7.	Filiale C	54%
8.	Filiale G	65%
9.	Filiale H	72%
10.	Filiale B	87%

Ergebnis-/Wertbeitrag

Abb. 4: Verwendung von Ranglisten am Beispiel Svenska Handelsbanken

Warum sind Ranglisten besser als traditionelle, fixierte Ziele und was zeichnet sie aus? Sie sind wenig detailliert und damit überaus einfach. Intuitiv allen Mitarbeitern verständlich und interessant. Kontinuierlich „sportlich" herausfordernd und selbstanpassend. Dynamisch auf Änderungen in Umfeld und Wettbewerb reagierend. Nicht nach Schuldigen und Verfehlungen suchend, sondern auf Verbesserungspotenziale und Herausforderungen hindeutend. Ranglisten richten die Aufmerksamkeit von Management und Mitarbeitern dauerhaft auf diejenigen Leistungsmaßstäbe, die wirklich zählen: auf den externen und internen Wettbewerb und auf kontinuierliche Verbesserung. Denn sie weisen nicht Ressourcen-Inputs aus, sondern Ergebnisse. Und schaffen mithin größtmöglichen Freiraum dahingehend, wie Teams ihre Arbeit angehen und Ergebnisse realisieren. Bei Handelsbanken laufen Leistungs-Ranglisten, hochgradig verdichtete Indikatoren (KPIs), Benchmarks, Trendbeobachtungen und Ist-Ist-Vergleiche einfach immer weiter – prinzipiell über Jahre und manchmal Jahrzehnte hinweg ohne größere Modifikationen.

Trotz ihrer Vorzüge werden Ranglisten - und ebenso andere Formen des Leistungs-Benchmarkings - in der Praxis viel zu selten verwendet. Denn selbst dort, wo in budgetgesteuerten Unternehmen Leistungsvergleiche dieser Art erstellt werden, bleibt deren Wirkung durch den parallel existierenden, fixierten Leistungsvertrag ausgehebelt. Wo fixierte Ziele weiter bestehen, da sind Rankings und Benchmarks von weit geringerem Gewicht, werden weniger nachhaltig verwendet und sind kaum jemals derartig fest im Tagesgeschäft verankert wie herkömmliche Budgets und Detailvorgaben. Die Nutzung von Benchmarks bleibt sporadisch und im Zusammenhang mit Managementdialog und Entscheidungen weitgehend irrelevant.

Ganz anders sieht die Praxis bei Ahlsell, Aldi und Handelsbanken aus. Hier werden Rankings anstelle von Budgets zur Zielbildung und Leistungsmessung eingesetzt - nicht als „zusätzliches Gimmick" oder Zierwerk. Unternehmen wie Svenska Handelsbanken haben keine fixierten Pläne oder jährlichen Zielvereinbarungs-Runden. Sie haben verblüffend einfache und konsequente Wege gefunden, um hochgradig flexibel und fokussiert zu steuern. Die resultierenden Steuerungs- und Kontrollprozesse sind extrem informell, schnell und effizient. Sie fördern eine Kultur persönlicher Verantwortung in der Organisation: Relative Ziele gewähren nämlich Freiraum und Autonomie zur Zielerreichung, statt Manager in ein enges Korsett von Vorgaben zu zwängen. Die Akteure der Organisation lernen auf eigene Initiative hin zu handeln.

Weil Leistungs-Maßstäbe und Benchmarks immer höher gelegt werden, ist es eher als mit Budgetsteuerung und fixierten Zielen möglich, Reaktionsfähigkeit, Profitpotential und Ergebnisse zu maximieren. Leistungsvergleiche mit relativen Schlüsselindikatoren sind aufgrund ihrer Einfachheit und Klarheit weitaus „strategischer" und dynamischer als Budgets und vorfixierte Ziele (siehe Abb. 5).

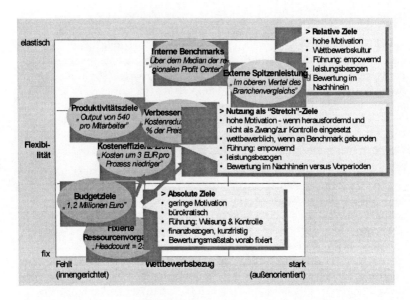

Abb. 5: Von fixieren Budgetzielen zu relativen Key Performance Indicators: Warum relative Ziele besser sind

Kontrolle, Leistungsbewertung und Vergütung: Neudesign und funktionaler Wandel

Gerade für Controller interessant: In einem Regime relativer Leistungsverträge wird das Augenmerk von Kontrolle und Leistungsbewertung auf andere Zahlen und andere Leistungsreferenzen gerichtet. Salopp gesagt: Beyond Budgeting bedeutet das Ende des Soll-Ist-Vergleichs. In der Tat wird mit Beyond Budgeting ein ganz anderer Typ von Leistungsinformation und Reporting erforderlich. Unsere Erfahrung zeigt, dass bei der Umstellung vom budgetbasierten Reporting auf ein Informationswesen „Beyond Budgeting" oft nur 10% der ursprünglich intern verwendeten Reports Bestand haben. Das heißt: Rund 90% des traditionell den Managern und Teams für Analyse, Dialog und Entscheidung vorgelegten Zahlenwerks, der traditionellen Detailreports und Leistungsvergleiche werden langfristig obsolet oder erfahren zumindest drastische Veränderungen. Der Übergang von Plan-Ist-Vergleichen zu Ranglisten, Benchmark-Indikatoren (oft in grafischer Darstellung), und Trendbeobachtungen mittels „Ist-Ist-

Vergleichen" ist ein notwendiger, früher Schritt auf dem Weg zu dynamischer Steuerung. Es ist zugleich ein befreiender und empowernder Schritt für dezentrale Teams und Geschäftseinheiten. Abb. 6 zeigt einige der Richtlinien für diese Neuformulierung des Reportings auf.

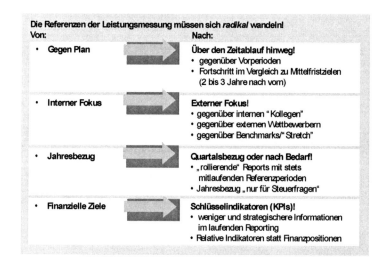

Abb. 6: Leistung dynamisch bewerten – eine Neuausrichtung für Manager und Controller

Eine weitere substanzielle Veränderung im relativen Leistungsvertrag ergibt sich aus dem Zusammenhang von Zielen, Leistungsbewertung und Vergütung. In der traditionellen, patriarchalischen oder „tayloristischen" Führungsphilosophie sollen Ziel- und Anreizsysteme zu aktiver Verhaltensbeeinflussung und -kontrolle beitragen. Dabei wird davon ausgegangen, dass die Lösung zu maximaler Mitarbeitermotivation und Unternehmenserfolg irgendwo in der richtigen Mischung von Zielen und Anreizen innerhalb eines vorab fixierten Leistungsvertrags liegt. Ziel-, plan- und budgetbasierte Anreizsysteme setzen im Kontext dieser Steuerungstradition voraus, dass Manager für das Erreichen ihrer Ziele in einer Periode belohnt werden sollen, und umgekehrt bestraft werden sollten, wenn sie diese nicht erreichen.

Die auf diesem Prinzip beruhenden, heute allerorts anzutreffenden Systeme „leistungsorientierter Vergütung" erweisen sich in der Anwendung aber oft als wahre Mogelpackung. Mit „Leistungsorientierung" haben sie nur wenig zu tun. In Wahrheit führen diese Systeme zu einer Vielzahl dysfunktionaler, schädlicher und sogar oft unethischer Verhaltenseffekte, weil sie fast immer auf absoluten und fixen Leistungsverträgen beruhen. Wenn wir die zugrunde liegenden Methoden und Vergütungsformeln genauer betrachten, dann fällt auf, dass hier nicht wirklich „Leistung" eingefordert und belohnt wird, sondern vielmehr ein bestimmter Grad der Plan- oder Zielerreichung. Belohnt werden sollten aber im Sinne eines Unternehmens nicht die Niveaus, zu dem vorab verhandelte Ziele erfüllt werden. Sondern ausschließlich Ergebnisse von Arbeit und Leistung.

Das Beyond Budgeting-Modell kommt dieser Forderung im Hinblick auf Ziele und Leistungsbewertung nach. Leistungsbeurteilung und Vergütung im relativen Leistungsvertrag, also in einem auf Beyond Budgeting-Prinzipien beruhenden Steuerungsmodell, finden niemals gegenüber selbst gesetzten, angeordneten oder verhandelten fixen Zielen bzw. geplanter Leistung statt. Erbrachte Leistung wird vielmehr differenziert gegenüber realen Vergleichsleistungen – Wettbewerb und Konkurrenten, internen/ externen Kollegen oder Vorperioden – bewertet. Vor dem Hintergrund der wirklich eingetretenen Umstände.

Der Umstieg vom fixierten zum relativen Leistungsvertrag erfordert einen mehrdimensionalen Paradigmenwandel. Zum einen weg von der planbasierten Nabelschau und von traumtänzerischen, bürokratischen Zahlenspielen hin zur transparenten, ungeschminkten Sicht auf die reale Situation. Egal, ob diese Aussicht nun gerade angenehm erscheint, oder nicht. Zum anderen wird im Beyond Budgeting-Modell Motivierung durch Herausforderung ersetzt: Statt das Verhalten der Mitarbeiter durch monetäre Anreize, Zwang und Verhandlung aktiv beeinflussen zu wollen, legen Führung und Management in Beyond Budgeting-Organisationen ein Fundament für die konstante Herausforderung einer großen Zahl selbststeuernder und für klar definierte Kundenergebnisse verantwortlicher Teams. Dadurch wird langfristig hochgradig dezentrale Entscheidung und Verantwortung möglich.

Die Unterschiede zwischen fixiertem und relativem Leistungsvertrag sind mithin keineswegs marginal. Sie sind gewaltig! Nicht nur Budgets und traditionelle, vertikal abgestimmte Planung werden durch den Übergang von fixen zu relativen Zielen infrage gestellt. Denn die Abkehr von fixierten

Zielen wirkt sich auf eine Vielzahl grundlegender Steuerungsprozesse aus. Darunter: Zielsetzung, Planung, Ressourcenverwendung, Kontrolle, Koordination, Leistungsbewertung, Vergütung. Gängige Formen des Plan-Ist-Reporting, Inhalte von Management-Gesprächen, Scorecard-Ziele, konventionelle Formen der Aktionsplanung, Ressourcenkoordination, Allokation und Vergütungssysteme - sie müssen teils verworfen, mit Sicherheit jedoch neu überdacht werden. Verantwortung wird im Beyond Budgeting-Unternehmen auf der Grundlage des relativen Leistungsvertrags schrittweise vom Zentrum der Organisation auf dezentrale Entscheider und Teams übertragen: Auf interne Dienstleister und externen Kunden dienende Geschäftseinheiten oder Profit Center. Dies bedeutet einen Wandel in den Führungsprozessen und erfordert zugleich einen kulturellen Wandel. Auch deshalb wird Beyond Budgeting kaum je eine Modeerscheinung werden: Die Umstellung erfordert umfassende Bereitschaft zur Veränderung und echtes Commitment zu einem neuen Steuerungsmodell. Einem Modell, das radikal dezentralisierte Unternehmen wie Southwest Airlines, Aldi, Toyota und Svenska Handelsbanken über Jahrzehnte hinweg so erfolgreich gemacht hat. Der Aufbruch lohnt sich.

Tipps zur weiteren Recherche

- Von Niels Pfläging ist im Haufe-Verlag erschienen: Beyond Budgeting, Better Budgeting – Ohne feste Budgets zielorientiert führen und erfolgreich steuern, 536 Seiten. Im Buch enthalten ist eine CD-ROM mit mehr als 250 Charts in PowerPoint, 39,80 Euro, ISBN 344805643X.
- Website des Beyond Budgeting Round Table (BBRT): www.bbrt.org
- Website des Diagnose-Tools des BBRT: www.beyondbudgeting.org
- Website von Niels Pfläging: www.metamanagementgroup.com
- Website "Internal Controls Design" von Matthew Leitch: www.internalcontrolsdesign.co.uk

4. Beyond Budgeting – eine kritische (wissenschaftliche) Würdigung

Im folgenden Schlussbeitrag dieses Buches, wird von wissenschaftlicher Seite durch Utz Schaeffer und Michael Zyder das Beyond Budgeting Konzept einer kritischen Würdigung unterzogen.

Die Autoren diskutieren und prüfen vier Thesen in Bezug auf das Beyond Budgeting Konzept:

- These 1: Die Rhetorik der Publikationen zu „Beyond Budgeting" wird den Anforderungen an ein (erfolgreiches) Produkt der „Management Theory Industry" weitgehend gerecht.
- These 2: Die Rationalität einer sich an den „Beyond Budgeting Prinzipien" orientierenden Führung ist an eine Reihe von Prämissen gebunden. Der Ansatz macht also (bei weitem) nicht für jedes Unternehmen Sinn.
- 3. These: Instrumente existieren nicht im Vakuum. Sie sind vielmehr Teil der handlungsleitenden Ordnung im Unternehmen. Daher gilt: Wer „Beyond Budgeting" nur als Instrumenten- oder Controllerthema versteht, springt (deutlich) zu kurz.
- 4. These: „Better Budgeting" kann eine pragmatische Alternative zum Konzept von Hope/Fraser sein. Wenn das eigentliche Problem aber in den Köpfen steckt, greift der Ansatz zu kurz.

Anschließend prüfen sie die Implikationen für die betriebswirtschaftliche Forschung und reflektieren die Rolle betriebswirtschaftlicher Controllingforschung bei der Entwicklung von Controlling-Innovationen.

Beyond Budgeting – eine kritische Würdigung[1]

Utz Schäffer[2] / Michael Zyder[3]

Einführung

Die Budgetierung ist eines der zentralen Führungsinstrumente und wird vielfach auch als „Rückgrat der Unternehmenssteuerung" charakterisiert. Dennoch – oder gerade deshalb – sieht sie sich regelmäßig aufkommender Kritik und Unzufriedenheit ausgesetzt. Im Einzelnen wird kritisiert, dass die Budgetierung zu zeitaufwendig und ressourcenintensiv sowie starr und träge ist und nicht (schnell genug) auf veränderte Rahmenbedingungen reagiert, unzulänglich mit der Strategie verknüpft wird, nicht-monetäre Größen wie z.B. Kunden- oder Mitarbeiterzufriedenheit vernachlässigt, einseitig periodenbezogenes Denken fördert und keine Anreize für kontinuierliche Verbesserungsprozesse setzt, den Blick auf interne Vorgaben und nicht auf externe Märkte lenkt, Eigeninitiative hemmt und – schließlich – dysfunktionales Verhalten (z.B. in Form von Budget-„Spielen") fördert.[4]

Auslöser der jüngsten Diskussion sind die Publikationen von Jeremy Hope und Robin Fraser, die darauf zielen, die traditionelle Budgetierung durch ein flexibles und dezentrale Initiative förderndes Planungs- und Steuerungsinstrumentarium zu ersetzen. Auf der Basis einer ganzen Reihe von Fallstudien und ihrer Arbeit im Rahmen des Beyond Budgeting Round Table (BBRT) wurden insgesamt 12 „Prinzipien" identifiziert: sechs Prinzipien, die die Unternehmenskultur und den organisatorischen Rahmen betreffen, und sechs weitere Prinzipien, die sich auf den Planungs- und Steuerungsprozess selbst beziehen. Im Einzelnen sind mit Bezug auf den Prozess die folgenden Punkte zu nennen:[5]

---

[1] Bei den folgenden Seiten handelt es sich um eine leicht gekürzte und aktualisierte Fassung des im Sonderheft 1/2003 der Zeitschrift für Controlling & Management erschienen Beitrags Schäffer/Zyder 2003.
[2] Univ.-Prof. Dr. Utz Schäffer, Inhaber des Lehrstuhls für Betriebswirtschaftslehre, insbesondere Controlling, an der EUROPEAN BUSINESS SCHOOL, Schloß Reichartshausen, D-65375 Oestrich-Winkel. E-Mail: utz.schaeffer@ebs.de
[3] Dipl.-Kfm. Michael Zyder, wissenschaftlicher Assistent am Lehrstuhl für Betriebswirtschaftslehre, insbesondere Controlling, an der EUROPEAN BUSINESS SCHOOL, Schloß Reichartshausen, D-65375 Oestrich-Winkel. E-Mail: michael.zyder@ebs.de
[4] Vgl. u.a. Hope/Fraser 2000b, S. 4f.; und dieselben 2001a, S. 22; Gleich/Kopp 2001, S. 492f.; Horváth 2001, S. 250; Rieg 2001, S. 572ff.; Neely et al. 2001, S. 1f.; Weber 2004, S. 374ff.
[5] Vgl. Hope/Fraser 2000a, S.35 und dieselben 2001a, S. 22; Bunce/Hope/Fraser 2002, S. 38ff.

Relativ zum internen oder externen Wettbewerb *formulierte Ziele* sollen selbstadjustierend sein und leistungssteigernd wirken.

Antizipative Führungssysteme inkl. rollierender Forecasts sollen ständige Anpassungen von Strategie- und Investitionsentscheidungen ermöglichen.

Ein *rollierender Strategieprozess* soll die strategiegerechte Koordination der Unternehmensaktivitäten fördern.

Interne Märkte sollen für eine effiziente und marktorientierte Ressourcenallokation sorgen.

Kontrollen sollen *dezentral* durchgeführt werden und durch „Management by Exception" ergänzt werden.

Ein *relatives Anreizsystem*, das den Erfolg auf der Ebene der Geschäftseinheit oder der Unternehmung vergleicht, soll Teamwork und bereichsübergreifende Zusammenarbeit fördern.

Auf die Unternehmenskultur und den organisatorischen Rahmen beziehen sich die folgenden sechs Prinzipien:[6]

Führung durch *geteilte Werte* und einen *gemeinsamen Handlungsrahmen* soll schnelle, dezentrale Entscheidungen innerhalb festgelegter Grenzen ermöglichen.

Autonome Profitcenter sollen mehr *Unternehmertum im Unternehmen* schaffen.

Interne Märkte sollen Koordination durch Pläne ersetzen und schnellere Reaktionen ermöglichen.

Überall und unmittelbar („realtime") verfügbare Informationen sollen zu größtmöglicher *Transparenz* und *verteilter Kontrolle* führen.

Handlungsfreiräume und Ergebnisverantwortung sollen Leistung dezentraler Akteure ermöglichen und erzwingen.

Ein „*Coach&Support*"-Führungsstil soll die Manager dabei unterstützen.

Im Rahmen von vier Thesen wird im Folgenden eine kritische Würdigung des „Beyond Budgeting"-Konzepts versucht.

---

[6] Vgl. Hope/Fraser 2000a, S. 32f. und dieselben 2001a, S. 22; Bunce/Hope/Fraser 2002, S. 38ff.

Vier Thesen

These 1: Die Rhetorik der Publikationen zu „Beyond Budgeting" wird den Anforderungen an ein (erfolgreiches) Produkt der „Management Theory Industry" weitgehend gerecht.

„Beyond Budgeting" wird seit geraumer Zeit in einem erfolgreichen Managementbuch von Hope/Fraser[7], Fachbeiträgen und weiteren Büchern[8], Workshops und Seminarveranstaltungen propagiert. Unternehmensberater und EDV-Häuser sind auf dem Feld aktiv. Controllerzeitschriften widmen „Beyond Budgeting" viel Raum[9] und das Thema steht an prominenter Stelle auf der Agenda wichtiger Controllerkonferenzen. Andererseits: nur wenige Unternehmen verfügen über Erfahrung mit dem Konzept. Und: Eine wissenschaftliche Diskussion oder gar eine umfassende konzeptionelle Würdigung stehen immer noch in den Anfängen.[10]

---

(1) Ein *Schlüsselfaktor*, der bisher „sträflich" vernachlässigt wurde, steht im Mittelpunkt und wird von den Autoren als *„radikaler Bruch* mit den bisher gültigen Managementprinzipien" propagiert.

(2) Die *Anwendung der neuen Prinzipien* ist angesichts der aktuellen oder kommenden Herausforderungen *unausweichlich*.

(3) Die neuen Prinzipien werden mit *zentralen Werten* der Leserschaft in Verbindung gebracht, wie etwa Kundenorientierung, Flexibilität, Innovationsfähigkeit.

(4) Der Autor *belehrt die Praxis nicht*, sondern macht auf ihre *eigenen Spitzenleistungen* aufmerksam. Die Beispiele sind leicht fassbar dargestellt, wodurch leichte Umsetzbarkeit suggeriert wird.

(5) Kein Manager muss sich schuldig fühlen. Die alten Managementprinzipien waren bislang durchaus adäquat – für die Zukunft sind sie aber ungeeignet, da diese *radikal neue Anforderungen* mit sich bringt.

---

[7] Vgl. Hope/Fraser 2003a.
[8] Vgl. Bunce/Hope/Fraser 2002; Hope/Fraser 1999 und dieselben 2000a, 2001a und 2001b, 2003a und 2003b; Libby/Lindsay (2003); Pflägig (2003), Horváth & Partners (2003).
[9] Z.B. das Heft 8/9 2002 der Zeitschrift „Controlling" und Sonderheft 1/2003 der Zeitschrift für Controlling & Management.
[10] Vgl. Hansen/Otley/Van der Stede (2003); Schäffer/Zyder (2003) und Weber/Linder (2003).

(6) Der Bestseller zeichnet sich durch *eine raffinierte Mischung aus Einfachheit und Mehrdeutigkeit* aus. Die Einfachheit beruht aber weitgehend auf der Einfachheit der Prinzipien oder stilisierten Beispielen – wie diese aber im Detail aussehen, bleibt in der Regel unklar.

(7) Die *Implementierung* wird in der Regel als äußerst *herausfordernd* dargestellt, verspricht aber *enorme Verbesserungen*.

(8) Durch Einbezug systematischer empirischer Untersuchungen wird häufig eine *Kopplung an die Wissenschaft* versucht, ohne es allerdings mit Methodik und Interpretation der Ergebnisse dieser Studien in jedem Fall so genau zu nehmen.

(9) Die Bücher sind *leicht lesbar* geschrieben – ohne Fremdwörter und akademische Formulierungen.

(10) Schließlich muss das *Timing* stimmen und das Konzept den „Nerv der Manager dieser Zeit" treffen.

Abbildung 1: Elemente der Rhetorik von Management-Bestsellern[11]

Daraus erwächst die Vermutung, dass es sich (auch) bei Beyond Budgeting um ein Produkt der von Micklethwait/Wooldridge so charakterisierten *„Management Theory Industry"*[12] handelt, das dem typischen Lebenszyklus solcher Managementkonzepte und -moden folgt. Im Folgenden sei daher geprüft, inwieweit die *Rhetorik* der „Beyond Budgeting"-Publikationen den Anforderungen an einen Bestseller der „Mangement Theory Industry" gerecht wird. Folgt man Kieser, hat ein Managementbuch desto größere Chancen, zu einem Bestseller zu avancieren, je mehr der typischen, in Abbildung 1 aufgelisteten Rhetorikelemente es aufweist. Im Folgenden werden daher die einzelnen Punkte der Rhetorik vorliegender Veröffentlichungen von Hope und Fraser gegenübergestellt:

(1) *Schlüsselfaktor und radikaler Bruch*: Mit der Budgetierung adressiert das Konzept von Hope/Fraser ein zentrales Instrument der Unternehmenssteuerung und das – neben Kennzahlensystemen – zweite „Rückgrat" der traditionellen Unternehmenssteuerung. Dieses „abzuschaffen" oder „zu überwinden", impliziert einen radikalen Bruch mit der bisherigen Steuerungspraxis in dominant plankoordinierten Unternehmen.

---

[11] Vgl. Kieser 1996, S. 23ff. unter Verweis auf Davis 1986 und Eccles/Noriah 1992.
[12] Micklethwaith/Wooldridge 1996, S.49.

(2) *Unausweichlichkeit*: Die Anwendung der neuen Prinzipien wird von Hope/Fraser als unausweichlich dargestellt, denn: „In an age of discontinuous change, unpredictable competition, and fickle customers ... [old, US/MZ] assumptions are no longer valid."[13] Daher gilt: „Understanding what these [„Beyond Budgeting", US/MZ] practices are and what you need to do to adopt them is increasingly likely to determine whether or not your company is able to compete effectively in the new economy."[14]

(3) *Zentrale Werte*: Hope/Fraser identifizieren „command, compliance and control"[15] als zentrale Werte des alten Modells und stellen diesen ein mit positiv besetzten Werten versehenes Modell gegenüber, „which is fundamentally a major cultural shift towards decentralization with real empowerment, driven by the business need for greater responsiveness and enterprise."[16]

(4) *Verweis auf Spitzenleistung der Praxis*: Hope/Fraser verweisen auf erfolgreiche Beispiele wie Svenska Handelsbanken oder IKEA und berichten (Belehrungen vermeidend und scheinbar objektiv), „why some organizations are going ‚beyond budgeting'"[17] und „[h]ow ... these organizations set targets without a budgeting process".[18]

(5) *Radikal neue Anforderungen*: Kein Manager muss sich nach Hope/Fraser schuldig fühlen, denn: „The budgeting process ... provided a rational and coherent approach to manage performance when market conditions were relatively stable, capital was the primary constraint on growth and improvement, strategy and product lifecycles were lengthy, and the management behavior required was one of compliance with plans and procedures."[19] Allein: „... in the competitive climate in which most organizations operate today, it is no longer effective."[20]

(6) *„Raffinierte" Mischung aus Einfachheit und Mehrdeutigkeit*: Die 12 „Prinzipien" sind auf den ersten Blick intuitiv plausibel und unmittelbar nachvollziehbar, ebenso der zweistufige Implementierungsprozess. Auf den zweiten Blick wird aber schnell deutlich, dass die eigentliche Arbeit dort anfängt, wo die Publikationen zum Thema aufhören. So wird zum Beispiel die Frage, wie denn die interne Ressourcenallokation ohne Budgetierung

---

[13] Hope/Fraser 2000a, S. 30.
[14] Hope/Fraser 2000a, S. 32. Vgl. auch Hope/Fraser 2001a, S. 23.
[15] Hope/Fraser 2000b, S. 10.
[16] Hope/Fraser 2000b, S. 11f.
[17] Bunce/Hope/Fraser 2002, S. 36.
[18] Bunce/Hope/Fraser 2002, S. 38ff.
[19] Bunce/Hope/Fraser 2002, S. 36.
[20] Bunce/Hope/Fraser 2002, S. 36.

erfolgen solle, nur vergleichsweise pauschal beantwortet: „make resources available to operations when required at a fair cost, don't allocate them from the centre."[21] Festzulegen, wie dieser Prozess genau aussieht und was „fair" ist, bleibt dem Anwender überlassen.

(7) *Herausfordernde, aber lohnende Implementierung*: Der erste Schritt des empfohlenen Implementierungspfades verspricht nach Hope/Fraser ein „breaking free from the annual performance trap."[22] Geht man auch den zweiten Schritt, „there is an even greater prize on offer"[23]: „While adaptive processes offer the prospect of cost savings from not budgeting, less gaming, faster response, better strategic alignment, and more value from finance people, radical decentralization offers much more. For example [sic!, US/MZ], it promises permanent reductions in the cost structure, more capable people, more innovation, more loyal customers, more ethical reporting, and the release of the full potential of management systems and tools."[24] Kurzum: „companies that „have .. abandoned the budgeting model in one form or another ... [are] among ... [those who] see the light."[25]

(8) *Wissenschaftliche Legitimation*: Hope/Fraser verweisen mehrfach auf wissenschaftliche Studien, die ähnlichen Handlungsbedarf sehen[26], und haben über den Beyond Budgeting Round Table eine eigene internetbasierte Erhebung initiiert.[27]

(9) *Leichte Lesbarkeit*: Die Beiträge bemühen sich um eine einfach verständliche Sprache, was sich unter anderem in kurzen Sätzen, der Einbindung von „knackigen" Zitaten[28] und vielen Fallbeispielen[29] zeigt.

(10) **Timing**: Die Kritik an der Budgetierung ist nicht neu,[30] wie auch frühere Budgetierungsmoden zeigen. Zur Begründung, warum das Konzept gerade jetzt Sinn macht, haben Hope/Fraser in den ersten Forschungspapieren und Veröffentlichungen stark auf den Kontext der „new economy" rekurriert.[31] Entsprechende Bezüge sind in den jüngeren Veröffentlichungen

---

[21] Hope/Fraser 2001a, S. 23.
[22] So der Titel des Managementbuchs.
[23] Bunce/Hope/Fraser 2002, S. 41.
[24] Bunce/Hope/Fraser 2002, S. 41ff.
[25] Hope/Fraser 2000a, S. 32.
[26] Vgl. auch Hope/Fraser 2001a, S. 22: „Independent research into the need to tackle Beyond budgeting has been mounting ever since we raised the issue in our previous articles ..."
[27] Die Internetadresse lautet: www.project.bbrt.org.
[28] Z.B. der Klassiker von Jack Welch: „Budgets are the bane of corporate America".
[29] Z.B. Svenska Handelsbanken, Borealis, Volvo Cars.
[30] „Firms have been trying to come to terms with these problems for decades." (Bunce/Hope/Fraser 2002, S. 36)
[31] Am deutlichsten wird dies wohl im Titel des zweiten White Papers: „Managing in the new economy".

seltener geworden. Ein zweiter Argumentationsstrang ergibt sich aus der partiellen Erfolglosigkeit vorhergehender Modewellen, insbesondere der Balanced Scorecard. Diese stößt in der Praxis häufig dann an Grenzen, wenn sie unverbunden neben der Budgetierung und anderen etablierten Steuerungsinstrumenten steht. Pointiert formuliert konkurriert dann der „Strategiefokus" der Balanced Scorecard mit dem „Budgetfokus" der Budgetierung.[32] Allerdings hat sich auch die Verknüpfung des Konzepts mit der Budgetierung häufig als problematisch erwiesen[33], so dass sich mit der gebotenen Vorsicht „Beyond Budgeting" auch als notwendiges oder zumindest naheliegendes Folgeprodukt der Balanced Scorecard interpretieren lässt.

Fazit: Spiegelt man die bisherigen Publikationen zu Beyond Budgeting an den Erfolgskriterien nach Kieser, hat das Konzept durchaus „das Zeug" zu einem Managementbestseller und daraus resultierenden Hype – was per se nicht schlecht sein muss. Erfolgreiche Managementbücher können wertvolles Wissen vermitteln und Anregungen, aber auch Legitimation geben. Eccles/Noriah sehen zudem die Mode-Rhetorik solcher „Konzepte" positiv, erblicken in ihr sogar das Wesentliche des Managemements: „Much of the current hysteria over labels ... can be seen as an attempt to lend new energy to the collective enterprises ... individual managers use such labels and concepts as they see fit as a part of their ongoing use of language to coax, inspire, demand, or otherwise produce action in their organizations ... At every level, language has a rhetorical function ... it constantly 'frames' the way we understand the world."[34]

These 2: Die Rationalität einer sich an den „Beyond Budgeting Prinzipien" orientierenden Führung ist an eine Reihe von Prämissen gebunden. Der Ansatz macht also (bei weitem) nicht für jedes Unternehmen Sinn.

Wirft man einen Blick auf die Publikationen zu „Beyond Budgeting", finden sich kaum explizite Aussagen zu den Prämissen eines erfolgreichen Einsatzes des Konzepts.[35] Vielmehr wird in der Regel suggeriert, dass der

---

[32] In Anlehnung an Bunce/Hope/Fraser 2002, S. 36.
[33] Vgl. dazu auch Oehler 2002a, S. 86.
[34] Eccles/Noriah 1992, S. 29f. Weniger positiv zur Rolle der Rhetorik äußert sich Schneider 1998, S.1473ff.
[35] Eine Ausnahme bildet Weber 2004, S. 377.

Ansatz für die meisten oder gar alle Unternehmen Sinn macht („one concept fits all").[36]

Eine nähere Betrachtung macht allerdings deutlich, dass die Rationalität einer Anwendung der 12 „Prinzipien" an eine Reihe *impliziter Prämissen* gebunden ist. So wird das von Hope/Fraser pauschal unterstellte Zeitalter „of discontinuous change, unpredictable competition, and fickle customers" nicht für alle Unternehmen (und dezentrale Einheiten eines Unternehmens!) in gleichem Maße gelten. Wenn es aber richtig ist, dass „Beyond Budgeting" (nur) in einem Kontext hinreichend hoher Dynamik und hoher Wettbewerbsintensität Sinn macht, muss im Einzelfall geprüft werden, ob diese Annahmen auch gegeben sind.[37]

Zusätzliche Prämissen ergeben sich aus der von Hope/Fraser implizit unterstellten Sinnhaftigkeit einer Strategie, die der Dynamik durch eine hohe Dezentralisierung und eine hohe Flexibilität bzw. Adaptivität der Unternehmung gerecht wird. Dabei wird unter anderem vorausgesetzt, dass

die dezentralen Einheiten in ausreichendem Maße willens und in der Lage sind, die gewachsene dezentrale Verantwortung auch zu realisieren.

Verbunde und damit potenzielle Synergien zwischen den dezentralen Einheiten nicht oder nur in beschränktem Maße vorliegen bzw. auch durch horizontale Koordination der Einheiten hinlänglich realisierbar sind.

das Unternehmen größere Flexibilitätspotenziale auch in ausreichendem Maße realisieren kann, d.h. dass bei Bedarf relevante Produktionsfaktoren kurzfristig hinzugewonnen, anderweitig ein- oder freigesetzt werden können.

Weiter gilt es, nicht die Prämissen der einzelnen „Prinzipien" zu vernachlässigen. So setzen zum Beispiel wettbewerbsbezogene, relative Ziele voraus, dass ein „benchmarkfähiger Wettbewerb" vorhanden ist und dass dieser ausreichend gute Leistungen erbringt: ansonsten vergleicht man „Schlendrian mit Schlendrian"[38]. Und schließlich muss geprüft werden, ob der erwartete Nutzen des Ansatzes die Kosten (insbesondere der Implementierung) rechtfertigt. Dies wird aber bei weitem nicht immer der Fall sein, denn der Ansatz impliziert einen *erheblichen Implementierungsaufwand*. Es geht ja – wie noch näher zu erläutern sein wird – nicht um ein

---

[36] Vgl. dazu auch nochmals die Ausführungen zur „Unausweichlichkeit" der Anwendung neuer Managementprinzipien oben.
[37] Ähnlich auch Oehler 2002b, S. 154.
[38] Vgl. Schmalenbach zitiert nach Hummel/Männel 1990, S. 31. Vgl. daneben auch Schmalenbach 1956, S. 434.

einzelnes Instrument, sondern um einen grundlegenden Veränderungsprozess im Management, auch mit Blick auf die Kultur des Unternehmens.

Zudem ist das Konzept noch in einem (sehr) frühen Entwicklungsstadium. Die meisten Prinzipien sind (bei aller Plausibilität) sehr abstrakt und wenig operationalisiert. „Beyond Budgeting" ist denn auch kein einfach und gedankenlos umsetzbares Patentrezept, sondern (allenfalls) der vor die Klammer gezogene „kleinste gemeinsame Nenner" der am Beyond Budgeting Round Table (BBRT) beteiligten Unternehmen. Dies zeigt sich auch in der Heterogenität der von den Befürwortern des Ansatzes in der Regel angeführten Beispiele und ist per se nicht negativ zu werten – im Gegenteil: „one size fits all" kann kaum nachhaltige Wettbewerbsvorteile begründen. Es sollte aber nicht der Eindruck eines universell einsetzbaren, in sich schlüssigen und von einer Vielzahl von Unternehmen in unterschiedlichen Branchen bereits angewandten Konzepts erweckt werden.[39]

Der Ansatz von Hope und Fraser umfasst vielmehr ein Konglomerat von plausibel miteinander verbundenen Gestaltungskomponenten („Prinzipien"), die alle nicht neu sind *(„alter Wein in neuen Schläuchen")* und die einzeln auf ihre Eignung und Umsetzbarkeit hin geprüft werden müssen. So ist zum Beispiel ein anpassungsfähiges und dezentral aufgestelltes Management nicht zwingend mit *relativen Zielvorgaben und Anreizen* verbunden. Diese setzen nämlich zum einen voraus, dass ein „benchmarkfähiger Wettbewerb" vorhanden ist, und dass dieser ausreichend gute Leistungen erbringt (vgl. nochmals oben). Zum anderen sind sie auch mit einer Reihe von Gefahren und (möglichen) Nachteilen verbunden. So können sie zu einem risikoaversen, kursichtigen Folgerverhalten führen, wie es bei (an relativer Performance gemessenen) Fondsmanagern häufig zu beobachten ist. Wenn nicht absolute Performance entscheidet, sondern „nur" das relative Abschneiden im Markt, kann auch ein signifikanter Rückgang von Umsatz und Gewinn plötzlich ein „Erfolg" sein. Zudem besteht die Gefahr, dass ein branchenübergreifendes und geschäftssystemveränderndes Denken zurückgeht. Eine solche Argumente aufgreifende, differenzierte Diskussion der Vor- und Nachteile einzelner „Prinzipien" in verschiedenen Kontexten steht aber bislang noch aus – zumindest im Kontext der „Beyond Budgeting" Diskussion. Dass die betriebswirtschaftliche Literatur eine Fülle relevanter Erkenntnisse enthält, wird den mit der Umsetzung des Konzepts betrauten Praktiker nur in dem Maße trösten, wie der *Transfer aus dem Elfenbeinturm* in die Unternehmenspraxis auch gelingt.

---

[39] Auch das Wort „Prinzipien" scheint vor diesem Hintergrund eher unglücklich gewählt zu sein.

3. These: Instrumente existieren nicht im Vakuum. Sie sind vielmehr Teil der handlungsleitenden Ordnung im Unternehmen. Daher gilt: Wer „Beyond Budgeting" nur als Instrumenten- oder Controllerthema versteht, springt (deutlich) zu kurz.

Die Rhetorik des Konzepts setzt an den eingangs dargestellten Defiziten der traditionellen Budgetierung an und versucht diese zunächst auf einer *instrumentellen Ebene* insbesondere dadurch zu beheben, dass die Funktionen der Budgetierung durch eine Kombination anderer Führungsinstrumente realisiert werden. So ersetzt z.B. Philips die bisherige Budgetierung durch Strategic Value Agreements, Balanced Scorecards und Rollierende Prognosen.[40] Ganz ähnlich nimmt Borealis eine instrumentelle Trennung von Steuerung und Finanzprognosen vor.[41] Das Vorgehen dieser Unternehmen lässt sich mit Röpke als Strategie zur Erhöhung der Eigenkomplexität durch instrumentelle Spezialisierung interpretieren[42] und trägt dazu bei, dass interfunktionale Zielkonflikte vermieden werden: Trennt man instrumentell zwischen möglichst aktueller und objektiver Prognose auf der einen Seite und möglichst nachhaltig motivierender Zielvorgabe auf der anderen Seite, werden viele dysfunktionale Konflikte und Anpassungsstrategien im Rahmen der Budgetierung unnötig.

Auf der instrumentellen Ebene lässt sich damit das *„Unbundling"* des Multifunktionsprodukts Budgetierung als konzeptioneller Kern des „Beyond Budgeting" charakterisieren. Hope/Fraser betonen in neueren Veröffentlichungen aber zu Recht, dass eine rein instrumentelle Sicht zu kurz greift und dass es sich bei „Beyond Budgeting" vielmehr um ein handlungsleitendes Bündel von Prinzipien *(„guiding set of principles"*[43]) handelt. Dieses zielt u.a. darauf, die Voraussetzungen dafür zu schaffen, dass bereits vorhandene und neu zu implementierende Instrumente ihr Potenzial voll realisieren können.[44] An die Seite der Kritik an der Budgetierungspraxis tritt so ein zweites Argument für den Ansatz: die Budgetierung ist nicht nur selbst optimierungsbedürftig, sondern blockiert auch die Realisierung des Potenzials einer Vielzahl von Instrumenten, die in den letzten Jahren eingeführt wurden, wie z.B. die Balanced Scorecard oder die Prozesskostenrechnung.

---

[40] Vgl. o.V. 2000.
[41] Vgl. Hope/Fraser 2000b, S. 15 und Boesen 2002, S. 12.
[42] Vgl. Röpke 1977, S. 252.
[43] Bunce/Hope/Fraser 2002, S. 47.
[44] Vgl. Bunce/Hope/Fraser 2002, S. 47.

Dies kann darauf zurückgeführt werden, dass Führungsinstrumente nicht losgelöst von den *internen Modellen* des Managements implementiert und genutzt werden. Diese umfassen für die jeweils relevanten Handlungstypen zum einen als „Selbstbild" Hypothesen über die Eigenschaftsausprägungen des Akteurs und deren Nebenbedingungen; zum anderen als handlungsrelevantes „Weltbild" Hypothesen über die Eigenschaften der Umwelt.[45] Sie bilden gewissermaßen die Brille, durch die wir blicken, und setzen so den Rahmen für unser Denken und Handeln.[46] Interne Modelle liegen auf der Ebene einzelner Akteure im Unternehmen (Manager, Controller etc.) und auf der Ebene des Unternehmens als korporativer Akteur vor, wo sie sich u.a. in Form von *organisatorischen Regeln* manifestieren.[47]

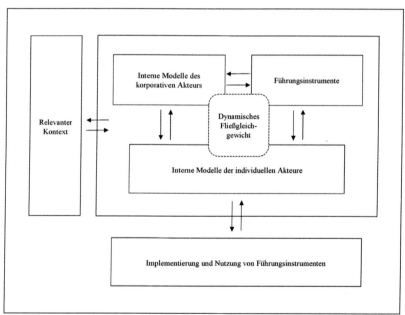

Abbildung 3: Instrumente als Teil der handlungsleitenden Ordnung

---

[45] Die Hypothesen bestehen dabei neben Annahmen auch aus Einstellungen (als bewertete Annahmen) und Erwartungen (als Prognosen).
[46] „Like a pane of glass framing and subtly distorting our vision, mental models determine what we see." (Senge 1990, S.235f. Ähnlich auch Kim 1993, S.39).
[47] Zur Manifestation und Institutionalisierung von Regeln vgl. Burns/Scapens 2000, S. 9ff.

Interne Modelle, organisatorische Regeln und Führungsinstrumente konstituieren die handlungsleitende Ordnung im Unternehmen und müssen über einen hinreichenden „*Fit*" verfügen. Begründen lässt sich das durch die Gestalttheorie. Danach streben Menschen nach einer guten Gestalt im Sinne einer konsistenten, stimmigen geistigen Ordnung. Die Vermeidung von Unstimmigkeit – und damit Unsicherheit und Angst – gehört nach Auffassung der Gestaltpsychologen zu den Grundbedürfnissen des Menschen. Die Wahrnehmung des Akteurs ist entsprechend dadurch gekennzeichnet, dass es zu Neuanordnungen (und ggf. Verzerrungen) kommt, die eine prägnante und ganzheitliche Wahrnehmung erleichtern.[48]

Wenn ein ausreichender Fit zwischen etablierter handlungsleitender Ordnung und dem neuen Instrument nicht vorliegt, sind daher *drei grundsätzliche Fälle* denkbar:

Das Instrument wird an die etablierte handlungsleitende Ordnung angepasst. So lässt sich in der Praxis häufig beobachten, dass Balanced Scorecards im Rahmen von Implementierung und Nutzung so adaptiert werden, dass sie zur vorherrschenden „Command & Control"-Kultur passen: „and there's a real danger of using the scorecard (wittingly or unwittingly) for top-down control (in the same way as a budget with some nonfinancial measures)."[49]

Das Instrument wird nicht genutzt, d.h. es wird entweder vom Immunsystem der handlungsleitenden Ordnung rasch „abgestoßen" und verschwindet wieder aus dem Unternehmen oder es vegetiert jahrelang vor sich hin, ohne zu stören, aber auch ohne jeden nachhaltigen Einfluss auf die Unternehmensführung. Auch dieser Fall lässt sich häufig beobachten.

Nicht das Instrument, sondern die handlungsleitende Ordnung wird verändert. Es geht dann um einen grundlegenden Veränderungsprozess im Management – auch mit Blick auf die internen Modelle der Akteure und die organisatorischen Regeln des Unternehmens.

Dieser letztgenannte Weg ist schwer: Interne Modelle sind träge und nicht ohne weiteres zielgerichtet veränderbar („manipulierbar"). Da es die Funktion interner Modelle ist, eine Ordnung in der Menge der Wahrnehmungen zu erzeugen, weisen sie eine *Tendenz zur Beharrung* auf.[50] Die sozialpsychologische Forschung hat zudem gezeigt, dass Menschen nur sehr eingeschränkt in der Lage sind, bereits in gewisser Weise eingesetzte Instru-

---

[48] Vgl. Schäffer 2001, S. 92f. und die dort angegebene Literatur.
[49] Hope/Fraser 2000a, S. 35.
[50] Vgl. Schäffer 2001, S. 233.

mente „umzuwidmen", also ihr mit diesem Instrument verbundenes internes Modell zu ändern. Wer zum Beispiel die Budgetierung über lange Jahre hinweg als starres Überwachungsinstrument kennen gelernt hat, wird sich schwer tun, diese ab morgen mit unternehmerischen Entscheidungen und Lernprozessen zu assoziieren und das Instrument entsprechend zu nutzen. Dieses Phänomen wird als „*Functional Fixation*" bezeichnet[51] und macht es den meisten Unternehmen schwer, das etablierte interne Modell zu überwinden.[52]

Wer eine zielgerichtete Veränderung der internen Modelle anstrebt, darf daher die instrumentelle Basis nicht ignorieren: In dem Maße, wie das von Hope und Fraser mit „Command & Control" charakterisierte interne Modell den Anforderungen der Umwelt in der Einschätzung des Managements nicht mehr gerecht wird, das interne Modell aber eng mit der Budgetierung verbunden ist und dieser im Rahmen der Unternehmenssteuerung eine zentrale Rolle zukommt, wird es häufig rational sein, die Budgetierung durch andere Instrumente wie Rollierende Forecasts, interne Märkte und Balanced Scorecards sowie passende organisatorische Regeln zu ersetzen. Damit kann erreicht werden, dass die Budgetierung und das mit ihr verbundene Modell dem Veränderungsprozess nicht mehr entgegenstehen und gleichzeitig die Funktionen der Budgetierung (durch andere Instrumente) weiter wahrgenommen werden. Auch an dieser Stelle wird deutlich: Das Einfügen neuer Instrumente kann nicht losgelöst von der handlungsleitenden Ordnung betrachtet werden. Organisatorische Regeln, die internen Modelle der beteiligten Akteure und Führungsinstrumente müssen – im Sinne eines dynamischen Fließgleichgewichts – aufeinander abgestimmt sein. Damit ist „Beyond Budgeting" auch zwingend ein *Managementthema*. Controller können den Prozess fördern, unterstützen und kritisch begleiten, „Beyond Budgeting" darf aber nicht auf ein Instrumenten-, EDV- oder Controllerthema reduziert werden. Eine technokratische Sicht, die Instrumente ohne Berücksichtigung dieser Nebenbedingungen implementiert, ist naiv und greift deutlich zu kurz. Betriebswirtschaftliche Führungsinstrumente werden nicht im Vakuum genutzt, sondern von Menschen im Unternehmen.

---

[51] Vgl. Arunachalam/Beck 2002, S. 3.
[52] Vgl. dazu auch Hope/Fraser 2000a, S. 35.

4. These: „Better Budgeting" kann eine pragmatische Alternative zum Konzept von Hope/Fraser sein. Wenn das eigentliche Problem aber in den Köpfen steckt, greift der Ansatz zu kurz.

„Beyond Budgeting" zielt neben der Verlagerung der Budgetierungsfunktionen auf andere Instrumente auf eine grundlegende Veränderung der handlungsleitenden Ordnung: Instrumente, interne Modelle und organisatorische Regeln müssen den veränderten Anforderungen angepasst werden. Der Weg dorthin ist aber schwierig und kann – wie viele organisatorische Veränderungsprozesse zuvor – scheitern.[53]

Dies legt die Suche nach *pragmatischen Alternativen* nahe. Geht die Kritik an der Budgetierung im Wesentlichen (nur) dahin, dass diese zu starr und zu zeitaufwendig ist, wird es häufig ausreichend sein, im Rahmen der etablierten handlungsleitenden Ordnung den Budgetierungsprozess zu verkürzen, Budgets flexibel zu gestalten und die Planungsinhalte zu fokussieren. Hierauf zielen u.a. die Anregungen von Gleich/Kopp bzw. Kogler/Kopp[54] und das Horváth'sche Konzept des *„Better Budgeting"*: Das bestehende Budgetierungssystem soll durch ein Bündel von (im Grunde altbekannten) Maßnahmen zur Fokussierung der Planungsinhalte und zur Verkürzung des Budgetierungsprozesses optimiert werden.

Zur Fokussierung der Budgetierung schlägt Horváth folgende Maßnahmen vor:

- „Konzentration auf erfolgskritische Prozesse und damit Reduzierung der erforderlichen Budgets und finanzielle Vorgabegrößen,
- Vereinfachung des Budgetsystems durch weitgehenden Verzicht auf die taktische Planungsstufe,
- marktorientierte Ziele und Vorgaben anstelle von Budgetierung auf Basis der Fortschreibung,
- schnelle Vorschauinformationen anstatt detaillierter budgetbasierter Prognoserechnungen
- Verlassen des Kalenderjahres und z.B. Übergang zur Meilensteinbudgetierung,
- Reduzierung von Frequenz und Anzahl der Budgetkontrollen und damit Fokussierung des Reporting."[55]

---

[53] Vgl. dazu nochmals die Ausführungen zu These 2.
[54] Vgl. Gleich/Kopp 2001 und Kogler/Kopp 2001.
[55] Horváth 2003, S. 252.

- Ergänzend soll der Budgetierungsprozess durch organisatorische Maßnahmen flexibilisiert und verkürzt werden, indem z.B.
- „die Top-down-Komponente der Aufbauorganisation gestärkt wird, um den Arbeits- und Zeitaufwand zu reduzieren,
- der Budgetvereinbarungs- und -verabschiedungsprozeß vereinfacht wird,
- die operative Planung dezentralisiert wird."[56]

„Better Budgeting" stellt somit – anders als der Ansatz des „Beyond Budgeting" – die internen Modelle der Akteure nicht grundlegend in Frage. Das Konzept zielt vielmehr auf die Verbesserung der Effizienz von Budgetierungsprozessen bei weitgehend unveränderten Rahmenbedingungen (vgl. Abbildung 4). Die knappe Aufmerksamkeit des Managements soll durch die Fokussierung des Prozesses besser genutzt werden.

Im Ergebnis stehen sich somit zwei Ansätze gegenüber: Auf der einen Seite die Maßnahmenbündel der „Pragmatiker", die dafür plädieren, doch Evolution an die Stelle von Revolution treten zu lassen[57] und „das Kind [die Budgetierung, US/MZ] nicht gleich mit dem Bade auszuschütten."[58] Auf der anderen Seite Hope/Fraser und ihre Mitstreiter, die diesen ihres Erachtens zu technokratischen Ansatz für fehlgeleitet halten: „This is not a comfortable message for a measurement industry that believes that implementing Economic Value Added or Balanced Scorecard are enough on their own to change performance. It is the combination of effective organisation and behaviour and effective performance management that leads to success ... And, just like any mathematical equation with multiplicative variables, if any of the variables is zero, the net result will be zero."[59]

---

[56] Horváth 2003, S. 252.
[57] Péter Horváth auf dem Stuttgarter Controllerforum 2002
[58] In Anlehnung an Oehler 2002b, S. 155.
[59] Hope/Fraser 2001a, S. 23

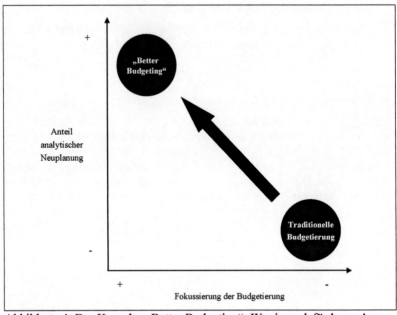

Abbildung 4: Der Kern des „Better Budgeting": Weniger, dafür besser!

Der scheinbare Widerspruch zwischen beiden Ansätzen lässt sich unseres Erachtens rasch auflösen, wenn man nicht nach einem universell einsetzbaren Konzept sucht, sondern danach differenziert, ob die Budgetierung und das ihr zugrundeliegende Modell einer *Koordination durch Pläne*[60] noch tragen, oder ob sie angesichts der Dynamik und Wettbewerbsintensität der relevanten Märkte durch andere Koordinationsmechanismen und interne Modelle ersetzt werden müssen.

Der pragmatische Ansatz stellt die Dominanz der Plankoordination nicht in Frage und optimiert den Prozess im so gesetzten Rahmen. „Better Budgeting" zielt somit auf instrumentellen Wandel bei im Wesentlichen unveränderten (und daher vernachlässigbaren) internen Modellen der Akteure. Die Prinzipien des „Beyond Budgeting" hingegen unterstellen eine Verschiebung im optimalen Mischungsverhältnis der Koordinationsmechanismen: dezentralen Lern- und Entscheidungsprozessen bei *Koordination durch*

---

[60] Vgl. Weber 1995, S. 16 und dazu Schäffer 1996, S. 30ff.

Selbstabstimmung[61] und *Koordination durch Märkte*[62] kommt in dem von Hope/Fraser (implizit) skizzierten Kontext eine zentrale Bedeutung zu. Damit lässt sich aber die plakative Frage nach dem richtigen Konzept auf die betriebswirtschaftliche Fragestellung nach der Effizienz und der Effektivität der genannten Koordinationsmechanismen zurückführen.

Bei Koordination durch Selbstabstimmung und Märkte rückt das Fehlen detaillierter (Plan-)Vorgaben zentraler Stellen als Bezugspunkt die Bedeutung der individuellen Fähigkeiten und Nutzenfunktionen stärker hervor. In den – fast schon poetischen – Worten von Hope/Fraser liest sich das so: „Beyond Budgeting is about releasing capable people from the chains of the top-down performance contract,"[63] oder: „In essence, Beyond Budgeting entails a shift from a performance emphasis on numbers to one based on people."[64] Damit muss aber eine grundlegende Veränderung der internen Modelle im Management verbunden sein. Ein solcher Wechsel ermöglicht einen „Aufbruch zu neuen Ufern", ist aber nur in Grenzen steuerbar. „Beyond Budgeting"-Projekte unterliegen daher einem erheblichen Risiko fehlzuschlagen bzw. zu scheitern.

„Better Budgeting" kann (und will) eine solche grundlegende Veränderung der internen Modelle nicht leisten. Aus diesem Grunde werden entsprechende Projekte auch weniger häufig spektakulär scheitern. Wenn aber die Prämissen einer Koordination durch Pläne nicht mehr erfüllt sind und statt Effizienzgewinnen in der Budgetierung eine Veränderung der handlungsleitenden Ordnung gefragt ist, greift der Ansatz (deutlich) zu kurz. Für die Praxis gilt es daher, viel Zeit und Mühe in die Analyse der Ausgangssituation zu investieren. Nicht immer ist der einfachere Weg auch der Bessere.

---

[61] Vgl. Schäffer 1996.
[62] Vgl. Langenbach 2000.
[63] Hope/Fraser 2001b, S. 4.
[64] Hope/Fraser 2001a, S. 23.

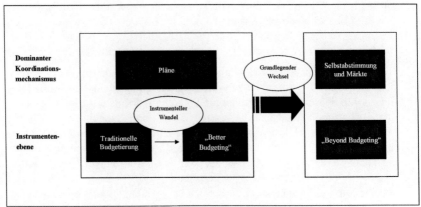

Abbildung 5: Instrumenteller Wandel oder grundlegender Wechsel?

Fazit

Mit „Beyond Budgeting" steht erneut ein im Wesentlichen in der Unternehmenspraxis entwickelter Steuerungsansatz im Raum, der von den einen euphorisch propagiert und von den anderen misstrauisch beäugt wird. Wir konnten in diesem kurzen Beitrag zeigen, dass

- die Rhetorik der Publikationen zu „Beyond Budgeting" den Anforderungen an ein (erfolgreiches) Produkt der „Management Theory Industry" weitgehend gerecht wird,

- die Rationalität einer sich an den „Beyond Budgeting Prinzipien" orientierenden Führung an eine Reihe von Prämissen gebunden ist und der Ansatz folglich bei weitem nicht für jedes Unternehmen Sinn macht – auch wenn das vielfach suggeriert wird,

- Instrumente nicht im Vakuum existieren, sondern Teil der handlungsleitenden Ordnung im Unternehmen sind; Führungsinstrumente, organisatorische Regeln und interne Modelle der Akteure daher hinreichend zueinander passen müssen,

- all diejenigen, die „Beyond Budgeting" nur als Instrumenten- oder Controllerthema verstehen, deutlich zu kurz springen,

- sich die plakative Frage nach „Better or Beyond Budgeting" auf eine betriebswirtschaftliche Analyse der Effizienz und Effektivität verschiedener Koordinationsmechanismen zurückführen lässt,
- „Better Budgeting" eine pragmatische Alternative zum Konzept von Hope/Fraser sein kann, die aber nicht greift, wenn das eigentliche Problem aus nicht mehr adäquaten organisatorischen Rahmenbedingungen und internen Modellen der Akteure besteht.

Auch wenn das Konzept nichts wirklich Neues enthält und damit (wieder einmal) gilt: „Alter Wein in neuen Schläuchen", wäre eine pauschale Kritik unseres Erachtens verfehlt. Konzepte wie „Beyond Budgeting" können dabei helfen, vorhandenes Wissen in die Praxis zu tragen, dort neue Anregungen geben und Energie freisetzen, aber auch schwer durchsetzbare Maßnahmen legitimieren.

Implikationen für die Forschung

Abschließend sei die Frage aufgeworfen, welche Implikationen die aktuelle Diskussion für die Controllingforschung hat. Wie schon zuvor die Balanced Scorecard und andere Konzepte wurde auch das Konzept des „Beyond Budgeting" in enger Interaktion von Unternehmen, Beratern und praxisnahen Wissenschaftlern entwickelt. Einige Autoren wie Horváth und Gleich fordern vor diesem Hintergrund, dass sich die Forschung stärker um die Entwicklung innovativer Methoden bemühen solle und propagieren den u.a. von Kaplan geprägten Ansatz des „Innovation Action Research".[65] Dieser ist einerseits nicht unumstritten, werden doch mit der (möglichst) wertfreien Erkenntnisgewinnung und der Trennung zwischen Hypothesenformulierung und -überprüfung zentrale Spielregeln der etablierten Forschung „außer Kraft gesetzt". Andererseits muss sich die traditionelle Forschung fragen lassen, wo ihre Wertschöpfung denn liegt, wenn nicht in der Entwicklung von Konzepten, die die Probleme der Praxis lösen.

Unseres Erachtens liegt ein wesentliches Element der Wertschöpfung von betriebswirtschaftlicher Controllingforschung in der Rolle eines kritischen Counterparts der innovativen Praxis – und damit in einer spezifischen Form der Rationalitätssicherung. Dazu muss zunächst in Grundlagen- und angewandter Forschung neues Wissen generiert und in die Praxis transferiert werden. Mehr Transparenz über kontextspezifische Erfolgsfaktoren der

---

[65] Vgl. Gleich 2002 und Horváth 2002.

Gestaltung von Budgetierungsprozessen, über die Ausgestaltung des Controlling bei zunehmender Bedeutung von Selbstabstimmung und ähnliche Wissensbausteine schaffen die notwendige Voraussetzung für eine rationale Unternehmenspraxis. Das allein ist aber nicht genug. Wenn von Seiten der „Management Theory Industry" unzulässig vereinfacht wird und wenn kontextgebundene Lösungen als universelle Wunderwaffe propagiert werden, müssen Wissenschaftler auch bremsend wirken – wenn möglich konstruktiv. Dabei gilt es, das Controllern hinlänglich bekannte Spannungsfeld von Involvement und Independence auszutarieren. Einerseits setzt der konstruktive Dialog die Praxisnähe des Wissenschaftlers voraus, andererseits erfordert wirkungsvolle Rationalitätssicherung auch Distanz.

Und noch ein weiterer Punkt scheint interessant. Wie schon bei der Balanced Scorecard war auch bei „Beyond Budgeting" der Fokus der Entwicklungsarbeit zunächst ganz überwiegend instrumentell und hat sich im Lauf der Zeit stärker auf die Einbettung der Instrumente in die handlungsleitende Ordnung verlagert.[66] Damit wird auch aus dem Entwicklungsprozess dieser Konzepte heraus deutlich, dass eine eher technokratische und auf instrumentelle Fragen reduzierte Controllingforschung Gefahr läuft, am Bedarf der Praxis vorbei Lösungen zu produzieren, die wesentliche Bedingungen für die erfolgreiche Implementierung und Nutzung der Instrumente vernachlässigen. Wer die Funktion der Rationalitätssicherung ernst nimmt, darf die Erkenntnisse der Organisationstheorie und der Verhaltenswissenschaften nicht vernachlässigen.

Literaturhinweise

Argyris, C. (1952): The Impact of Budgets on People, New York 1952

Arunachalam, V./Beck, G. (2002): Functional Fixation Revisited: the Effects of Feedback and a Repeated Measures Design on Information Processing Changes in Response to an Accounting Change, in: Accounting Organizations and Society, Volume 27, 1/2002, S. 1-25

Barrett, M. E./Fraser III, L. B. (1977): Conflicting Roles in Budgeting for Operations - Successful Blending of the Various Aims Can Further Overall Company Objectives, in: Harvard Business Review, Volume 55, July-August/1977, S. 137-146

---

[66] Vgl. auch explizit Hope/Fraser 2001a, S. 22

Boesen, T. (2002): Abandoning Budgets at Borealis – Achieving Timely & Valuable Information with Less Resources, Tagungsunterlagen der 4. Stuttgart Planungskonferenz am 27./28.11.2002

Brimson, J./Fraser, R. (1991): The Key Features of ABB, in: Management Accounting (UK), Volume 69, 1/ 1991, S. 42-43

Bunce P./Hope J./Fraser R. (2002): Beyond Budgeting – Breaking Free From the Annual Performance Trap, in: Horváth, P.(Hrsg.): Performance Controlling – Strategie, Leistung und Anreizsystem effektiv verbinden, Stuttgart 2002, S. 33-49

Burns J./Scapens R.(2000): Conceptualizing Management Accounting Change: an Institutional Framework, in: Management Accounting Research, Volume 11, 1/2000, S. 3-25

Davis, M. S. (1986): "That's Classic!" The Phenomenology and Rhetoric of Successful Social Theories, in: Philosophy of the Social Sciences, 16. Jahrgang, S. 285-301

Eccles, R. G./Nohria, N. (1992): Beyond the Hype – Rediscovering the Essence of Management, Boston 1992

Fraser, R./Hope, J. (2001): Beyond Budgeting, in: Controlling, 13. Jahrgang, 3/2001, S. 437-442

Gleich, R. (2002): „Innovation Action Research" als neue Methodik der Controllingforschung, in: Weber, J./Hirsch, B. (Hrsg.): Controlling als akademische Disziplin – Eine Bestandsaufnahme, Wiesbaden 2002, S. 439-448

Gleich, R./Kopp, J. (2001): Ansätze zur Neugestaltung der Planung und Budgetierung, in: Controlling, Jahrgang13, 8-9/2001, S. 429-436

Hansen, S. C./Otley, D. T./Van der Stede, W. A. (2003): Practice Developments in Budgeting: An Overview and Research Perspective, in: Journal of Management Accounting Research, Volume 15, S. 95-116.

Hope, J./Fraser, R. (1999): Beyond Budgeting, CAM-I, BBRT, White Paper, o.O. 1999

Hope, J./Fraser, R. (2000a): Beyond Budgeting, in: Strategic Finance, Volume 82, 4/2000, S. 30-35

Hope, J./Fraser, R. (2000b): Beyond Budgeting - Managing in the New Economy, CAM-I, BBRT, White Paper 2, o.O. 2000

Hope, J./Fraser, R. (2001a): Figures of Hate, in: Financial Management (CIMA), February/2001, S. 22-25

Hope, J./Fraser, R. (2001b): Beyond Budgeting – Questions and Answers, CAM-I, BBRT, o.O. 2001

Hope, J./Fraser, R. (2003a): Beyond Budgeting: How Managers Can Break Free from the Annual Performance Trap, Boston 2003

Hope, J./Fraser, R. (2003b): Who needs Budgets?, in: Harvard Business Review, February 2003, S. 2-8

Hope, J./Fraser, R. (2003c): New Ways of Setting Rewards: The Beyond Budgeting Model, in: California Management Review, Volume 45, No 4/2003, S. 104-119

Hopwood, A.G. (1973): Accounting Systems and Managerial Behaviour, London 1973

Horváth, P. (2003): Controlling, 9. Auflage, München 2003

Horváth, P. (2002): Der koordinationsorientierte Ansatz, in: Weber, J./Hirsch, B. (Hrsg.): Controlling als akademische Disziplin – Eine Bestandsaufnahme, Wiesbaden 2002, S. 49-65

Horváth & Partners (2003) (Hrsg.): Beyond Budgeting umsetzen, Stuttgart 2003

Hummel, S./Männel, W. (1990): Kostenrechnung: Grundlagen, Aufbau und Anwendung, 4. Auflage, Wiesbaden 1990

Jensen, M.C. (2001): Corporate Budgeting is Broken – Let's Fix It, in: Harvard Business Review, Volume 79, November/2001, S. 94-101

Kaplan, R.S./Norton, D.P. (1996): The Balanced Scorecard – Translating Strategy into Action, Boston 1996

Kaplan, R.S./Norton, D.P. (2001): Die strategiefokussierte Organisation, Stuttgart 2001

Kieser, A. (1996): Moden & Mythen des Organisierens, in: DBW, 56. Jahrgang, 1/1996, S. 21-39

Kim, D. H. (1993): The Link Between Individual Learning and Organizational Learning, in: Sloan Management Review, Volume 64, S. 37-50

Kogler, S./Kopp, J. (2001): Praktische Impulse zur Verbesserung der Planung und Budgetierung, in: Bilanzbuchhalter und Controller, 25. Jahrgang, 9/2001, S. 201-204

Küpper, H.-U. (2001): Controlling, 3. Auflage, Stuttgart 2001

Langenbach, W. (2000): Börseneinführung von Tochtergesellschaften – Eine konzeptionelle und empirische Analyse zur Optimierung der Rationalitätssicherung durch Märkte, Wiesbaden 2001

Libby, T./Lindsay, M. R. (2003): Budgeting – an Unnecessary Evil: How the BBRT Envisions a World Without Traditional Budgeting, in: CMA Management, March and April 2003, S. 30-33 und S. 28-31

Mickelthwait, J./Wooldridge, A. (1996): The Witch Doctors – Making Sense of the Management Gurus, New York 1996

Neely, A./Sutcliff, M. R./Heyns, H. R. (2001): Driving Value Through Strategic Planning and Budgeting, A Research Report from Cranfield School of Management and Accenture, o.O. 2001

Oehler, K. (2002a): Balanced Scorecard und Budgetierung – (wie) passt das zusammen? in: Controlling, 14. Jahrgang, 2/2002, S. 85-92

Oehler, K. (2002b): Beyond Budgeting, was steckt dahinter und was kann Software dazu beitragen?, in: krp Kostenrechnungspraxis, 46. Jahrgang, 3/2002, S. 151-160

o.V. (2000): Beyond Budgeting, URL: http://www.news.philips.com/mondial/archive/2000/october/ artikel2_1.html (23.05.2002)

Pfläging, N. (2003): Beyond Budgeting, Better Budgeting, Freiburg u.a. 2003

Rieg, R. (2001): Beyond Budgeting – Ende oder Neubeginn der Budgetierung, in: Controlling, 13. Jahrgang, 11/2001, S. 571-576

Röpke, J. (1977): Die Strategie der Innovation – Eine systemtheoretische Untersuchung der Interaktion von Individuum, Organisation und Markt im Neuerungsprozess, Tübingen 1977

Schäffer, U. (1996): Controlling für selbstabstimmende Gruppen?, Wiesbaden 1996

Schäffer, U. (2001): Kontrolle als Lernprozess, Wiesbaden 2001

Schäffer, U. (2003) (Hrsg.): Budgetierung im Umbruch?, Zeitschrift für Controlling & Management, 47. Jahrgang, Sonderheft 1/2003

Schäffer, U./Zyder, M. (2003): Beyond Budgeting – ein neuer Management Hype?, in: Schäffer, U. (Hrsg.): Budgetierung im Umbruch?, Zeitschrift für Controlling & Management, 47. Jahrgang, Sonderheft 1/2003, S. 101-110

Schiff, M./ Lewin, A.Y. (1968): When Traditional Budgeting Fails, in: Management Review, Volume 4, August/1968, S. 18-23

Schmalenbach, E. (1956): Kostenrechnung und Preispolitik, 7. Auflage, Köln und Opladen 1956

Schneider, D. (1998): Marktwertorientierte Unternehmensrechnung: Pegasus mit Klumpfuß, in: Der Betrieb, 51. Jahrgang, Heft 30/1998, S. 1473-1478

Senge, P. M: (1990): Fifth Discipline, The Art and Practice of the Learning Organization, New York et al. 1990

Weber, J. (1995): Einführung in das Controlling, 6. Auflage, Stuttgart 1995

Weber, J. (2004): Einführung in das Controlling, 10. Auflage, Stuttgart 2004

Weber, J./Grothe, M./Schäffer, U. (2000): ZP-Stichwort: Mentale Modelle, in: Zeitschrift für Planung, Band 11, Heft 2/2000, S. 239-244

Weber, J./Linder, S. (2003): Budgeting, Better Budgeting oder Beyond Budgeting? – Konzeptionelle Eignung und Implementierbarkeit, Band 33 der Reihe Advanced Controlling, Vallendar 2003

Autorenverzeichnis

Thomas Boesen ist Manager Business Planning and Investments in der Konzernzentrale bei Kopenhagen, Dänemark. Als Mitglied eines Teams, das von Bjartes Bogsnes, damals Vice President Corporate Control, geleitet wurde, hatte er 1995 das Borealis „Beyond Budgeting"-Steuerungssystem mitentwickelt.

Guy Bourdon ist Chief Consultant bei Siemens s.a., Brüssel, der Holding des Siemens Konzerns für die Region Belux und West & Central Afrika. Er berichtet an und berät sowohl den CEO als auch den CFO von Siemens Belux. In dieser Funktion ist er zuständig für strategische Initiativen, M&A Services, und die Verbesserung der Management-Prozesse. Er war der wesentliche Initiator und dann der Projektleiter für die Implementierung des neuen „Policy & Strategy Process" und des Management Cockpit „War Rooms" bei Siemens Belux.

Dieter Brandes ist Berater für Strategie und Organisation der Unternehmensberatung „Konsequent Einfach" in Hamburg. Zuvor war er Geschäftsführer und Mitglied des Verwaltungsrates bei ALDI in Essen. Herr Brandes ist Autor der Bestseller „Die 11 Geheimnisse des ALDI-Erfolges" und „Einfach managen – der Weg zum Wesentlichen" sowie „Alles unter Kontrolle? Die Wiederentdeckung einer Führungsmethode".

Jürgen H. Daum ist Management Adviser, Finance & Unternehmenssteuerungs-Experte und Chief Solution Architect der Business Solutions Architects Group EMEA bei der SAP, Walldorf. Für die CFOs und Controller zahlreicher europäischer Unternehmen fungiert er als Ideen- und Impulsgeber bei der Neuausrichtung der Finanzorganisation und der Unternehmenssteuerung. Er veröffentlicht regelmäßig Beiträge in Fachzeitschriften, spricht auf Konferenzen im In- und Ausland und ist Autor von „Intangible Assets oder die Kunst, Mehrwert zu schaffen" (dt.: Galileo-Press 2002, engl.: John Wiley & Sons, 2003). Vor seiner Zeit bei SAP war er kaufmännischer Leiter eines mittelständischen Unternehmens.
E-Mail: jhd@juergendaum.de, Website: http://www.juergendaum.de/

Lennart Francke ist Executive Vice President und Leiter Group Control & Accounting bei Svenska Handelsbanken, Stockholm. Er ist seit über 20 Jahren in verschiedenen Führungspositionen bei Svenska Handelsbanken tätig und ist seit 2001 der CFO der Bank.

Dr. *Rainer Gunz* ist Leiter Controlling und Kostenrechnung, Borealis GmbH, Wien

Jeremy Hope is, together with Robin Fraser and Peter Bunce, the founder of the Beyond Budgeting Round Table (BBRT). Together with Robin Fraser he has led the Beyond Budgeting research program of the BBRT since its inception in 1997. He is co-author of two management books and co-author (with Robin Fraser) of many articles on performance management. His recent book, co-authored with Robin Fraser, "Beyond Budgeting: How Managers Can Break Free from the Annual Performance Trap" (Harvard Business School Press, 2003) is the outcome of the first five years of the BBRT research program. E-mail: jeremyhope@bbrt.org, website: http://www.bbrt.org/

Univ.-Prof. Dr. *Péter Horváth* ist Vorsitzender des Aufsichtsrats der Horváth AG, CFO des International Performance Research Institute (IPRI) und war bis März 2005 Inhaber des Lehrstuhls Controlling der Universität Stuttgart.

Jean-Daniel Luthi ist Senior Vice President und Group Controller der Nestlé S.A., Vevey, und leitet das sogenannte "Dynamic Forecasting" Projekt bei Nestlé

Steve Morldige ist "Change Leader" und Projektleiter für "Dynamic Performance Management" bei Unilever Plc - Unilevers Beyond Budgeting Projekt Er ist auch der Vorsitzende des europäischen Zweigs des BBRT.

Niels Pfläging ist Direktor des Beyond Budgeting Round Table (BBRT) für Südamerika, Unternehmensberater und Präsident der MetaManagement Group mit Sitz in São Paulo.
E-Mail: niels@metamanagementgroup.com.

Univ.-Prof. Dr. *Utz Schäffer* ist Inhaber des Lehrstuhls für Betriebswirtschaftslehre, insbesondere Controlling, an der EUROPEAN BUSINESS SCHOOL, Schloß Reichartshausen, D-65375 Oestrich-Winkel. E-Mail: utz.schaeffer@ebs.de

Matthias Steinke ist Leiter Finanzen und Controlling bei Hermal Kurt Herman GmbH, einem Unternehmen der britischen Boots Gruppe.